Günther Thomé / Dorothea Thomé (Hrsg.)



# Computer im Deutschunterricht der Sekundarstufe

Multimediale Anwendungsgebiete
im Rechtschreib-, Grammatik- und Literaturunterricht,
zum Texte verfassen,
Publizieren und Kommunizieren

westermann

1. Auflage Druck 5 4 3 2 1
Herstellungsjahr 2004 2003 2002 2001 2000

Westermann Schulbuchverlag GmbH, Braunschweig 2000
www.westermann.de

Lektorat: Frank Sauer
Herstellung: Hannelore Ohlrogge
Titelgestaltung: Andrea Heissenberg
Druck und Bindung: westermann druck, Braunschweig

ISBN 3-14-**16 2045**-8

# Inhalt

# Vorwort

Dieser Sammelband richtet sich an alle Lehrenden und Lernenden, die „freiwillig oder gezwungenermaßen" (*Jank/Meyer*) darüber nachdenken wollen, welche Auswirkungen die neuen Medien auf den Deutschunterricht in der Sekundarstufe haben könnten.
Aus der Vielzahl der Einsatzmöglichkeiten im Fach Deutsch, die computerbasierte Medien heute bieten, werden den interessierten Leserinnen und Lesern hoffentlich wertvolle Informationen für eine fachdidaktisch sinnvolle, innovative Nutzung des Potentials neuer Medien für die folgenden Bereiche geboten:

- Bildungspolitische und curriculare Implikationen,
- Medien-Schrift-Kompetenz,
- Recherchieren und Kommunizieren im Internet,
- Grammatik, Rechtschreibung und Fehlerdiagnose,
- Internet und Literaturunterricht,
- Verfassen und Publizieren von Texten mit Computern,
- Initiierung von Schreibanlässen im Deutschunterricht,
- freies Experimentieren mit der Grammatik und Orthographie,
- Bewertung neuer Medien für den Deutschunterricht.

Wir möchten uns bei allen, die direkt und indirekt bei der Erstellung dieses Buches mitgeholfen haben, herzlich bedanken und wünschen Ihnen als Leserin und Leser nun viel Spaß und viele Anregungen für weiteres Lehren und Lernen!

Oldenburg im November 1999

*Günther Thomé* und *Dorothea Thomé*

Günther Thomé, Dorothea Thomé

# Multimedia im Deutschunterricht: Neue Chancen und neue Probleme

## Eine kurze Einführung

Seit langem sind die naturwissenschaftlichen Fächer und der Mathematikunterricht schulische Arbeits- und Lernfelder, in denen die Beschäftigung mit dem Computer als Medium, Werkzeug und Gegenstand allgemein als sinnvoll und sogar notwendig angesehen wird. Dagegen tut sich der Deutschunterricht noch immer schwer mit einer didaktisch angemessenen Einbindung des Computers.

Zwar haben sich – entgegen aller Prognosen und Befürchtungen – gerade im Grundschulbereich in den letzten 10–15 Jahren zahlreiche multimediale Anwendungen etabliert (die Veröffentlichungen von *Heyden/Lorenz* 1999, *Huber/Kegel/Speck-Hamdan* 1999, *Büttner/Schwichtenberg* 1997, *Mitzlaff* 1996 u. a. belegen dies nachhaltig), im Deutschunterricht der Sekundarstufe herrscht aber immer noch eine Zurückhaltung, die bis zur völligen „Abstinenz" reicht. *Joseph Weizenbaum*, ein Pionier und gleichzeitig Kritiker auf dem Gebiet der neuen Medien, formuliert zentrale Gedanken über das Ob und Wie von Computern in der Schule:

„Die Grundfrage überhaupt ist, welche Funktionen die Schule in unserer Gesellschaft hat. Wenn man das irgendwie beantwortet hat, kann man sich fragen, wie man die Prioritäten gestaltet. Ich bin völlig überzeugt, als erste Aufgabe muss die Schule den Kindern ihre eigene Sprache beibringen, damit sie klar und korrekt Ideen artikulieren können, damit sie sprechen und schreiben können, um kritisch zu lesen und zu hören. (...) Und jetzt schauen Sie sich um, wie

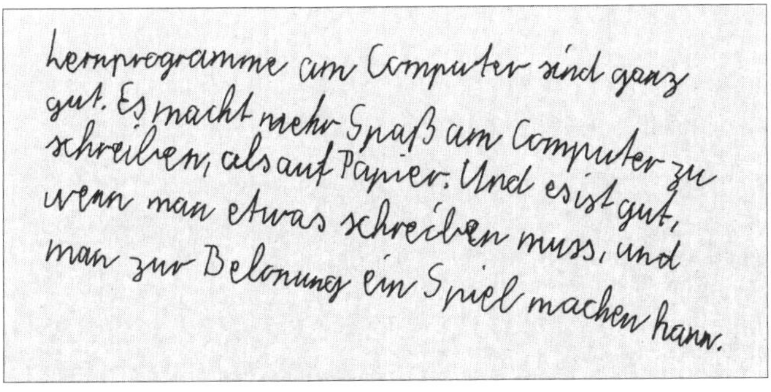


*Schülerbilder einer 6. Klasse*

es in den westlichen Ländern um die Sprache bestellt ist. Die amerikanische Regierung sagt uns, dass ein Drittel unserer Jugend funktional analphabetisch ist. Das nenne ich eine Katastrophe, eine Art Selbstmord für das Land. Geld ist keine Lösung, aber vielleicht wäre es besser, das Geld für kleinere Klassen, für mehr Deutsch- oder Englischlehrer und -lehrerinnen auszugeben anstatt für Computer, die zudem auch noch falsch benutzt werden. (...) Es ist durchaus möglich, dass der Computer in manchen Fällen helfen könnte, die Situation zu verbessern, aber mit dem Computer anzufangen ist nicht vernünftig. Zu sehr klingt mir das danach, der Computer könnte eine Lösung sein, die sich auf allen Gebieten ihre Probleme sucht." (*Weizenbaum* 1998, S. 48 f.)

Was denken Schülerinnen und Schüler über den Einsatz von Computern im Deutschunterricht? Welche Ansichten vertreten sie, die für oder gegen die Nutzung neuer Medien sprechen? Schüler einer 13. Klasse haben den Computer zum Schreiben eines Erörterungsaufsatzes im Deutschunterricht benutzt und ihre positiven und negativen Bewertungen im Internet veröffentlicht:

| *Frage:*<br>*Halten Sie den Einsatz des Computers im Deutschunterricht für sinnvoll? Falls ja, wo?* | *Frage:*<br>*Falls nein, warum nicht?* |
| --- | --- |
| - beim Schreiben von Aufsätzen und bei Klausuren;<br>- zum Aufstellen von Gliederungen, nicht zum Verfassen von Aufsätzen<br>- Texterörterung, Gedicht;<br>- Man hat die Möglichkeit beim Schreiben von Erörterungen, Argumente im Nachhinein an der richtigen Stelle einzufügen;<br>- Man kann den Aufsatz optisch effektiv gestalten;<br>- zum Schreiben von Aufsätzen (Korrekturmöglichkeit);<br>- Man hat eher die Möglichkeit etwas zu schreiben, als im üblichen Unterricht;<br>- für Rechtschreibübungen in unteren Klassen,<br>- zum Erlernen vom Aufbau unterschiedlicher Aufsatzarten, z. B. (textgebundene) Erörterung, Gedichtinterpretation. | - Bei der Buch- (Literatur)besprechung kann ich mir die Art eines sinnvollen Einsatzes noch nicht so ganz vorstellen;<br>- Korrigieren kann ich auch im Heft. Deshalb bin ich immer noch für Einsatz von Heft und Füller;<br>- Man kann auch ohne Computer gliedern etc. Korrigieren könnte man sich seine Aufsätze gegenseitig und nicht von Maschinen. Der Computer zerstört die Kooperationsfähigkeit mit Menschen, was eigentlich sehr schade ist;<br>- Nur, weil jetzt überall Computer benutzt werden, wird er auch im Deutschunterricht eingesetzt. Jahrzehntelang ist man ohne Computer ausgekommen und könnte es meiner Meinung nach jetzt immer auch noch. |

*Schülerinnen und Schüler einer 13. Klasse, Lessing-Gymnasium Mannheim*
(http://www.uni-karlsruhe.de/-za301)

Neue Medien können neue Möglichkeiten eröffnen, aber auch neue Probleme mit sich bringen. Auf diesen Zusammenhang weisen *Wolf-Rüdiger Wagner* und *Frank Hellberg* hin:

*„Mit diesem Wunderding ...“*

„War früher eher der Mangel das Problem, macht heute zunehmend die Fülle der Informationen Schwierigkeiten. Die Fähigkeit zur Informationsrecherche – zur Beschaffung und Auswertung von Informationen – wird damit zu einem wichtigen Bestandteil von Medienkompetenz. Die Vermittlung dieser Kompetenz ist für Schule keine neue Aufgabe. Allerdings kommt dieser Aufgabe einerseits ein höherer Stellenwert zu, andererseits muss sie inhaltlich und methodisch fortgeschrieben werden, um mit der Entwicklung der Informationsgesellschaft Schritt zu halten.“ (*Wagner/ Hellberg* 1998, S. 10)

Der Deutschunterricht muss sich den neuen Aufgaben stellen, ohne der Gefahr zu unterliegen, allen neuen technologischen Entwicklungen hinterherzulaufen. Das von *Wolfgang Klafki* formulierte „Primat der Didaktik über die Methodik“ muss auch als Primat der Didaktik über die Technik weitergedacht werden (s. *Süßenbacher* 1997; *Huber/Kegel/Speck-Hamdan* 1999, S. 8).
Ein abwägendes Sich-Einlassen, didaktisch sinnvolles Nutzen der neuen Medien zur Vermittlung traditioneller und neuer Inhalte und das medienpädagogische Vorbereiten der Schülerinnen und Schüler erscheint als der angemessenste Weg, „heutige Entwicklungen im Bewusstsein historischer Prozesse, aber auch vor der Folie von Visionen zukünftiger Entwicklungen zu betrachten: Wenn wir heute Computer einsetzen, tun wir dies immer schon im Blick auf die zukünftigen Funktionen der Computer, denen Schüler und Studenten in 5 oder 10 Jahren in Schule, Hochschule und Beruf begegnen." (*Schulmeister* 1997, S. 388)

## Zu den Beiträgen und ihren thematischen Schwerpunkten

Die einzelnen Beiträge des Sammelbandes behandeln unter verschiedenen Aspekten die Chancen und Probleme des Einsatzes neuer Medien für das Fach Deutsch. Die Texte von *Wilfried Hartmann* und *Inge Blatt* bilden gewissermaßen die bildungspolitische und medienpädagogische Einleitung in das Thema.

*Wilfried Hartmann* thematisiert in seinem Beitrag *Neue Medien im Deutschun-*

*terricht* bildungspolitische Implikationen, denen sich das Fach Deutsch stellen muss. Der Deutschunterricht wird den „Umwälzungen, die die neuen Medien von der Schule und der Bildungspolitik fordern, nicht einmal in Ansätzen" gerecht, dabei sind die „Deutschlehrerinnen als Expertinnen für Kommunikation, Informationsgewinnung und -verarbeitung und Textanalyse und -bewertung prädestiniert dafür, Kinder und Jugendliche in professioneller Weise nicht nur punktuell zu trainieren, sondern zu bilden und in ihnen Verständnis und Verantwortungsgefühl für ihr Handeln in multimedialen Räumen zu wecken." *Hartmann* spricht innerhalb der Bereiche: soziale Kontrolle, ästhetische Erwartung, Mehrdimensionalität und Mehrsprachigkeit zentrale Veränderungen an, die entscheidende Konsequenzen (von neuen Qualifikationsanforderungen bis hin zur Finanzierung von Geräten und zusätzlichem Personal in den Schulen) fordern, und schärft damit den Blick für dringend notwendige bildungspolitische Grundsatzentscheidungen über den Unterricht hinaus.

*Inge Blatt* befasst sich in ihrem Beitrag mit Entwürfen und Modellen der *Medienkompetenz im Deutschunterricht*, die sie unter deutschdidaktischen Aspekten zum Konzept der „Medien-Schrift-Kompetenz" weiterentwickelt. Es gelingt ihr eine Einbindung verschiedener Bereiche in eine Gesamtdarstellung der Medien-Schriftkompetenz: die durch neue Medien veränderten Lese-, Schreib-, Kommunikations- und Informationsfähigkeiten, eine grundsätzlich andere Definition der Lehrer- und Schülerrolle, Möglichkeiten des kooperativen und teamorientierten Arbeitens sowie verschiedener Medien-Einsatzarten. Sachkundig und informativ illustriert *Blatt* einige beispielhafte Forschungs- und Praxisprojekte zum Schreiben, Informieren und Kommunizieren mit neuen Medien. Im letzten Teil des Beitrages wird den Leserinnen und Lesern eine äußerst hilfreiche, kommentierte Übersicht über die thematisch wichtigsten Internetadressen und -dienste geboten.

*Hajo Diekmannshenke* stellt in seinem Artikel *Lernsoftware und Fehlerdiagnostik: Der Einsatz von Computerprogrammen im Grammatik- und Rechtschreibunterricht* ein Forschungsprojekt zur Erprobung von Lernsoftware in einer 7. Hauptschulklasse vor. Derart aussagekräftige Einsatzevaluationen im Unterricht sind leider immer noch sehr selten. Der Beitrag gliedert sich in die Teile: Beschreibung und Bewertung der Programme aus linguistischer Sicht, Projektbeschreibung und Diskussion über die Eignung der Programme als Instrumente zur Diagnose von Rechtschreibfehlern und zur Analyse von Arbeits- und Problemlösestrategien. Die Relevanz und Verwendbarkeit der Software für neue unterrichtliche Möglichkeiten werden bislang häufig unterschätzt. Dieses gilt allerdings nur, so *Diekmannshenke*, wenn es gelingt, den „vergleichsweise großen Nachholbedarf", speziell im Bereich der inhaltlichen Hilfefunktionen, durch eine bessere linguistische Fundierung abzubauen.

Der Bereich der grammatischen Reflexion wird von *Günther Thomé* in seinem Beitrag *Experimente mit dem Computer im Grammatikunterricht der Sekundarstufe* thematisiert. Ausgehend von der Frage: „Warum gibt es für die naturwissenschaftlichen Unterrichtsfächer Simulationen und Experimentierprogramme, für den Deutschunterricht aber nicht?", macht er auf einen „weißen Fleck" innerhalb des Softwareangebots aufmerksam. Es gibt mittlerweile viele Übe-, Lern- und tutorielle Angebote für den Grammatikunterricht, aber Simulationen, die ein experimentierendes und entdeckendes Lernen ermöglichen, fehlen bislang. Der Computer könnte, da er sich besser als jedes andere Medium zum Experimentieren eignet, ein individuelles Erforschen der Grammatik ermöglichen und den unterschiedlichen Lernstrategien und Lernertypen (*Thomé* 1999) entgegenkommen.

In seinem Beitrag *Schreiben – Überarbeiten – Veröffentlichen* greift *Martin Plieninger* das schreibdidaktische Konzept *Freinets* auf und diskutiert die Möglichkeiten des Computers als Werkzeug: „Zwar hat sich das Medium geändert, die Grundidee, das Ergebnis des Schreibprozesses einer konstruktiv-kritischen Öffentlichkeit zu präsentieren und daraus Motivation und Engagement für die eigenen Schreibprozesse selbst zu schöpfen, sind sicherlich unverändert aktuell geblieben.“ Die entscheidenden Einflüsse der neuen Medien auf das Schreiben schlagen sich in veränderten Strukturen und Formen der Textproduktion und -reproduktion nieder. Der Beitrag bietet viele informative Hinweise für eine medial bereicherte handlungs- und prozessorientierte Schreibdidaktik durch die Nutzung des Potentials von Präsentationsprogrammen, E-Mails, Chats, Hypertexten und elektronischer Lexika zum Schreiben von Gebrauchstexten, Hilfen zur Ideenfindung, Textkorrektur und zur Verbesserung von Überarbeitungsstrategien.

*Matthis Kepser* erörtert in seinem Artikel *Internetliteratur im Deutschunterricht* das Verhältnis von neuen Medien und Literatur, das sich in einer neuen Qualität, der Internetliteratur, niederschlägt. Diese „Experimentelle Literatur“, die erst durch und in den neuen Medien entstehen konnte, fällt, wie *Kepser* zeigt, unbedingt in den Zuständigkeitsbereich des Faches Deutsch und eröffnet neue Chancen zur „Eigenproduktion und zur aktiven Beteiligung am Abenteuer Literatur“. Neben vielen in der Praxis erprobten Unterrichtsideen, wird realistisch reflektiert, was im Deutschunterricht machbar und was nicht machbar ist (bedingt durch Programmrestriktionen, hohe Kosten, Zeitaufwand u. Ä.). Der Text enthält wertvolle Literatur- und Internetempfehlungen und bietet einen fundierten Einblick in die verschiedensten Bereiche der elektronischen Information und Kommunikation wie Literaturarchive, Newsgroups, Hyperfictions, Work-in-Progress, Collaborative Writing usw.

*Günther* und *Dorothea Thomé* behandeln in ihrem abschließenden Beitrag die Qualität neuer Medien für den Deutschunterricht und fragen, warum der Anteil guter Deutschprogramme immer noch zu gering ist. Ausführlich wird gezeigt, wie und wo man Informationen über das Softwareangebot und dessen Qualität erhalten kann. Sie beschreiben die Bewertungsverfahren des nordrhein-westfälischen *Landesinstituts für Schule und Weiterbildung* in Soest und dessen Datenbank SODIS mit beispielhaften neuen Medien für den Deutschunterricht. Der Beitrag will Softwareanwender über verschiedene Qualitätskriterien und Bewertungsmöglichkeiten informieren und nützliche Hilfestellungen für eine fundierte Auswahl und Verwendung neuer Medien geben. Es kann auf Dauer aber nicht ausreichen, immer nur die Qualität bereits erstellter Software zu evaluieren. Geeignete Maßnahmen müssen viel früher, schon im Produktionsprozess der Software beginnen. Dazu sind auf der Seite der Softwarehersteller formative, kooperative und zertifizierte Qualitätssicherungs-Maßnahmen unerlässlich.

Im *Anhang* findet sich Adressenmaterial zum Weitersuchen und Surfen. Wer sich für die Arbeit der verschiedenen Landesinstitute in den einzelnen Bundesländern interessiert, sei auf den Anhang A mit den Adressen wichtiger Institutionen verwiesen.
Weitere Internetadressen, wie z.B. den Deutschen Bildungsserver und die Schulnetze in den Ländern, finden sich im Anhang B, aber auch in den Beiträgen von *Inge Blatt, Matthis Kepser* und *Martin Plieninger.*
Anhang C listet die erwähnte Software auf. Der umfangreiche Bewertungskatalog: „Kriterien zur Bewertung von Online- und Offline-Medien" des Landesinstituts für Schule und Weiterbildung (NRW) ist im Anhang D abgedruckt. Wer auf eine unbekannte Abkürzung stößt, wird hoffentlich im Abkürzungsverzeichnis, Anhang E, fündig.
Für weitergehende Erklärungen von Computerfachausdrücken oder -jargon steht das Glossar im Anhang F zur Verfügung.

## Literatur


*Büttner, Christian / Schwichtenberg, Elke* (Hrsg.) (1997): Computer in der Grundschule. Geräte, didaktische Konzepte, Unterrichtssoftware. Weinheim, Basel: Beltz

*Feuerstein, Ralf* (1999): Der Einsatz des Internet in der Schule und im Unterricht. In: *D. M. Meister, U. Sander* (Hrsg.): Multimedia: Chancen für die Schule. Neuwied, Berlin: Luchterhand, S. 173-195

*Gorny, Peter* (1998): Didaktisches Design telematikgestützter Lernsoftware. In: *B. Koerber, I.-R. Peters* (Hrsg.): Informatische Bildung in Deutschland - Perspektiven für das 21. Jahrhundert. Berlin: LOG IN Verlag, S. 127-155

*Heyden, Karl-Heinz / Lorenz, Werner* (1999): Lernen mit dem Computer in der Grundschule. Lernen mit Neuen Medien, Einrichten von Medienecken, Unterrichtsbeispiele und Projektideen. Berlin: Cornelsen Scriptor

*Huber, Ludowika / Kegel, Gerd / Speck-Hamdan, Angelika* (1999): Einführung. In: *L. Huber, G. Kegel, A. Speck-Hamdan* (Hrsg.): Schriftspracherwerb: Neue Medien - Neues Lernen!? Braunschweig: Westermann, S. 48

*Landesinstitut für Schule und Weiterbildung* (Hrsg.) (1998): Lernen mit Neuen Medien: Grundlagen und Verfahren der Prüfung Neuer Medien. 3. erw. und überarb. Aufl. Bönen: Verlag für Schule und Weiterbildung

*Mitzlaff, Hartmut* (Hrsg.) (1996): Handbuch Grundschule und Computer. Vom Tabu zur Alltagspraxis. Weinheim: Beltz

*Schulmeister, Rolf* (1997): Grundlagen hypermedialer Lernsysteme. Theorie - Didaktik - Design. 2., akt. Aufl. München, Wien: Oldenbourg

*Süßenbacher, Winfried* (1997): Software-Bildung. Mit Beiträgen von *Paul Kellermann* und *Wolfgang Klafki.* (= Lernen mit interaktiven Medien. 3). Innsbruck, Wien: Studien-Verlag

*Thomé, Günther* (1999): Orthographieerwerb: Qualitative Fehleranalysen zum Aufbau der orthographischen Kompetenz. (=Theorie und Vermittlung der Sprache. 29). Frankfurt/M. u. a.: Lang

*Tulodziecki, Gerhard* (1999): Neue Medien - Welche Bedeutung haben sie für die Schule der Zukunft? In: *D. M. Meister, U. Sander* (Hrsg.): Multimedia: Chancen für die Schule. Neuwied, Berlin: Luchterhand, S. 20-34

*Weizenbaum, Joseph* (1998): „Neue Schulbänke wären oft sinnvoller als ein teures Computerkabinett". In: Psychologie Heute, H. 12, S. 47-49

*Wagner, Wolf-Rüdiger / Hellberg, Frank* (1998): 57 Channels and nothin'on? Von TV-Butlern und Navigationshilfen. In: Computer und Unterricht, H. 31, S. 10-15

Wilfried Hartmann

# Neue Medien im Deutschunterricht

## Bildungspolitische Implikationen

### Vorüberlegungen

„Multimedia wird Volksmedium" und „Kreative Atmosphäre" – Zwischenüberschriften nicht etwa in einer Fachzeitschrift, sondern in einem Artikel mit dem Titel „Total Digital" in der Kundenzeitschrift eines Elektrizitätsversorgungsunternehmens[1], die kostenlos an alle Haushalte im Großraum Hamburg, also an ca. eine Million, verteilt wird. „Digitales Hoch im Norden", „Hamburg – Magnet für Multimediamenschen", „Nährboden für Nachwuchs" und „Click-du bist" lauten weitere der Schlagzeilen auf den fünf Seiten, die diesem Thema gewidmet sind. Die Herausgeber können sich bei der Einschätzung des Interesses ihrer Kundinnen* auf ihre Erfahrungen mit Ausstellungen und Aktionen zu Multimedia und Internet in ihren Kundenzentren stützen. Dabei wird den teilnehmenden Beobachterinnen schnell deutlich, dass mit immer größerer Selbstverständlichkeit die Möglichkeiten des Netzes von allen Altersschichten genutzt werden.
Kinokarten, Fahrpläne, Kochrezepte, Bücher, Zeitschriften, Wohnungsangebote bezieht man ebenso über das Netz, wie man Überweisungen tätigt oder sich an Versteigerungen beteiligt, die Clinton-Affäre verfolgt oder die Sonnenfinsternis.
Angesichts einer solchen Entwicklung der Mediennutzung sollte im Zentrum der aktuellen fachdidaktischen Überlegungen die Aufgabe stehen, die Bedeutung des Deutschunterrichtes für die Gesellschaft und seine Rolle im Gefüge der Fächer neu zu überdenken. Auf der Fachkonferenz des Deutschen Germanistenverbandes, die sich im Dezember 1998 in Wuppertal dem Thema „Deutschunterricht und Germanistikstudium: Schlüsselqualifikationen" stellte, beschäftigte sich wenigstens ein Beitrag mit dieser Frage[2]. Der Deutsche Germanistentag 1999 nahm neben der Sektion „Mit neuen Medien umgehen" auch in sein sektionsübergreifendes Programm zumindest einen einschlägigen Vortrag auf, „Zum Erlernen einer ‚Medienkompetenz' im Deutschunterricht" von *Werner Ingendahl*, und das 13. Symposion Deutschdidaktik steht in dem symbolträchtigen Jahr 2000 unter dem Oberthema „Fachstruktur und Interdisziplinarität" und widmet immerhin eine von elf Sektionen dem Bereich „Internet und Deutschunterricht".
Bei Besuchen in den Schulen gewinnt man jedoch immer noch den Eindruck, es herrsche die Vorstellung vor, es ginge höchstens um einige neue Inhalte und diese könnten mit etwas gutem Willen noch im bestehenden Curriculum des Faches Deutsch untergebracht werden,

---

* In diesem Heft habe ich bei der isolierten Verwendung stets mit weiblicher Endung markierte Bezeichnungen, z. B. Kundin, Lehrerin, Schülerin, benutzt, in eingeführten Komposita die unmarkierte Form, z. B. Lehrerausbildung beibehalten. In diesen Fällen sind immer sowohl Frauen wie Männer gemeint. Dagegen beziehen sich isolierte maskuline Personenbezeichnungen nur auf männliche Handlungsträger.

alles andere könne ja von der Informationstechnischen Grundbildung abgedeckt werden. Eine solche Einstellung wird den Umwälzungen, die die neuen Medien von der Schule und der Bildungspolitik fordern, nicht einmal in Ansätzen gerecht.
Doch was die einen wie eine Revolution anmutet, entlockt anderen nur ein nachsichtiges Lächeln: „Multimedia - das gab's eigentlich schon immer."[3]
Vorstellungen jedoch, die *Mündlichkeit, Schriftlichkeit* und *Multimedia* als Bezeichnungen linear aufeinander folgender Epochen zu definieren versuchen, greifen sicher zu kurz.
Wenn man diese drei Bereiche nach der Zahl der beteiligten Sinne, der Menge der erreichbaren Kommunikationspartner, der Zugänglichkeit des Mediums für seine Nutzerinnen klassifiziert, wird schnell deutlich, dass nicht auf eine vorhergehende Stufe der Mündlichkeit eine Stufe der Schriftlichkeit folgt, die durch eine multimediale abgelöst wird, sondern dass wir es unter diesen Aspekten mit Entwicklungsphasen zu tun haben, die einander nicht ablösen, sondern sich überlappen und sich gegenseitig beeinflussen können.
Nicht die Tatsache, dass unterschiedliche sensuelle Ausdrucksformen in der Kommunikation eine Rolle spielen, ist neu. Schon in der vorschriftlichen Zeit wird es laut und leise, hoch und tief und Rhythmik gegeben haben, ebenso wie die Begleitung der gesprochenen Äußerungen durch visuelle Zeichen wie Gestik und Mimik. Schon in der vormultimedialen Zeit wurden Texte durch unterschiedliche Schriftarten - mit oder ohne Serifen, fett oder kursiv - und durch Präsentationsformen - auf Pergament, Bütten oder Zeitungspapier, auf Stein oder Leder, gebunden mit Goldschnitt oder auf der Rückseite eines Einkaufsbons - ebenso mit Zusatzinformationen versehen wie durch die Ausschmückung oder informative Anreicherung durch Initialen, Bilder, Grafiken und Tabellen.
Das Selbst- und Zwiegespräch existierte neben der Beratung in kleiner Runde und der öffentlichen Volksrede, das Tagebuch neben dem Brief, dem Rundschreiben und der Massendrucksache.

## Veränderungen

Vier der Bereiche, die bildungspolitisches Handeln im Blick auf den Deutschunterricht erfordern, weil sich in ihnen multimediale Kommunikation erheblich von den herkömmlichen allein mündlich oder schriftlich bestimmten Kommunikationswelten unterscheidet, sollen im Folgenden dargestellt werden: die soziale Kontrolle, die ästhetische Erwartung, die Mehrdimensionalität und die Mehrsprachigkeit.

### Soziale Kontrolle

Im Vergleich zur traditionellen mündlichen und schriftlichen Kommunikation halte ich zuerst den Verlust - oder zumindest die Verringerung des Grades - der sozialen Kontrolle der Produzentinnen und die größere Unmittelbarkeit der Exposition der Rezipientinnen für bedeutungsvoll.
Allen bisherigen Kommunikationswelten war es gemein, dass der Schritt in die Öffentlichkeit, das heißt die Möglichkeit einen größeren Rezipientenkreis zu erreichen, entweder besondere Qualifikationen voraussetzte oder mit besonderem sozialen Status oder finanziellen Aufwand verbunden war. Wer in den großen öffentlichen Vortragsveranstaltungen Ende des 19. oder Anfang des 20. Jahrhunderts eine Hörerschaft in die Auditorien locken wollte, musste

diesen Bedingungen ebenso entsprechen, wie die Autorin, die ihre Lektorin oder Verlegerin überzeugen musste, oder wie die Kommunalpolitikerin, die auf die Chance eines Interviews in Radio oder Fernsehen hoffte, um dadurch auch Menschen erreichen zu können, die ihr persönlich nicht bekannt waren. Zumindest die beiden zuletzt angesprochenen Kommunikationswelten boten für die Rezipientinnen dabei die Gewähr, dass die Qualität der Botschaft oder die Bedeutung ihrer Urheberin vor der Verbreitung fast immer durch den Filter einer Evaluation gegangen war. Selbst bei der ersten Form war die Hörerin nicht nur auf ihr Urteil allein angewiesen, die anderen Menschen des Auditoriums halfen ihr durch ihre Reaktion bei der Bewertung des Gehörten.
Multimediale Botschaften erreichen dagegen in der Regel unkorrigiert, unlektoriert, unzensiert und ohne Überprüfung ihrer Richtigkeit und ohne Bewertung der Qualifikation ihrer Autorinnen alle diejenigen, die Zugang zum Netz haben und die diese Botschaften ebenso regelhaft meist allein vor ihrem Bildschirm und ohne die Möglichkeit der unmittelbaren Orientierung an einer Gruppenreaktion empfangen.

### Ästhetische Erwartung

Neu ist ferner die Leichtigkeit, mit der Nicht-Fachleute über eine Vielzahl von Werkzeugen verfügen können, durch die sie Lay-out, Grafik und Bild - bewegt oder unbewegt - und Ton gestalten und miteinander verknüpfen können. Diese leichte Verfügbarkeit verleitet dazu, alle nur denkbaren Mittel auszuprobieren und die erzielten Ergebnisse beizubehalten, oft nur aus dem Gefühl des Stolzes heraus, dem neuen Programm erfolgreich eine weitere Funktion entlockt zu haben. Techniken, zu deren Beherrschung noch vor wenigen Jahren eine lange Ausbildung oder ein Studium nötig war, im Laufe dessen nicht nur ihre mechanische Anwendung, sondern ihre ästhetische, informative und kommunikative Wirkung vermittelt wurden, kann die Laiin heute beliebig kombinieren. Titelblätter von Schüler- und Studentenreferaten, auf denen Fonts verschiedener Schriftfamilien in vielfacher Größe kombiniert werden und die mit Gestaltungselementen wie Rahmen, Symbolen und eingescannten Bildern überladen sind, verweisen auf dieses Problem. Allzuoft verwechseln Multimedia-Textproduzentinnen den gelungenen technischen Vollzug mit dem Einsatz ästhetisch und kommunikativ wirksamer Mittel.
Mit ihren Produkten treffen sie auf eine Rezipientenhaltung, die heute noch weitgehend an überlieferten Wertvorstellungen geschult worden ist. Und damit besteht auf der Rezipientenseite die Gefahr, dass eine aufwendig erscheinende Form als ein Indiz für anspruchsvollen oder Aufmerksamkeit verdienenden Inhalt gewertet wird.

### Mehrdimensionalität

Neu ist ferner die mehrdimensionale Verknüpfung von Informationen. Zwar war es Sprecherinnen, Rednerinnen, Hörspiel- und Drehbuchautorinnen immer schon möglich, mit Exkursen, Abschweifungen, Wiederholungen, Rückblenden usw. die Hörerinnen in andere Zusammenhänge und Kontexte zu führen, sie auf Reisen mitzunehmen, denen sie sich nur durch das Augenschließen, Ohrenzuhalten oder Abschalten entziehen konnten. Die Freiheit der Hörerin oder Betrachterin, das Angebot einer Abzweigung anzunehmen oder auf einen späteren Zeitpunkt zu verschieben, war dabei jedoch nie gegeben. Es galt stets,

einer vorgegeben Linie zu folgen. Wie verschlungen oder geradlinig sie auch angelegt sein mochte, für diejenigen, die sich auf ihr fortbewegten, war sie eindimensional, das Tempo der Bewegung wurde nicht von der Rezipientin bestimmt. Wenn sie nicht zu folgen vermochte, verlor sie den Faden, blieb sie auf der Strecke, konnte allenfalls später wieder Anschluss gewinnen oder sich einfinden.
Anders sah das schon immer bei schriftsprachlichen Medien aus. Sie erlauben in der Regel neben der eindimensionalen Fortbewegung durch den Text auch das bewusste zweidimensionale Rezipieren. Es ist möglich, von einer Stelle des Textes zu einer anderen zu springen, Textteile noch einmal zu lesen, Abschnitte zu überfliegen, Anmerkungen zur Kenntnis zu nehmen oder nicht, das Ende zuerst zu lesen usw. Anreize oder gar Aufforderungen zu solch zweidimensionalem Rezipieren können von der Autorin ausgehen. Aber gleichgültig, für wie wichtig, verständnistragend oder -stützend sie solche Abweichungen von der linearen Progression hält, es gibt keine Möglichkeit, ihre Rezeption zu sichern oder zu verhindern. Exkurse, von der Autorin gekennzeichnet, kann man überspringen, wenn die Handlung fesselt, Tabellen nicht näher betrachten, Fußnoten nicht zur Kenntnis nehmen, Querverweisen in Lexika nicht folgen. Darüber hinaus hat die Leserin auch die Möglichkeit, an Textstellen in die Zweidimensionalität auszuweichen, die die Autorin dafür nicht vorgesehen hat: Landschaftsbeschreibungen können ebenso übersprungen werden wie Beispiele oder Übungsaufgaben, Sexszenen ebenso zweimal gelesen werden wie Teile einer Gebrauchsanweisung, in Literaturverzeichnissen kann ebenso vorgeblättert werden wie zum Ende des Liebes- oder Kriminalromans. Dabei steht der erneuten Rezeption nichts im Wege, solange man das Buch besitzt, und alle erfahrenen Leserinnen schätzen nicht nur den Gewinn durch die erneute Lektüre nach einer Phase der persönlichen Entwicklung, sondern auch den hermeneutischen Prozess des rekursiven Lesens.

Die neuen Medien bieten hier in viel stärkerem Maße als die herkömmlichen den Autorinnen die Möglichkeit, optionale Abzweigungen zu markieren. Ob sie genutzt werden, entzieht sich jedoch ebenso ihrer Einflussnahme wie der der traditionellen Autorinnen bei ihren Medien. Anders als diese sind sie jedoch durch die Dynamik des Netzwerks der Gefahr ausgesetzt, dass ihre Wegzeichen ins Leere oder zu anderen Informationen führen als beabsichtigt, weil Datenbanken, auf die sie verweisen, nicht mehr bestehen, illustrative Homepages verändert worden sind, Videosequenzen nur gegen Entgelt zu betrachten sind. Auch ist die Autorin nicht mehr alleinige Herrin ihres Textes, sowie sie durch Verweise und Sprungadressen zum Verlassen der eigenen Domäne anregt. Hinweise darauf, wie weit ihre Leserinnen den sich damit öffnenden Verzweigungen folgen sollen oder dürfen, sind kaum sinnvoll oder möglich.
Diese Dynamik stellt aber ebenso eine Herausforderung für die Rezipientin dar. Sie kann sich nicht darauf verlassen, dass eine Abzweigung, die sie heute nicht wahrnimmt, eine Autorenempfehlung, die sie nicht aufgreift, ihr auch morgen noch zur Verfügung steht. Zwar gibt es die Möglichkeit des Herunterladens und Abspeicherns, um eine Rezeption auf später zu verschieben. Diese Alternative lässt sich jedoch angesichts der unendlichen Weiten des Netzes kaum als realistische Möglichkeit regelhaft nutzen.

**Mehrsprachigkeit**

Den Texten im muttersprachlichen Unterricht war es bisher in der Regel eigen, dass sie vorwiegend in der Landes-, Staats- oder Unterrichtssprache abgefasst waren und dass Lehrerinnen und Schülerinnen alle Inhalte des Faches in angemessener Weise behandeln konnten, wenn sie diese Sprache beherrschten. Gerade in den letzten Jahrzehnten führte in Deutschland diese Grundauffassung sogar dazu, dass wiederholt darüber diskutiert wurde, ob die traditionellen grammatischen oder stilistischen Fachtermini nicht besser durch deutsche ersetzt werden sollten. Der immer wieder aufflackernde Versuch, Fremdwörter, insbesondere aus der anglo-amerikanisch beeinflussten Jugend- und Werbesprache aus dem Unterricht zu verbannen, ist ein anderer Aspekt dieses monolingualen Habitus. Und die Aufgabe, in einer multikulturellen Gesellschaft eine angemessene Form des Deutschunterrichts zu entwickeln, die auf der einen Seite die Traditionen und Überlieferungen des eigenen Landes sichert, daneben aber Chancengleichheit für Migrantinnen schafft, ohne deren kulturelle Identität zu gefährden, ist noch weit von einer Lösung entfernt.

In dieser Situation werden unsere Schülerinnen heute mit einem Medium konfrontiert, dessen Bedienersprache weitgehend am Englischen ausgerichtet ist, und das ihnen den Zugang zu anderssprachigen Welten mit einem Mausklick eröffnet.

## Konsequenzen

Daraus ergeben sich für den Deutschunterricht in allen vier geschilderten Bereichen didaktische Bedingungen und Handlungsnotwendigkeiten, die das Selbstverständnis des Faches verändern können. Die daraus resultierenden Anforderungen, die an Lehrerausbildung und -weiterbildung, Curriculum und Lernziele, Methodik und Medieneinsatz gestellt werden, können nicht ohne bildungspolitische Grundsatzentscheidungen erfüllt werden.

**Konsequenzen, die sich aus der veränderten sozialen Kontrolle ergeben**

Die Erfahrungen, die der Deutschunterricht mit dem Aufkommen der Trivialliteratur gemacht hat, und die Schwierigkeiten, die sich aus der Integration der Gebrauchstexte in den Deutschunterricht ergeben haben, lassen ahnen, welche Auswirkungen die neuen Medien auf den Literaturunterricht haben werden. Jetzt wird es nicht allein darum gehen, „hohe“ von „niederer“ Literatur zu unterscheiden, ökonomische Zwänge zu erklären bzw. Verdienstabsichten zu entlarven oder die Angemessenheit von Texten im Vergleich zu intendierter Senderabsicht und erreichtem Empfängerverständnis zu beurteilen. Die ganze uns vertraute Kette zwischen Produzentinnen und Rezipientinnen ist auf zwei Glieder reduziert worden, wenn beide Zugang zum Internet haben. Es fehlen Lektorinnen, Redakteurinnen, Herausgeberinnen ebenso wie Setzerinnen und Druckerinnen oder Vertrieb, Großhandel und Buchhändlerin, Kioskbesitzerin oder Bibliothekarin. Ihre Aufgabe als Beraterin für die Autorin, Korrektorin, Zensurinstanz, Beraterin der Leserin bei der Auswahl des Textes wird nicht mehr ausgeübt. Der produzierte Text steht jeder, die auf ihn stößt, unmittelbar zur Verfügung.

Rechtschreibung, stilistische Angemessenheit, innere Konsistenz und Logik, sachliche Korrektheit, Aktualität des Textes, Originalität oder Plagiat oder die Identität der Autorin werden nicht über-

prüft oder von einer Zwischeninstanz verantwortet. Auf der Leserseite bedeutet das, dass eine Vielzahl mittelbar oder unmittelbar erworbener Verhaltensweisen fremden Texten gegenüber jede Grundlage verloren hat. Jeder Rezeptionsprozess veröffentlichter Texte im Rahmen der neuen Medien verlangt eine neuartige Zugriffsweise, die die Fähigkeit voraussetzt, bewusst auf die Kontrolle der nicht überprüfbaren Charakteristika zu verzichten oder Strategien zu entwickeln, die Normentsprechung dieser Charakteristika aus Indizien zu beurteilen und darüber nicht die Konzentration auf die eigentlich interessierenden Aspekte des Textes aufzugeben. Für die Schulung der Rezipientinnen ergibt sich dadurch die Notwendigkeit, vollständig neue Sätze von Schlüsselqualifikation im Umgang mit Texten zu beschreiben, Zielsetzungen zu definieren und Methoden und Materialien zu erarbeiten.
Im Blick auf die Schulung der Produzentinnen ist die Entwicklung eines viel stärker ausgeprägten Verantwortungsgefühls im Umgang mit eigenen Texten erforderlich, die nur im Zusammenwirken mit Philosophie, Ethik und Sozialwissenschaften gelingen kann.

Neue Qualifikationen werden auch im Umgang mit der Internetkommunikation nötig sein. Denn anders als in der unmittelbaren, mündlichen Kommunikationssituation müssen Kommunikationspartnerinnen nicht gewärtigen, gegebenenfalls auch persönlich, körperlich für Folgen kommunikativen Fehlverhaltens einstehen zu müssen. Und anders als bei der schriftlichen Kommunikation, bei der ein Verhehlen der Absenderidentität traditionell zum Zweifel an der Glaubwürdigkeit der Botschaft, ihrer Abwertung wenn nicht gar Stigmatisierung als kriminell führt, sind bei vielen Formen der Internetkommunikation Pseudoidentitäten die Regel, und in ihrem Schutz verlieren überkommene Kommunikations- und Höflichkeitsmuster oft ihre sonst selbstverständliche Geltung.
Das gilt – eventuell sogar im verstärkten Maße – für Lerngruppen im Internet. Stellte bisher die Klassen- oder Kursgemeinschaft ein Lernumfeld her, in dem durch die Annahme sozialer Kontakte oder ihre bewusste Verweigerung ein spezifisches Lernklima entstand, das allen Beteiligten bei der Bestimmung von Position und Orientierung behilflich war, bringen Systeme wie „Interactive Remote Instruction"[4], bei denen das Netz mittels Kamera und Mikrofon virtuelle Klassenzimmer konstruiert, Teilnehmerinnen kurzfristig in einem Lernraum zusammen. Die Möglichkeit aller Teilnehmenden, allen anderen das Wort zu erteilen und sie damit der Beurteilung durch die ganze Gruppe auszusetzen, birgt die Gefahr, soziale Regeln und Schutzmechanismen für Persönlichkeitsrechte kurzfristig außer Kraft zu setzen.
Die Dozentin oder Lehrerin wächst damit noch viel stärker als im traditionellen Unterricht in die Rolle der sozialen Ombudsfrau hinein. Im Unterricht tritt neben die Anleitung zur mündlichen und schriftlichen Kommunikation die Vorbereitung der Schülerinnen auf eine dritte Regelform der Sprach-Zeichen-Interaktion, auf die Internetkommunikation. Hier gilt es zuerst, in den Lernenden in besonderem Maße Verantwortungsbewusstsein zu wecken, um in der Zeit, in der neue, dem Multimedium angemessene soziale Standards sich noch nicht entwickelt haben, die Gefühle, Bedürfnisse und Rechte der Kommunikationspartnerinnen nicht zu verletzen. Ge-

rade die in verschiedenen Studien nachgewiesene, stärkere Konzentration auf die übermittelte Nachricht, die geringere Berücksichtigung persönlicher Motive und „ungehemmtes Verhalten und eine stärkere Selbstbezogenheit“[5] machen das erforderlich.

Gerade Muttersprachlehrerinnen, mit ihrer besonderen Qualifikation, sind hier in besonderer Weise dazu prädestiniert und stärker als alle anderen Fachlehrerinnen dazu verpflichtet, sich um die angemessene Vorbereitung ihrer Schülerinnen auf die veränderte Literaturlandschaft und die neuartigen Kommunikationssituationen zu sorgen. Auf der Grundlage ihrer spezifischen Ausbildung können sie Weiterbildungsangebote in diesen Bereichen besonders effektiv nutzen. Neben der Berücksichtigung einer veränderten Lehrerrolle, wie sie sich aus der allgemein beobachteten Veränderung von Lehr- und Lernprozessen durch den Computereinsatz ergibt[6], liegt hier eine besondere Chance der Aus- und Weiterbildung von Deutschlehrerinnen.

Die jüngsten Erfahrungen mit Lehrerinnen/Lernerinnen-Kooperation zeigen, welche Chancen darin liegen, Rückschläge durch isoliertes Lernen zu überwinden, wenn die Schülerinnen in Teams arbeiten, Gelegenheit erhalten, Probleme zu diskutieren, Erfahrungen mit Lernstrategien und Wissen miteinander zu teilen.[7]

Für die Bildungspolitik folgt aus der veränderten sozialen Kontrolle die Verpflichtung, dafür Sorge zu tragen, dass diese Funktion in der Schule solange von der Lehrerin stellvertretend wahrgenommen werden kann, bis die Schülerinnen in der Interaktion der Lerngruppe oder alleine dazu befähigt sind, Wertmaßstäbe anzuwenden und verantwortlich zu handeln.

**Konsequenzen, die sich aus der veränderten ästhetischen Erwartung ergeben**

Schülerinnen, die im muttersprachlichen und fremdsprachlichen Unterricht mit dem Teilbereich „Literatur“ des entsprechenden Faches konfrontiert werden, gehen in der Regel davon aus, dass die ihnen vorgelegten Texte mindestens bestimmten formalen Gesetzen entsprechend gebildet und ästhetischen Normen folgend geschrieben worden sind, wenn sie nicht sogar vor allem deshalb behandelt werden, weil sie selbst normgebend waren. In jedem Fall werden Texte als Unterrichtsgegenstand verwendet, um an ihnen ästhetische Urteilsfähigkeit zu schulen. Dass daneben Sachtexte, Trivialliteratur und Gebrauchstexte und andere mehr diesen ästhetischen Ansprüchen nicht genügen müssen, aber doch eigenen Normen entsprechen oder vorgegebene in „trivialer“ Weise imitieren, gehört ebenso zum offenen oder heimlichen Lehrplan.

Was hier für Texte gesagt ist, gilt in noch stärkerem Maße für das verwendete Bildmaterial, dessen Funktion im Verhältnis zum Text von den Autorinnen reflektiert wurde, die damit Ausdruck, Appell oder Darstellung verstärken wollen. In hohem Grade trifft das zum Beispiel auf gute Kinderbücher zu, in weit geringerem auf manche Tageszeitung. Selbst wenn die inhaltliche Verstärkung der Aussage nicht im geplanten Maße gelingt, bleibt doch der Eigenwert des visuellen Objekts. Lediglich bei persönlichen Texten, bei denen die Absenderin und ihre grafischen Fähigkeiten und ästhetischen Kompetenzen und ihre kommunikativen Ziele bekannt sind, wird diese unterschwellig angenommene Passung zwischen literalem und grafischem Text von den Rezipientinnen auf Grund des Ver-

trautheitsgrades mit der Senderin relativiert.
Im Umgang mit multimedialen Texten müssen Schülerinnen in noch größerem Maße als beim Umgang mit Zeitungstexten zum bewussten Differenzieren zwischen der tradierten ästhetischen Erwartungshaltung und ihrer Erfüllung durch die realisierte Form angeleitet werden. Denkbar ist jedoch auch, dass dies ein Problem ist, das nur aus der Sicht der jetzt agierenden Literatinnen-, Künstlerinnen- und Lehrerinnenszene besteht, das sich aber von Jahr zu Jahr abschwächen wird, da die nachwachsende Generation von solchen vorurteilsbestimmten Erwartungen frei sein wird. Dann stellt sich jedoch die Frage, inwieweit die Bildungspolitik solche Entwicklung als Veränderung im Bedingungsfeld akzeptieren soll oder muss oder ob es Möglichkeiten oder Notwendigkeiten des bewussten Gegensteuerns gibt, die in viel stärkerem Maße als bisher eine Kooperation zwischen Kunst-, Musik- und Sprachdidaktikerinnen erforderlich machen.
Die im Hamburger Labor für elektronische Medien (LEM) seit Mitte dieses Jahres begonnene Zusammenarbeit zwischen Vertretern der Universität und der Kunsthochschule deutet an, dass traditionelle berufliche Profile der Muttersprachlehrerin in Frage gestellt werden müssen. Die Unterstützung, die es sowohl von der Wissenschaftsbehörde wie von der Wirtschaftsbehörde erfährt, zeigt, wie nötig es ist, dass die Bildungspolitik ihren eigenen Standpunkt und den Grad ihrer Abhängigkeit oder Unabhängigkeit von anderen Instanzen reflektiert.

**Konsequenzen, die sich aus der Mehrdimensionalität ergeben**

Welche Möglichkeiten und Herausforderungen sich für Didaktik und Methodik des muttersprachlichen Unterrichts durch die Mehrdimensionalität der neuen Medien ergeben, soll an zwei Bereichen gezeigt werden: im Blick auf die Inhalte an der veränderten Situation bei der Behandlung von Hausaufgaben und im Blick auf Rahmenbedingungen an der Finanzierung von Geräten und Personal.
Wie sich traditionelle Verfahrensweisen verändern müssen, können wir uns am Beispiel einer üblichen Hausaufgabenstellung schnell verdeutlichen. Zu den Standardaufgaben gehört die Aufforderung, zur nächsten Stunde einen bestimmten Textabschnitt unter vorgegebenen Leitfragen zu lesen, ein Hörspiel oder einen Fernsehfilm mit einer präzisen Zielvorgabe zu verfolgen. Die Lehrerin kann dabei davon ausgehen, dass der pflichtbewussten Rezipientin genau dasselbe Textstück zur Verfügung stehen wird, das ihr bei der Aufgabenstellung gegenwärtig war und dass der Grad der Aufgabenbewältigung die Sensibilität der Schülerin, ihr Vorwissen, ihre Reflexionsfähigkeit, ihre Fantasie etc. widerspiegelt. Zwar gab es auch dabei schon immer die Möglichkeit, dass die eine Schülerin Zugang zu Literaturgeschichten, die andere zu Interpretationen für die Hand der Lehrerin hatte. Erfahrene Lehrerinnen haben aber in der Regel ihre Strategien im Erkennen solcher Hilfsmittel und ihr Reagieren auf deren Verwendung ausgebildet. Derartige Sekundärtexte – vor allem solche, die neu auf den Markt kommen – müssen immer wieder von den Unterrichtenden berücksichtigt werden, die Vertrautheit mit dem Primärtext muss jedoch in der Regel nur in größeren Abständen aufgefrischt werden.
Eine Hausaufgabe, die das Betrachten und Bewerten einer bestimmten Homepage verlangt, erfordert jedoch immer wieder die erneute Beschäftigung der

Lehrerin mit dem aktuellen Primärtext. Nur dann kann sie - wenigstens mit einem Blick auf das Aktualiserungsdatum - sicher sein, sich im Unterricht auf dieselbe Quelle zu beziehen wie ihre Schülerinnen. Außerhalb jeder verlässlichen Vorhersage liegt jedoch die Einschätzung, wie viele Schülerinnen der Klasse welche der Sprungadressen der Ausgangsseite genutzt haben, wie weit sie sich beim Navigieren im Internet vom Ausgangspunkt entfernt haben, wie viele der Schülerinnen vergleichbare Pfade gewählt haben oder gar von angebotenen E-Mail-Adressen, Chatrooms oder Newsgroups Gebrauch gemacht haben.
Textarbeit mit den neuen Medien stellt damit an die Lehrkräfte eher die Anforderungen, die man bisher bei der Zusammenfassung der Einzelerlebisse auf einer Klassenreise oder der Auswertung von strukturierten Interviews hatte, als die des traditionellen Literaturunterrichts. In der literaturwissenschaftlichen Ausbildung muss daher der Verortung eines Textes im möglichen literarischen, sozialen und kommunikativen Kontext mehr Beachtung geschenkt werden. Die Dynamik der Rezeption muss in der Lehrerweiterbildung und in Fachzeitschriften viel stärker berücksichtigt werden als bisher. Andererseits müssen im Curriculum und bei der Entscheidung über Lernziele Fähigkeiten verstärkt berücksichtigt werden, die es erlauben, sich auf wesentliche Elemente zu konzentrieren, Alternativen als bedeutungsvoll einzuschätzen und ihnen nachzugehen oder sie als unwichtig oder nur in einem anderen Kontext interessant zu bewerten und vorläufig nicht weiter zu verfolgen. Die den neuen Medien immanente Mehrdimensionalität, deren ständige Präsenz und Zugänglichkeit für die Schülerinnen außerhalb der Schule zunehmend zur Selbstverständlichkeit geworden ist, erfordert nicht nur eine jederzeitige Verfügbarkeit der notwendigen Geräte im Klassenraum und nicht nur im gesondert bewirtschafteten Medienraum, sondern vor allem eine Neubesinnung über Abgrenzung und Aufgabenverteilung zwischen allgemeiner Pädagogik, allgemeiner Didaktik, Medienpädagogik und Fachdidaktik.
Als weitere Gebiete, auf dem die Mehrdimensionalität überkommene Strukturen und Verhaltensweisen in Frage stellt, müssen Personalaufwand und Mitteleinsatz angesehen werden. Es zeigte sich in den letzten Jahren, dass die Personalausstattung unserer Schulen nicht der durch Computer und Multimedia veränderten Lernumgebung angepasst worden ist. Waren in der Anfangszeit die Computer, später dann die EDV-Labors, noch die Domäne der Physiklehrerinnen, die häufig auch die Unterstützung von Assistentinnen, Laborantinnen und Sammlungsbetreuerinnen hatten, und besonders auszuzeichnenden Schülerinnen Teile ihrer Verantwortung übertrugen, wandelte sich das Bild in den letzten Jahren erheblich. Je mehr in anderen Fächern der Gebrauch der Geräte zur Norm wird, je mehr Schulen ans Netz gehen, desto schwieriger wird es auch für die gutwilligsten Lehrerinnen, neben ihren eigentlichen Dienstaufgaben ab und an die Zeit zu finden, Kolleginnen bei Geräteproblemen zu helfen, Auskünfte über neue Programme zu geben oder ihnen bei der Einweisung von Schülerinnen zu helfen.
Wenn in Hamburg die Personalräte errechnen, dass eine Lehrerin, die bereit ist, die Arbeit als Netzwerkbetreuerin zu übernehmen, sechs bis zwanzig Stunden pro Woche aufwenden muss, um diese Funktion wahrzunehmen, und dass oft auch noch die Pflege der Home-

page von ihr als selbstverständliche Kleinigkeit erwartet wird, zeigt sich, dass die mit Multimedia notwendig gewordenen Aufgaben, nicht nebenbei erledigt werden können.

Vergleichbares gilt für die zur Verfügung gestellten Finanzmittel. In allzu vielen Kultus- und Finanzbehörden scheint man noch davon auszugehen, dass ein Verfahren, das man im Rahmen der Lehrmittelfreiheit erfolgreich angewendet hat, sich auch hier bewähren wird: der einmalige Einsatz von Mitteln und die Abnutzung über circa zwei Jahrzehnte, statt der eigentlich vorgesehenen Abschreibung über drei Jahre, sowie der einmalige Personaleinsatz für das Binden und Anbringen des Eigentumsstempels und die weitere Betreuung durch Schülerinnen als unbezahlte Hilfskräfte.

Ein solches Vorgehen kann im Umgang mit technischen Geräten nicht nur zu einem schnellen Wertverlust führen, sondern auch zur Folge haben, dass durch Frustration, Demotivation oder fehlende Arbeitsmöglichkeiten auf Lehrerinnen- oder Schülerinnenseite die angestrebten Ziele nicht einmal in Ansätzen erreicht werden.

Wenn in Hamburg z. B. nur DM 3 700 für die Vernetzung einer bestimmten Schule eingeplant werden, für die nach Aussagen des dort zuständigen Lehrers DM 52 000 nötig sind, wenn Entlastungen der Netzbetreuerinnen oder gar Neueinstellungen von qualifizierten Technikerinnen nicht vorgesehen werden, müssen alle bildungspolitisch geforderten Aktivitäten im Umfeld von Multimedia erfolglos bleiben, trotz der Millionensummen, die für Erstausstattungen eingesetzt werden.[8]

Dabei ist noch nicht berücksichtigt worden, dass neben den Geräte- und Netzkosten fachspezifische Software benötigt wird. Die Zeit ist vorbei, in der im Fach Deutsch Lesebuch und Sprachbuch, ergänzt durch - häufig halblegale - Kopien und zerfledderte Reclamhefte aus der Lehrmittelbibliothek als angemessene Ausstattung durchgehen konnten.

Da es kaum realistisch ist, anzunehmen, dass in die Ausbildung der Deutschlehrerinnen - übrigens auch nicht in die für das Fach Physik - eine Technikausbildung integriert werden kann, in absehbarer Zeit aber auf dem Platz jeder Schülerin ein vernetzter Computer stehen wird - gleichgültig ob fest installiert oder als Laptop mitgebracht - muss auch für das bislang ohne Hilfskräfte auskommende Fachgebiet Deutsch eine ausgebildete technische Assistenz an jeder Schule vorgesehen werden. Die in Baden-Württemberg gewährte Stundenentlastung von einer halben Lehrerstelle pro 100 PCs je Schule ist ein erster Schritt in eine richtige Richtung.

Noch wesentlicher ist aber, dass über Stundenentlastungen und Hilfskräfte nicht vergessen wird, im Curriculum Raum für die neuen Inhalte zu schaffen und die Lehrerinnen auf sie angemessen vorzubereiten. Diese von *Willi van Lück* (1997) unter dem Stichwort „Medienevolution" zutreffend beschriebenen neuen Inhalte[9] schließen sich trotz ihrer Mehrdimensionalität so bruchlos an die Aufgaben und Ziele des bisherigen ein- oder zweidimensional orientierten muttersprachlichen Unterrichts an, dass Deutschlehrerinnen für die neuen Aufgaben wie vorherbestimmt erscheinen: Schon immer ging es in ihrem Fach

- um die vielfachen Wirkungen zwischen Informations- und Kommunikationsmitteln, unidirektional/eindimensional wie in der mündlichen Kommunikation, Film- oder Hörspielrezeption, zweidimensional wie bei (illustrierten)

Texten oder dem Vor und Zurück bei Film- und Videoanalysen;
- um die Wechselwirkungen mit der gesellschaftlichen Realität oder gesellschaftlichen Ansprüchen und die damit verbundenen Gefahren und Chancen;
- um Reflexion und Bewertung;
- um Kreativität und Kommunikationsprozesse und Produkte.

Wichtig ist jedoch, dass die neuen Medien im Unterschied zu anderen neuen, kommunikationsrelevanten Technologien des 20. Jahrhunderts, wie Massenpresse, Telefon, Film, Radio, Video, in ihrer leichten Verfügbarkeit die Grenzen zwischen Produzierenden und Rezipierenden verwischen und in dem mehrdimensionalen Gefüge von Vor und Zurück, Auf und Ab, geöffneten und geschlossenen Fenstern, Speichern und Löschen, viel größere Konsequenz, Selbstdisziplin und Bewertungsfähigkeit auf Seiten der Lehrenden und Lernenden verlangen. Die von *van Lücks* Blitzlichtern beleuchteten Bereiche „Weltwissen im Internet", „Lernprogramme im Internet", „Kooperation im Netz" und „Kommunikation im Netz" erhellen die Gefahren der Verirrungen, nicht nur im Hypernet, sondern auch im Geflecht der Wertedimensionen.[10]
Für die Bildungspolitik ergibt sich aus diesem Bereich eine ganze Reihe von Konsequenzen. Sie reichen von der Entscheidung für eine Revision der Lehrerbildung unter Einschluss regelmäßiger, verpflichtender Weiterbildungsphasen über die angemessene materielle Ausstattung der Schulen bis zur Entscheidung, an den Schulen pädagogisches Hilfspersonal in ausreichender Zahl vorzusehen.

### Konsequenzen, die sich aus der Mehrsprachigkeit ergeben

Der traditionell einsprachige muttersprachliche Unterricht wird sich vermutlich noch schwerer als andere Fächer an den Gedanken gewöhnen können, dass eine andere Sprache in seinem Bereich durchaus legitim verwendet werden kann oder gar verwendet werden muss. Der seit langem geforderten Orientierung hin zur Mehrsprachigkeit im muttersprachlichen Unterricht in mehrsprachigen Gesellschaften kommt immer größere Bedeutung zu.[11]

Wenn sich der nach Zeitungsmeldungen zur Zeit als Modellversuch in vier Schulen in Deutschland (Landau), Großbritannien (Bristol), Kalifornien und Singapur erprobte Ansatz, den gesamten Unterricht online durchzuführen, bewähren sollte[12], wäre Mehrsprachigkeit im Unterricht die Regel und nicht mehr die Ausnahme. Dabei zeigt allerdings schon dieser erste Versuch, dass Mehrsprachigkeit in diesem Kontext dreier Schulen mit Englisch als Unterrichtssprache eher „Englischsprachigkeit" bedeuten wird.

Aber auch mit dieser Einschränkung eröffnet sich dem Deutschunterricht ein bisher in seiner Weite und Unmittelbarkeit unbekanntes Feld für Kooperation und Kommunikation, auf die vorbereitet werden muss, soll nicht die Mehrzahl der Kontakte bereits in der Anfangsphase abbrechen. Wie weit jedoch die dynamisch entstandenen Regeln der „Netiquette", die Abkürzungen und Emoticons[13], die als Elemente einer neuen Sprache und einer neuen Kommunikationsform verstanden werden müssen, vom Deutschunterricht aufgegriffen, akzeptiert oder korrigiert werden müssen, bedarf noch eingehenderer Untersuchungen als sie Germanistik und Linguistik bisher leisten konnten. Lehrerinnen sind hier mehr noch als in vielen anderen Feldern, unmittelbare Beobachterinnen einer Sprachentwicklung. Anders als beim auditiven Aufnehmen von Elementen aus Jugendsprachen, Gruppensprachen, Soziolekten oder Slangs können sie in multimedialen Texten vorkommende Entwicklungen mit Quelle und Datum dokumentieren. Damit kommt ihnen und ihrer Arbeit eine erhebliche Bedeutung auch für die Forschungsarbeit zur Sprachentwicklung und Mehrsprachigkeit unter dem Einfluss multimedialer Kommunikationssituationen zu, die von der Bildungspolitik bei der Ausgestaltung ihrer Arbeitsplatzbeschreibungen in angemessener Weise berücksichtigt werden muss.

## Ausblick

Mit „sozialer Kontrolle“, „ästhetischer Erwartung“, „Mehrdimensionalität“ und „Mehrsprachigkeit“ wurden exemplarisch Bereiche dargestellt, in denen es offensichtlich wird, dass Multimedia

- nicht nur im Blick auf das Fach Deutsch aller Schulformen zu bildungspolitischem Umdenken führen muss, insbesondere was Ausstattung, Lehreraus- und Weiterbildung, Curriculum und Lernziele, Methodik und Medien angeht,
- sondern dass für die angemessene Vorbereitung auf wesentliche Veränderungen und Entwicklungen unserer sozialen Interaktion das Fach Deutsch und die für dieses Fach ausgebildeten Lehrerinnen die besten Voraussetzungen bieten.

Überlegungen, Multimedianutzung als eigenes Unterrichtsfach einzuführen oder der Informationstechnischen Grundbildung einen weiteren Raum zu gewähren, sind sicher aus der Begeisterung für ein neues Medium erklärbar, ich halte sie jedoch für Schritte in eine Richtung, die uns bald so abwegig erscheinen wird, wie das Unterfangen, erst mit dem Schreibunterricht zu beginnen, wenn die Schülerinnen die geologische Herkunft der Kreide bestimmen oder das Funktionsprinzip des Kugelschreibers erklären können.

Während Bildungspolitik, Schulentwicklungsplanung und Lehrerbildung noch Stellungskriege um die richtige Form der Integration der neuen Entwicklungen führen, hat die private Wirtschaft bereits reagiert:

„‚Edutainment‘ statt gefürchteter Hausarbeitenkontrolle – so lautet die Zauberformel, mit der heute per Computertraining den Youngsters die Möglichkeiten der künstlichen Intelligenz vermittelt werden. Kinder ab elf werden zu Webmastern ausgebildet, Vierjährige arbeiten mit Begeisterung an der Verzerrung ihrer eigens eingescannten Bilder und während die jungen ‚User‘ Personenprofile erstellen, gewöhnen sie sich unvermittelt an das Verwalten von Datenbanken.“[14]

Bei mittlerweile 21 Millionen Computern in Deutschland und einem jährlichen Zuwachs von 1,4 Millionen[15] ist die Gefahr groß, dass sich Verhaltensweisen ausbilden und verfestigen, ehe die Bildungspolitik und die Lehrerinnen aus- und weiterbildenden Institutionen darauf reagieren. Angesichts der fast doppelt so hohen Zahlen in den Niederlanden, Dänemark und Schweden und der dort ungefähr drei, dreieinhalb bzw. fünfeinhalb mal so hohen Zahl der Menschen, die das Internet nutzen[16], ist ein beschleunigter Anstieg in Deutschland

zu erwarten. Daher kann bildungspolitisches Handeln nicht dringend genug gefordert werden.
Deutschlehrerinnen als Expertinnen für Kommunikation, Informationsgewinnung und Informationsverarbeitung und Textanalyse und -bewertung sind prädestiniert dafür, Kinder und Jugendliche in professioneller Weise nicht nur punktuell zu trainieren, sondern zu bilden und in ihnen Verständnis und Verantwortungsgefühl für ihr Handeln in multimedialen Räumen zu wecken.
Diese Eigenschaften sind unverzichtbar, wenn in absehbarer Zeit auch Teile des Präsenzunterrichts durch multimedialen Fernunterricht für Schule und Universität abgelöst werden. Denn dass der Unterricht über das Netz zunehmen wird, legen auch die Erfahrungen der letzten Jahre und Szenarien der unmittelbaren Zukunft nahe. Die zur Zeit schon in breitem Spektrum angebotenen Fächer virtueller Universitäten in Europa und den USA, die Inhalte vermitteln, Bibliothekszugänge ermöglichen und in Chatgroups mit Tutoren als Betreuern Übung und Austausch ermöglichen, lassen ahnen, in welcher Weise auch in den Schulen eigenständiges Lernen mit motivierenden, aktivitätssteigernden Lehrformen kombiniert werden muss[17] und dass über die hier im Blick auf den Unterricht im Klassenraum formulierten bildungspolitischen Notwendigkeiten hinaus weitere Veränderungen möglich werden.

## Anmerkungen

1 HEW-metropole, Heft 2, 1999, S. 36–42

2 vgl. die Kurzfassung: *Borrmann, Andreas*: Lernbereich Medienerziehung – Schwerpunkt: Neue Medien. In: Mitteilungen des Deutschen Germanistenverbandes, Heft 2, 1999, S. 224–227

3 Überschrift eines Interviews mit *Johannes Fried*, Professor für mittelalterliche Geschichte in Frankfurt, im Hamburger Abendblatt vom 24./25. Juni 1999, S. 6

4 Vorgestellt am 30. und 31. August 1999 auf der Konferenz „Neue Lerntechnologien" in Bern. Vgl. *Manfred Braun* (1999): Das kreative Chaos der Methoden. In: Süddeutsche Zeitung vom 4./5. September 1999

5 *Schulz-Zander, Renate* (1997): Lernen mit Netzen. In: Computer und Unterricht 25, 1997, S. 13

6 vgl. z. B. die bei *Schulz-Zander, Renate* (1997) auf Seite 11 angeführten Befunde von *Harasim et al.*, (1996), S. 14

7 vgl. *Harris, P. C./Harris, M. H./Hannah, S. A.* (1998): Confronting Hypertext: Exploring Divergent Responses to Digital Coursework. In: The Internet and Higher Education, 1(1), S. 45–47. Und *Blatt, I./Hartmann, W./Voss, A.* (1999): The Use of the Internet in University Teacher Training. In: The Internet and Higher Education 1(4), S. 305–315

8 vgl. *Knür, Deborah* (1999): Ärger um EDV: Lehrer machen Dienst nach Vorschrift. In: DIE WELT vom 21. September 1999, Hamburg Teil, S. 35

9 *van Lück, Willi* (1997): „Schulen ans Netz" – Warum eigentlich? In: In Computer und Unterricht 25, 1997, S. 14–18

10 *van Lück, Willi* (1997), S. 16–17

11 vgl. z. B. *Hartmann, Wilfried* (1991): Die Aufgabe der Muttersprachlehrerin in mehrsprachigen Gesellschaften. In: *Mattheier, Klaus J.*: Ein Europa – Viele Sprachen. = Forum Angewandte Linguistik, Band 22. Kongreßbeiträge zur 21. Jahrestagung der Gesellschaft für Angewandte Linguistik GAL e.V. Frankfurt/M., Bern, New York, Paris: Peter Lang, 1991, S. 231–234

12 dpa-Meldung vom Oktober 1999

13 Siehe dazu auch den Beitrag von *M. Plieninger* in diesem Band.

14 *Koopmann. Manfred* (1999): „‚Edutainment' ist in" – Computerschulen für Kinder. In: Hamburger Wirtschaft, 9/99, S. 22

15 Zahlen nach *Computerbild*, 9, 1998, S. 15. Dass diese Schätzung eher noch zu vorsichtig ist, zeigt die Tabelle in der Wochenzeitschrift DIE ZEIT, 38, vom 16.9.1999, S. 25, auf der Grundlage einer Erhebung der European Commission, nach der in Deutschland bereits 30,5 % aller Bürger einen PC besitzen. Das entspricht ca. 24,6 Millionen Geräten und damit einem Anstieg gegenüber den 98er Angaben von bereits 3,6 Millionen.

16 Zahlen nach der Tabelle in der Wochenzeitschrift DIE ZEIT, vgl. Anmerkung 15. Danach nutzen in Deutschland 7,1 % der Bürger das Internet, in den Niederlanden 19,6 %, in Dänemark 24,6 % und in Schweden 39,6 %.

17 vgl. z. B. das von *Wolfgang Leidhold*, Köln, im Auftrag der Bertelsmann Stiftung und der Heinz Nixdorf Stiftung erstellte Szenario „Die Universität im Jahr 2005", das er auf der Sylter Sommerschule der GEW 1999 vorstellte.

Inge Blatt

# Medien-Schrift-Kompetenz im Deutschunterricht

## Ein Basiskonzept mit unterrichtspraktischen Hinweisen

### Einleitung

*Weidenmann* und *Krapp* entwickeln in ihrer Einleitung zu dem Heft „Lernen mit dem Computer, Lernen für den Computer" von 1989 zukunftsweisende Perspektiven. Sie zeigen Forschungsgebiete für theoretische und praktische Arbeiten auf, von deren Bewältigung es aus ihrer Sicht abhängt, ob der Computer und die mit ihm verbundenen neuen Informations- und Kommunikationstechnologien eine positive Entwicklung in der Pädagogik anregen. Die Autoren fordern:

„Anstatt konventionelle Unterrichtsverfahren nun per Computer zu präsentieren, sollten die spezifischen Möglichkeiten des Computers ausgelotet und ausgeschöpft werden, um das pädagogische Feld tatsächlich zu bereichern. Dies ist kein Appell, den Unterricht auf den Computer hin umzustrukturieren. Der Computer könnte vielmehr ein Anlass sein, traditionelle pädagogische Prinzipien wie Individualisierung, entdeckendes Lernen, Interesse, Vielfalt der Auseinandersetzung mit dem Gegenstand [...] neu zu beleben und im Unterricht – mit und ohne Informationstechnologie zu verwirklichen." (*Weidenmann/Krapp* 1989, S. 632)

Besonders weitsichtig erscheint mir, dass die Autoren einen höher qualifizierten Unterricht anmahnen und im Computer ein Medium unter anderen sehen, um dies zu verwirklichen. Solche Forderungen lassen sich selbstverständlich nicht auf einer rein pragmatischen Ebene einlösen, sondern verlangen eine theoriegestützte Basis, die aus Unterrichtsforschung hervorgeht.

Was bedeuten diese Forderungen für den Deutschunterricht? Können wir sie einlösen?

Ich versuche in diesem Beitrag Antworten auf diese Fragen zu geben. Dabei wird der Einsatz der neuen Medien nicht die Hauptrolle spielen, was manchen Leser wohl befremden wird. Es ist aber durch Unterrichtsforschung vielfach erwiesen, dass der Medieneinsatz kein signifikanter Faktor für die Effektivität des Unterrichts ist, sondern das Gesamtkonzept des Unterrichts den Ausschlag gibt (*Blatt* 1996 a; *Bruck* 1998; *Landesinstitut* 1999; *Weidenmann* 1995). Weiterhin hat der Gebrauch der neuen Medien im Unterricht nicht notwendiger Weise zur Folge, dass dabei auch die dazu erforderlichen Kompetenzen erworben werden.[1] Machen alleine genügt nicht. Zudem muss erst einmal Klarheit darüber gewonnen werden, welche Kompetenzen für die Nutzung der Informations- und Kommunikationstechnologien grundlegend sind.

In jahrelanger Seminarerfahrung zum Thema „Neue Medien" wurde mir immer deutlicher, dass eine mediendidaktische Ausbildung nur vor einem fachwissen-

schaftlichen und fachdidaktischen Hintergrund Sinn macht. Ich entwickle daher in diesem Beitrag ein Basiskonzept, das aus der gegenwärtigen Forschungslage hervorgeht. Ich halte grundsätzliche Überlegungen gerade zum jetzigen Zeitpunkt für wichtig und notwendig, da die Diskussion um den Einsatz neuer Medien im Deutschunterricht immer noch vorrangig auf einer pragmatischen Ebene geführt wird. In Print- und elektronischen Medien werden vermehrt Projekte und Unterrichtseinheiten vorgestellt und zum Nachmachen empfohlen, die überwiegend auf einer einmaligen Unterrichtserfahrung beruhen. Was fehlt, ist eine grundlegende Fortbildung, die Lehrerinnen und Lehrern didaktisches und Fachwissen vermittelt, mit dem sie den eigenen Unterricht kreativ gestalten können. Diesem Ziel soll dieser Beitrag Rechnung tragen.
Ich entwickle ein Basiskonzept für das Lernziel „Medien-Schrift-Kompetenz", das auf Erkenntnissen der Kognitionswissenschaft, Multimediaforschung, Lese- und Schreibforschung und der Linguistik aufbaut. Ergänzend gebe ich unterrichtspraktische Hinweise. In einem Ausblick zeige ich neue Weisen für ein selbstständiges Lernen auf. „Bücher auf Abruf" (books on demand) und elektronische Journale können beim Aufbau von „lernenden Gemeinschaften" (learning communities; vgl. *Bielaczyc/Collins* 1999) mithelfen.

## Didaktisches Konzept

Das didaktische Konzept ist darauf ausgerichtet, einen schriftkulturellen Lernraum zu schaffen, in dem Schülerinnen und Schüler gefordert und gefördert werden. Es folgt drei Maximen:

- Der Unterricht ist auf Verstehen ausgerichtet.
- Die Lerninhalte und -methoden gründen auf Ergebnissen von Unterrichts- und Lernforschung.
- Der Einsatz der neuen Medien orientiert sich an den Lernzielen und den Lernvoraussetzungen der Klasse und individueller Schülerinnen und Schüler.

Ich entwickle diese Maximen im Folgenden, indem ich

- das Lernziel „Medien-Schrift-Kompetenz" konkretisiere,
- das lerntheoretische Fundament und die Lehrer- und Schülerrolle darstelle,
- fachwissenschaftliche und fachdidaktische Grundlagen aufzeige und
- zusammenstelle, unter welchen Voraussetzungen und für welche Zwecke neue Medien im Unterricht sinnvoll eingesetzt werden können.

### Lernziel „Medien-Schrift-Kompetenz" im Deutschunterricht

Im Gutachten zum BLK-Programm „Systematische Einbeziehung von Medien, Informations- und Kommunikationstechnologien in Lehr-Lern-Prozesse" (*Mandl et al.* 1998, S. 8) heißt es:
„Es steht außer Zweifel, dass die Schule die kulturellen Basiswerkzeuge des Lesens, Schreibens und Rechnens vermitteln muss. [...] Neben den traditionellen Kulturtechniken werden Fähigkeiten und Fertigkeiten im praktischen Umgang mit den neuen Informations- und Kommunikationstechnologien immer wichtiger und avancieren damit zu einer neuen Kultuturtechnik."
Danach blieben dem Deutschunterrricht seine bisherigen Ziele, Lesen und Schreiben zu vermitteln, unverändert erhalten. Ein Tribut an die neuen Medien könnten der Einsatz von Multimedia CD-ROMs sein, in denen etwa Goethe im Gartenhaus vor seinem Stehpult mit dem Feder-

kiel in der Hand zu sehen ist, während eine sonore Stimme „Habe nun ach Philosophie" deklamiert, oder aber das Schreiben eines Textes für die Schulhomepage. Die erforderliche Bedienungskompetenz würden die Schülerinnen und Schüler im Informatikunterricht lernen. Das entspräche der bisher geübten Praxis in ITG-Projekten, die von Deutsch- und Informatiklehrkräften gemeinsam betreut werden und in denen z. B. eine Schülerzeitung hergestellt wird.

Eine solche Zuordnung würde den Deutschunterricht auf Dauer an den Rand drücken, da er das Schreiben und Lesen mit neuen Medien anderen Fächern überließe. Aus dieser Sicht ist es nur folgerichtig, dass *Weidenmann* (1997) ein neues Fach Kommuniktion andenkt.

Eine Aufspaltung in die Vermittlung einzelner Kulturtechniken wird den veränderten Anforderungen an die Lese- und Schreibkompetenz, die zur Nutzung der neuen Informations- und Kommunikationstechnologien erforderlich sind, nicht gerecht. Dafür reicht eine Addition von Kulturtechniken nicht aus, sondern es ist eine Kompetenz erforderlich, die Lese-, Schreib-, Bedienungs- und Lernfähigkeiten integriert und die ich mit dem Begriff „Medien-Schrift-Kompetenz" bezeichne.

Lehrende im Fach Deutsch sind auch in besonderer Weise gefordert, bei der Gestaltung der multimedialen Schriftkultur mitzuwirken. Ihre Fachkompentenz ist gefordert, um Verständlichkeit und Leserbezug zu etablieren.

Das Lernziel „Medien-Schrift-Kompetenz" entspricht den Erkenntnissen schriftsprachdidaktischer Forschung, wonach Menschen eine Schriftkompetenz nicht durch den Erwerb der Kulturtechniken Lesen und Schreiben erlernen, sondern durch die Teilhabe an der Schriftkultur (*Dehn* 1999, *Smith* 1988). Das gilt umso mehr für die neuen Informations- und Kommunikationstechnologien, da sich die Internet- und Multimedia-Schriftkultur rasch verändern (vgl. *Haase et al.* 1997). Lesen und Schreiben sind dabei nicht auf Dekodierungs- und Kodierungshandlungen zu reduzieren, sondern als bedeutungsschaffende Prozesse zu verstehen.

Mit der genannten Zielsetzung werden die eingangs zitierten Forderungen von *Weidenmann* und *Krapp* (1989) nach einer qualitativen Veränderung des Unterrichts eingelöst. Was unter „Medien-Schrift-Kompetenz" zu verstehen ist, werde ich im Folgenden entwickeln.

Während Lesen und Schreiben traditionell als dauerhafte Fertigkeiten angesehen werden (*Bunk et al.* 1991, S. 369), verlangt eine „Medien-Schrift-Kompetenz" eine ständige Anpassung an eine sich verändernde Informations- und Kommunikationskultur im Internet und in elektronischen Büchern. Es müssen nicht nur neue Programme bedienen gelernt werden, sondern der Wandel in der Sprache, in der Darstellung und in den Schreibkonventionen kommen als Lerngegenstände hinzu. Die Fähigkeit zum selbstständigen Lernen ist demnach ein wesentlicher integrativer Faktor einer „Medien-Schrift-Kompetenz". Dazu sind nicht nur kognitive Lernstrategien erforderlich, sondern auch metakognitive Strategien zur Selbststeuerung und Überwachung sowie Stützstrategien, um die notwendige Motivation und Ausdauer zum Lernen aufzubringen und das Lernen sinnvoll zu organisieren. Über das Erlernen der Internetsprache hinaus ist die kreative Mitwirkung an der Gestaltung dieser multimedialen Schriftkultur Bestandteil einer „Medien-Schrift-Kompetenz". Weiterhin bedarf es ethischer Wertmaßstä-

be, um die neuen Informations- und Kommunikationstechnologien verantwortungsbewusst zu nutzen.
Ich verstehe eine „Medien-Schrift-Kompetenz“ daher als eine Kernkompetenz, die Schlüsselqualifikationen aus allen drei Bereichen - material, formal und personal - in sich vereinigt (vgl. *Bunk et al.* 1991, S. 369):

| Medien-Schrift-Kompetenz als Kernkompetenz - Grundmodell | | |
|---|---|---|
| Materiale Kenntnisse und Fertigkeiten | • Sprach-, Lese- und Schreibfähigkeit<br>• Fachkenntnisse<br>• Anwendung neuer Technologien | Das Allgemeine |
| Formale Fähigkeiten | • Problemlösefähigkeit<br>• Lernstrategien<br>• Wissensbeschaffung und -verarbeitung | Das Selbstständige |
| Personale Fähigkeiten | • Persönliche Motivation<br>• Soziale Kompetenz<br>• Ethisches Verhalten | Das Menschliche |

*Tabelle 1*

Texte bzw. Hypertexte zu verfassen, Informationen aus Texten bzw. Hypertexten zu gewinnen und schriftlich mit Hilfe von Papier oder elektronischen Medien zu kommunizieren, sind Problemlösehandlungen. Sie erfordern Kenntnisse über Sprache und Welt und kognitive und metakognitive Fähigkeiten, um die jeweilige Aufgabe zu lösen. Von den personalen Fähigkeiten hängt es ab, wie viel Anstrengung und Ausdauer Lesende und Schreibende einzusetzen bereit sind. Ein auf *Flower* und *Hayes* basierendes Schreibprozessmodell kann die Anforderungen veranschaulichen (*Blatt* 1996 a, S. 25).
➜ *Tabelle 2*
Während in der Deutschdidaktik das Augenmerk überwiegend auf Schwierigkeiten beim Generieren von Ideen, Ordnen, Versprachlichen und Überarbeiten gerichtet wird, wissen wir aus der Experten-Novizen-Forschung (*Flower* 1979), dass das Schreibniveau in erster Linie von der Problemlösefähigkeit abhängt. Dafür ist ausschlaggebend (*Blatt* 1996 a),

- Ziele zu setzen;
- Lösungsstrategien zu entwickeln;
- die Ausführung zu überwachen.

Voraussetzung dafür ist, dass Teilprozesse automatisiert ablaufen.
Auf eine solche Grundstruktur gebracht, wollen wir im nächsten Schritt untersuchen, ob sich Lesen, Schreiben und Kommunizieren mit Print- von elektronischen Medien unterscheiden.

Lesen ist auf Verstehen ausgerichtet. Leserinnen und Leser treten in eine Interaktion mit dem Text bzw. Hypertext, bilden Hypothesen über den Inhalt und prüfen diese im Verlauf des Lesens (*Smith* 1982). Zur Hypothesenbildung ziehen sie ihr Wissen über die Welt und über Sprache, Sprachfunktionen, Bilder und Textstrukturen heran. Sie verstehen den Text im Rahmen ihres Vorwissens. Für das „Lesen“ in elektronischen

**Erweitertes Schreibprozessmodell**

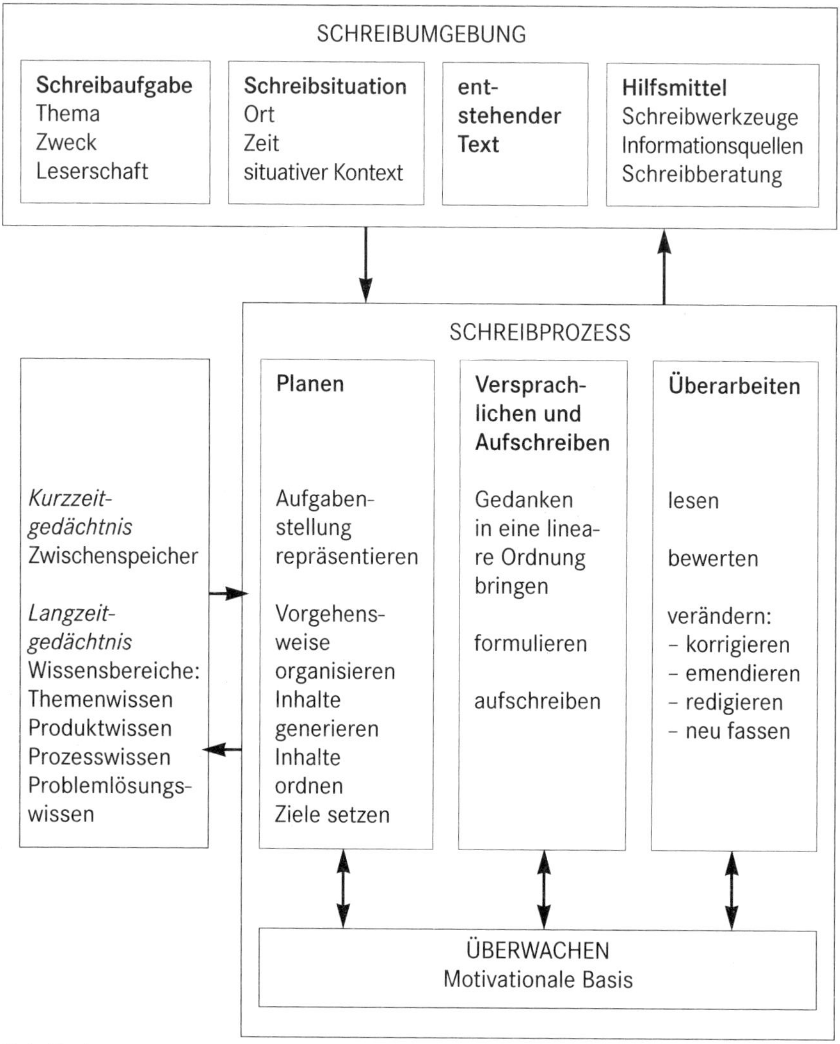


*Tabelle 2*

Medien lassen sich aus einem Vergleich von Texten und Hypertexten bzw. Hypermedia neue Anforderungen vermuten (*Weidenmann* 1997, S. 93).
Während Texte linear strukturiert sind und die für das Verständnis des jeweiligen Themas notwendigen Informationen überwiegend in sprachlicher Form enthalten, sind Hypertexte bzw. Hypermedia aus einzelnen Informationseinheiten netzartig verknüpfte Gebilde im Code-Mix von Text, Bild und Ton. Die

„Leser“ bzw. Nutzer können mit Hilfe sog. Hyperlinks nach Belieben darin „herumsurfen“, indem sie die Verbindungswörter anklicken und so von einer Hypertexteinheit zu einer anderen gelangen. Wie erfolgreich sie „lesen“, d. h. weiterführende Links auswählen und die einzelnen Informationseinheiten verstehen und miteinander verknüpfen, hängt aber ebenfalls von ihrem Wissen und ihren Fähigkeiten ab (*Landesinstitut* 1999, S. 102–103).

Das Sachwissen muss höher sein als beim Lesen von Texten, da die Lesenden die verstreuten Informationsportionen auffinden, reduzierte und auf den Punkt gebrachte Angaben in den Hypertexteinheiten anreichern und isolierte Informationsportionen eigenständig in einen Zusammenhang bringen müssen. Die Lesefähigkeit muss gut ausgebildet sein, um die wesentlichen und unwesentlichen Informationen auf dem Bildschirm schnell erfassen und strategie- und zielgeleitet „surfen“ zu können (*Schnotz* 1997). Hinzu kommt, dass multiple Codes entschlüsselt werden müssen. Wie wir aus bisherigen Untersuchungen im Unterricht wissen, erweisen sich vor allem Bilder und Videos als eine Falle für Nutzer mit einem geringen Leseniveau. Solche Leserinnen und Leser „irren, fasziniert von den bunten Bildern, recht orientierungslos in dem Programm herum“ (*Landesinstitut* 1999, S. 103).

Für das Schreiben und Kommunizieren im Internet ist ebenfalls ein hohes Könnensniveau erforderlich. Das Produzieren eines Hypertextes erfordert, Sachverhalte klar zu strukturieren, in eigenständigen Einheiten knapp und verständlich darzustellen und diese Einheiten über Hyperlinks sach- und leserbezogen zu verknüpfen sowie sinnvolle Verknüpfungen zu externen Informationseinheiten herzustellen.

Dass diese Fähigkeit bei den derzeitigen „Schreibern“ nicht optimal ausgeprägt ist, davon kann man sich bei einem einzigen Surfgang durch das Internet überzeugen. Vor dem Hintergrund der Schreibforschung ist das auch nicht verwunderlich, besagen doch z.B. die Ergebnisse der *Hamburger Aufsatzstudie*, dass das Schreibniveau von Schülerinnen und Schülern eher auf der Ebene einer einfachen als einer komplexen Schreibkompetenz liegt (*Hartmann/Blatt* 1991; *OECD* 1997). Sie können in der Regel Sachverhalte strukturiert wiedergeben, aber nicht für die Bedürfnisse von Lesern und und unter neuen Aspekten transformieren.

Untersuchungen zur Kommunikation im Internet zeigen, dass es zwischen den Kommunikationspartnern vielfach zu Missverständnissen und damit zu Verletzungen kommt (*Sharples* 1993). Das liegt an den hohen Anforderungen der Schriftlichkeit. Menschliche Kommunikation zeichnet sich dadurch aus, dass niemand in den Kopf des anderen hineinschauen kann, sondern dass Bedeutungen zwischen den Kommunkationspartnern ausgehandelt werden müssen (*Lenke et al.* 1995). Während die mündliche Kommunikation situativ eingebunden ist, vollzieht sich die schriftliche Kommunikation isoliert voneinander. Die Partner können nicht nachfragen und erhalten auch keine Signale. Sie müssen allein anhand der Schriftsprache ausdrücken, was sie meinen, und verstehen, was der Schreibpartner meint.

Die taxonomische Klassifizierung der Stufen sprachlichen Handelns nach *Wendt* kann das Anforderungsniveau der kognitiven Fähigkeiten verdeutlichen (vgl. *Finkbeiner* 1995, S. 209–210):
➜ *Tabelle 3*

| Klassen kognitiver Fähigkeiten bei der Sprachrezeption und -produktion | | |
|---|---|---|
| **Sprachrezeption** | **Klassen kognitiver Fähigkeiten** | **Sprachproduktion** |
| 1. Wiedererkennen | „Wissen“ | 1. Reproduktion |
| 2. Verstehen | einfacher Transfer | 2. Anwenden |
| 3. Analyse | multipler Transfer | 3. Verändern |
| 4. Evaluation | autonomer Transfer | 4. Synthese |

*Tabelle 3*

Eine „Medien-Schrift-Kompetenz“ erfordert rezeptive und produktive Fähigkeiten vom einfachen bis zum autonomen Transfer. Transferleistungen setzen voraus, dass Teilprozesse beim Lesen und Schreiben automatisiert ablaufen. Das bezieht sich beim Schreiben vor allem auf eine den grammatikalischen und orthographischen Regeln entsprechende Text- und Schriftproduktion und auf einen reichen, schnell verfügbaren Wortschatz. Um beim Lesen Hypothesen bilden zu können, ist vor allem das schnelle Erkennen von Strukturen erforderlich, da es die Basis für Textverstehen liefert (*Smith* 1982). Weiterhin muss Sachwissen rasch zugänglich sein.

Das zu Grunde liegende linguistische Wissen betrifft demnach Sprachfunktionen, Diskursstrukturen, Textgenres, Stilistik, Grammatik und Orthographie. Darüber hinaus sind Einsichten in den Lese-, Schreib- und Kommunikationsprozess erforderlich.

Bei dem aufgezeigten Könnensniveau steht außer Frage, dass von den Lernenden auch ein hohes Niveau an Lernbereitschaft gefordert wird. Es umfasst die Bereitschaft, sich anzustrengen, selbstständig zu lernen und die Verantwortung dafür zu übernehmen.

Um eine Bedienungskompetenz zu erwerben, können eine Reihe der genannten Strategien eingesetzt werden. Computer-Programme bedienen zu lernen, setzt ebenfalls ein selbstständiges Lernverhalten voraus, da es bei der Vielzahl der Programme und der raschen Entwicklungen nicht möglich ist, die Bedienung fortwährend in systematischen Lehrgängen zu erlernen. Es ist vielmehr notwendig, ein Grundverständnis für Programmstrukturen zu entwickeln und darauf aufbauend selbstständig weiter zu lernen und vor allem auch aus den eigenen Fehlern zu lernen.

Nach meinen Untersuchungen wird der Erwerb einer Bedienungskompetenz durch ein heuristisches Lernverhalten begünstigt. Ich verstehe darunter, dass Lernende sich selbst Ziele setzen und Fragen stellen, etwas ausprobieren und ihre Lernschritte evaluieren, sich mit anderen austauschen und bei Bedarf bei Experten/der Lehrkraft nachfragen und sich so ihrem Lernziel nähern. Ein solches Lernen ist nur in Kooperation mit anderen möglich.

Ich fasse das Lernziel „Medien-Schrift-Kompetenz“ abschließend in dem folgenden Schaubild (→ *Tabelle 4*) zusammen:

| Medien-Schrift-Kompetenz als Kernkompetenz – erweitertes Modell | | |
|---|---|---|
| Materiale Kenntnisse und Fertigkeiten | *Kenntnisse und Fertigkeiten mit großer Breitenwirkung und hoher Zukunftserwartung:*<br>• gut entwickelte Sprach-, Lese- und Schreibfähigkeit<br>• grundlegende Fachkenntnisse (Literatur, Sprachwissenschaft, Kommunikationstheorie)<br>• Kenntnis und Anwendung unterschiedlicher Zeichensysteme<br>• Englischkenntnisse<br>• Anwendung neuer Technologien | Das Allgemeine |
| Formale Fähigkeiten | *Selbstständiges Handeln, anwendungsbezogenes Denken und Handeln, selbstständiges Lernen:*<br>• selbstständige Aneignung und Weiterentwicklung von Fähigkeiten und Kenntnissen (Lernstrategien, heuristisches Schreiben)<br>• selbständige Wissensbeschaffung und -verarbeitung (recherchieren, zielgerichtetes Lesen, kontextbezogenes Verstehen, Transformieren von Wissen, Umsetzen in Handlungskonzepte)<br>• Problemlösefähigkeit (erkennen, planen, durchführen, überwachen, evaluieren, reflektieren) | Das Selbstständige |
| Personale Fähigkeiten | *Individuelle, soziale und ethische Verhaltensweisen:*<br>• Persönliche Motivation (z. B.: Aufgeschlossenheit – Initiative – Ausdauer – Einsatzfreude – Flexibilität)<br>• Soziale Kompetenz (z. B.: Kooperationsbereitschaft – Kommunikationsfähigkeit – Teamgeist – Toleranz – Fähigkeit zur Konfliktlösung)<br>• Ethisches Verhalten (z. B.: Verantwortungsbewusstsein – Zuverlässigkeit – Selbstkontrolle) | Das Menschliche |

*Tabelle 4*

**Lerntheoretische Grundlagen und Lehrer- und Schülerrolle**

Den Lerntheorien Behaviorismus, Kognitivismus und Konstruktivismus liegen jeweils eigene Vorstellungen von Lernen und von den Aufgaben der Lehrenden und Lernenden zu Grunde.

Aus der Sicht des *Behaviorismus* geschieht Lernen, indem eine „Blackbox“

nach dem Reiz-Reaktions-Schema mit Lerninhalten gefüllt wird. Die Lehrenden präsentieren einen Lernstoff für die Lernenden in strukturierter Form und senden damit einen Reiz aus. Die Lernenden reagieren darauf, indem sie den Lernstoff auswendig lernen, d.h. so lange wiederholen, bis er „sitzt“ und sie Fragen dazu „richtig“ beantworten können.
Es liegt auf der Hand, dass diese Lerntheorie für das Ziel „Medien-Schrift-Kompetenz“ nicht hinreicht. Der Großteil der Lernsoftware und der Internet-Angebote ist jedoch behavoristisch ausgerichtet, da Frage-Antwort-Schemata am leichtesten zu programmieren sind.

Die *kognitivistische Lerntheorie* versteht unter Lernen den Aufbau mentaler Strukturen im Hinblick auf deklaratives, d.h. Sachwissen, und prozedurales Wissen, d.h. strategisches Wissen (*Weidenmann* 1991. S. 30–33). Lernen ist aus kognitivistischer Sicht ein Vorgang, der auf Verstehen basiert. Das Gehirn verwandelt Sinnesdaten, wie Bilder, Texte, Töne, Ereignisse, in bedeutungshaltige Informationen. Ob die Daten abhängig davon gespeichert werden, mit welchen Sinnesorganen sie aufgenommen und in welchem Symbolsystem sie dargeboten werden, ist nicht bekannt. Es wird derzeit vermutet, dass die Daten abstrakt repräsentiert und bei Bedarf in einem bestimmten Code produziert werden.
Verstehen ist nur auf der Grundlage von Vorwissen möglich. Das (Vor)Wissen ist im Hirn organisiert als

- Schemata (Vorstellung von Objekten),
- Skripts (Handlungsplan),
- Mentale Modelle (Vorstellung von komplexen Abläufen und Zusammenhängen, die man in Gedanken dynamisch durchspielen kann).

Verstehen heißt, Sinnesdaten mit bestehenden Wissensstrukturen zu erfassen. Dabei entsteht der Eindruck des „Wiedererkennens“, das Neue erscheint uns bekannt.
Lernen heißt, bestehende Wissensstrukturen verändern, wie z.B. erweitern, korrigieren oder völlig neu konstruieren.
Verstehen und Lernen sind miteinander verzahnt. Verstehen ist die Voraussetzung von Lernen. Man kann einen „leichten“ Text schnell verstehen, möglicherweise aber wenig dabei lernen. Bei Verstehenskrisen, d.h. wenn das Vorwissen nicht ausreicht, muss die „Wissenslücke“ geschlossen werden, damit gelernt werden kann.
Die Lehrenden haben aus kognitivistischer Sicht die Aufgabe, den Lernenden Problemlöseaufgaben zur selbstständigen Bearbeitung zu stellen und ihnen dabei beratend zur Seite zu stehen, indem sie Hilfe zur Selbsthilfe geben. Dazu zählen nicht nur fachliche Hinweise, sondern vor allem auch das Vermitteln von Lernstrategien.
Computerprogramme auf kognitivistischer Basis sind deshalb nicht möglich, weil Computer nicht im menschlichen Sinne verstehen können. Sie können zwar Problemlöseaufgaben mit entsprechenden Materialien als Lernsoftware zur Verfügung stellen, eine kognitivistisch ausgerichtete Lernbegleitung kann aber nur von Menschen geleistet werden, da sie an die Voraussetzung gebunden ist, den Lernprozess zu verstehen. Die oft gehörte Klage, dass Lernsoftware die besonderen Chancen des Computers zur Interaktivität mit den Lernenden nicht nutzten, relativiert sich dadurch. Programme können nur insofern interagieren, als sie Aufgabenlösungen nach vorprogrammierten syntaktischen Strukturen als richtig oder

falsch einstufen und davon abhängig weitere Aufgaben vorschlagen. Ob Lernende die Aufgaben verstanden haben, können sie nicht nachprüfen.

Die Theorie des *Konstruktivismus* besagt, dass unser Gehirn die Wirklichkeit nicht abbildet, sondern eine eigene Wirklichkeit konstruiert (vgl. auch im Folg. *Lenke et al.* 1995). Erkennen erfolgt aber dennoch nicht beliebig oder willkürlich, sondern dadurch, dass die Dinge im Zusammenhang betrachtet und geordnet werden. Erkennen geschieht über das Erkennen der Identität, Gleichheit, Gleichartigkeit, Ähnlichkeit und Verschiedenheit, des regelmäßigen Auftretens oder Wechsels von Objekten und Geschehnissen. Dazu müssen Leistungen des Generalisierens, Abstrahierens und Kategorisierens erbracht werden.
Menschen sind fähig, das Gleiche im ständigen Wechsel zu erkennen. Sie kategorisieren Ereignisse als wichtig und unwichtig im Hinblick auf ihre spezifische Überlebenssituation.
Gehirne haben keinen unmittelbaren physikalischen Kontakt zur Umwelt, sondern nur über die Sinnesrezeption. Die Wahrnehmung stützt sich nicht nur auf die Sinneseindrücke, sondern diese sind nur die Auslöser für sensorische Gedächtnisinhalte. So betrachtet ist das Gedächtnis das wichtigste Sinnesorgan, da wir die Welt stets durch die „Brille" unseres Gedächtnisses wahrnehmen. Das Gedächtnis ist Ergebnis von Lernen.
Da das Gehirn aus konstruktivistischer Sicht nach dem Prinzip der Selbstreferentialität organisiert ist, ist ein von außen geplantes Lernen kaum möglich. Lernen wird als ein individuell konstruierter Prozess in einem situativen Kontext verstanden, in dem die Lehrenden den Part eines Betreuers spielen.

Abschließend bringe ich die drei Positionen im Hinblick auf die Schüler- und Lehrerrolle auf den Punkt:
Behaviorismus, Kognitivismus und Konstruktivismus teilen den Lehrenden je unterschiedliche Rollen zu: die eines Lehrers, der instruiert und prüft, die eines Tutors, der beobachtet und hilft und die eines Coaches, der betreut und kooperiert.
Die entsprechenden Rollen der Lernenden sind, Lehrangebote wahrzunehmen, gestellte Probleme zu lösen und Probleme selbst zu generieren und zu lösen (*Baumgartner/Payr* 1994).

In der Diskussion um die Lehrer- und Schülerrolle im Zusammenhang mit den neuen Medien werden unterschiedliche Positionen vertreten. Während die behavioristische Lerntheorie einhellig abgelehnt wird, aber durch die Hintertür über computergestützte Lernangebote im multimedialen Gewand zu den Lernenden kommt, gilt die konstruktivistische Lerntheorie als die fortschrittlichste. Ein unterrichtliches Konzept zu ihrer Umsetzung ist das Konzept des situierten Lernens (*Mandl et al.* 1998, S. 11). Über dessen Auswirkungen auf das Lernen liegen jedoch noch kaum Ergebnisse vor.
*Mandl u. a.* (1998, S. 13) stellen das Leitkonzept der Problemorientierung für das Lernen in der Wissensgesellschaft auf, das kognitivistische und konstruktivistische Positionen verbindet: „es geht davon aus, dass Lernen generell ein aktiv-konstruktiver, selbstgesteuerter, situativer und sozialer Prozess ist."
Das bedeutet aber weder eine Festlegung auf Handlungsorientierung, noch einen Verzicht auf jede Instruktion, noch eine radikale Änderung der Lehrerrolle. Lehren und Lernen müssen als flexible Prozesse organisiert werden, die Verstehen ermöglichen. Das ver-

langt von den Lehrenden, „eine Vielzahl von professionellen Funktionen gleichzeitig, abwechselnd und nacheinander" wahrzunehmen (*Mandl et al.* 1998, S. 13). Die folgende Zusammenstellung macht dies deutlich:

und Nachdenken fruchtbare Impulse für den Gebrauch der neuen Medien und die Gestaltung einer Multimedia- und Internetkultur ausgehen können.

**Stellung und Aufgaben von Lehrenden und Lernenden**

| *Lehrperson* | *Schülerinnen und Schüler* |
|---|---|
| • Lernprozesse initiieren, begleiten und kontrollieren und den Unterricht organisieren (Schwerpunkt) | • selbsttätig und in Kooperation mit anderen Probleme lösen und Produkte herstellen (Schwerpunkt) |
| • betreuen und kooperieren | • Probleme mitverantwortlich oder selbstständig generieren |
| • lehren und erklären | • Lehrangebote wahrnehmen und sich Sachwissen und methodische Kenntnisse aneignen |
| • den Schülerinnen und Schülern Freiraum gewähren und sie beobachten | • Mitschülerinnen und Mitschüler beraten |
| • Schülerinnen und Schüler mit in die Lehre einbeziehen, wenn eigene Kenntnisse nicht ausreichen, und Lehrangebot wahrnehmen | • lehren und erklären |

*Tabelle 5*

Die aufgezeigte Rollenverteilung ermöglicht eine selbst- und mitverantwortliche Stellung der Schülerinnen und Schüler im Unterricht. Ihre Aufgaben erstrecken sich auf Bereiche, die Lernenden *und* Lehrenden zukommen. Das impliziert, dass die Lehrperson ihr zufallende Funktionen an die Schülerinnen und Schüler abgibt und auch von und mit den Schülerinnen und Schülern lernt. Das kommt den Anforderungen des Lernziels „Medien-Schrift-Kompetenz" besonders entgegen, da aus einem gemeinsamen Tun

### Fachdidaktische und -wissenschaftliche Grundlagen

Das problemorientierte Lernen und Lehren folgt dem kognitivistischen Grundsatz, dass Lernen auf Verstehen basiert. Auch wenn man davon ausgeht, dass es keine objektiven Tatsachen gibt, die es zu verstehen gilt, sondern jeder seine Welt selbst konstruiert, so wird Verstehen sogar noch wichtiger und auch schwieriger. Menschen sind darauf angewiesen zu verstehen, in welcher „Welt" die anderen leben, um sich über diese

Welten und die Beziehung zueinander verständigen zu können.
Unterricht muss Lernenden also Verstehen ermöglichen und zwar in Bezug auf das *Was*, das *Wie* und das *Wozu* der Lerngegenstände und des Lernens. Im Hinblick auf diese Anforderung wähle ich neuere fachdidaktische und -wissenschaftliche Grundlagen aus und stelle heraus, was sie zu einem Basiskonzept für das Lernziel „Medien-Schrift-Kompetenz" beitragen können.
Ich beziehe mich auf die schriftkulturelle Didaktik (*Dehn* 1999; *Smith* 1982; 1988), die prozessorientierte Schreibdidaktik (*Blatt* 1996 a)[2], die grammatikbasierte Rechtschreibdidaktik (*Hinney* 1997; *Röber-Siekmeyer* 1993), die anthropologisch ausgerichtete Kommunikationstheorie (*Lenke et al.* 1995) und – im Abschnitt über mediendidaktische Grundlagen – auf die „Multimedia-Didaktik" (*Weidenmann* 1991, 1995; *Tergan* 1995; *Schnotz* 1995, 1997).
Wie auf Seite 25–30 ausgeführt, muss Unterricht den Lernenden ermöglichen, eine ausbaufähige mentale Struktur des Lesens und Schreibens zu entwickeln. Das heißt, dass die Lernenden das Lesen und Schreiben von Anfang an als bedeutungsschaffende Tätigkeiten für vielfältige Zwecke kennen lernen sollen. Entwickeln sie dagegen eine sehr eingeschränkte Vorstellung etwa vom Kodieren und Dekodieren von Lauten, so kann dies ihr weiteres Lernen behindern. In der Sekundarstufe sind die Weichen bereits gestellt. Dennoch ist es von Vorteil, wenn auch Lehrerinnen und Lehrer der Sekundarstufe diese Hintergründe kennen. Dann können sie solchen Schülerinnen und Schülern durch Unterrichtsangebote und individuelle Beratung gezielt helfen, eine neue Vorstellung von der Schriftsprache und ihrem Erwerb aufzubauen.

*Dehn* (1999) zeigt als Ergebnis ihrer langjährigen Untersuchungen auf, dass im Unterricht ein schriftkultureller Raum geschaffen werden muss, um den Erwerb und Ausbau der Schriftsprache zu begünstigen. Ihr für die Grundschule entwickeltes Konzept kann in seinen Grundzügen auf die Sek I übertragen werden. Diese Grundzüge sind:

- Lesen und Schreiben werden als schriftkulturelle Tätigkeiten aufeinander bezogen („Texte und Kontexte").
- Das Erlernen der Schriftsprache baut auf den literaten Vorerfahrungen der Schülerinnen und Schüler auf, die sie beim Vorlesen, Erzählen und über Medien gewonnen haben.
- Die Schülerinnen und Schüler entdecken Schrift für sich durch vielfältige angeleitete und freie Aufgaben, Schreibfunktionen und den Austausch mit Texten über Texte.
- Die Schülertexte werden als authentische Werke ernst genommen und wie Literatur behandelt.

Dieses Konzept steht im Kontext der internationalen Lese- und Schreibforschung. Unter dem Titel „Joining the Literacy Club" (1988) stellt *Smith* als Aufgabe des Unterrichts heraus, Schülerinnen und Schülern nicht Techniken zu vermitteln, sondern sie in die Gemeinschaft der Schriftkundigen einzuführen, wobei er den Gebrauch der neuen Medien ausdrücklich mit einbezieht. In seiner Monographie zum Lesen (1982) zeigt er auf, dass Lesenlernen verhindert wird, wenn es auf fehlerfreies Dekodieren eingeschränkt wird. Um lesen zu lernen und lesen zu können, ist es notwendig, neben den visuellen Informationen, die durch die Buchstaben geliefert werden, nichtvisuelle Informationen heranzuziehen, wie Vorwissen zum Thema des Lesestückes, zu Handlungs- und zu Sprachstruk-

turen. D.h. man muss beim Lesen die „Brille“ des Gedächtnisses zu Hilfe nehmen.
Kinder kommen nicht als „schwarze Boxen“ in die Schule, sondern bringen deklaratives und prozedurales Wissen mit, das sie zum Lesen- und Schreibenlernen einsetzen können: Wissen über die Welt, über Menschen und über Beziehungen und die Fähigkeit, Dinge zu unterscheiden, einander zuzuordnen und in größere Zusammenhänge einzuordnen. Wird ihnen der Rückgriff auf ihre Vorerfahrungen und ihr Vorwissen im Unterricht verwehrt, weil z.B. Themen behandelt werden, die ihnen fremd sind, oder weil ihre Sprache rigide durch „Schuldeutsch“ (*Dehn* 1991) korrigiert wird, oder weil ihre Normen von den Schulnormen stark abweichen, so erleben sie einen Bruch mit ihrer Erfahrungswelt, werden desorientiert und auf Dauer auch entmutigt. Es wird ihnen dann nicht gelingen, vorhandene Fähigkeit zum Kategorisieren und Generalisieren für die Zwecke des Schriftspracherwerbs heranzuziehen und beim Schreibenlernen die Fähigkeit zum Abstrahieren auszubilden (*Wygotski* 1934).
Wenn sich nach der Grundschule für solche Kinder niemand mehr zuständig fühlt, ist ihr Ausschluss aus der Welt der Schriftkundigen schon besiegelt. Vielleicht wird es eines Tages für schriftunkundige Erwachsene eine Art Computer-Fließbandarbeit geben, vielleicht werden sie auch dauerhaft aus dem Erwerbsleben ausgeschlossen. Ihre Zahl wird steigen, da auch Menschen mit rudimentären Schriftkenntnissen zu Schriftunkundigen werden, wenn sie nicht fähig sind, ihre mentalen Strukturen zu erweitern.
Ein schriftkulturelles Unterrichtskonzept für den Erwerb einer „Medien-Schrift-Kompetenz“ muss die gesamte Schullaufbahn mit bedenken. Seine Umsetzung ist daran gebunden, dass Lehrerinnen und Lehrer über Wissen zum Schriftspracherwerb und -ausbau verfügen und durch die „Brille“ dieses Wissens das Lernen ihrer Schülerinnen und Schüler beobachten und daraus Schlüsse für Lernangebote an die gesamte Klasse oder einzelne Schülerinnen und Schüler ziehen.
Um in allen Klassenstufen Lernräume für (Medien)-Schriftkultur zu eröffnen, sind Kenntnisse aus unterschiedlichen Wissensbereichen gefragt. Selbstverständlich können Lehrerinnen und Lehrer alles bisher Bewährte einsetzen. Besonders wichtig erscheinen Arbeiten zum Wortschatz und zu Sprach- und Textstrukturen. Zu dem Bewährten muss Neues hinzukommen, das im Sinne der Forderungen von *Weidenmann* und *Krapp* (1989) dazu beitragen kann, den Unterricht effektiver zu gestalten.
Ich verweise in diesem Zusammenhang auf neuere rechtschreibdidaktische Ansätze, die auf einer silbenstrukturellen und syntaktischen Grundlage basieren (*Hinney* 1997; *Hinney/Menzel* 1998; *Röber-Siekmeyer* 1993). Eingebettet in einen schriftkulturellen Unterricht können sie für das Lernziel „Medien-Schrift-Kompetenz“ sehr nützlich sein. Sie sind darauf ausgerichtet, Einsichten in die Regularitäten der Orthographie der deutschen Sprache zu vermitteln und geben den Lernenden Strategien zu einer selbstständigen Ermittlung und Überprüfung von Schreibungen an die Hand. Damit entsprechen sie genau dem oben genannten didaktischen Leitkonzept der Problemorientierung, das kognitivistische und konstruktivistische Positionen verbindet.

Für den Lernbereich „Kommunikation“ ist eine fachwissenschaftliche Grundlage von Nöten, mit der die Unterschiede von menschlicher und technischer Kommunikation erfasst werden können. Dazu bietet sich die anthropologisch bestimmte Kommunikationstheorie von *Gerold Ungeheuer* (1972) an, die von *Lenke et al.* (1995) kontrastiv zur informationstheoretisch bestimmten dargestellt wird.

Die *Informationstheorie*, begründet von *Shannon* und *Weaver* (1949), besagt, dass ein Sender eine Nachricht kodiert und an einen Empfänger schickt, der die Nachricht dekodiert. Der Code besteht aus einem Zeichenvorrat und aus einem Regelwerk, nach dem die Zeichen kombiniert werden können. Die Kommunikation funktioniert unter der Bedingung, dass die Nachricht störungsfrei übermittelt wird und Sender und Empfänger über einen gemeinsamen Code verfügen und ihn richtig anwenden. Dann stimmt die Entschlüsselung durch den Empfänger exakt mit der Botschaft des Senders überein.

Diese Theorie trifft für technische Geräte zu: Sie senden ein Signal aus, das aus einer festen Zeichenkette besteht, erkennen das Signal beim Empfang und antworten mit einer vorprogrammierten Reaktion.

Die menschliche Sprache dagegen ist kein eindeutiger Code mit immer gleichen und feststehenden Bedeutungen. Menschen reagieren nicht deterministisch auf ein sprachliches Zeichen. Sie ordnen es vielmehr in ihr alltägliches Wissen und Handeln ein und geben ihm einen Sinn, der über die bloße Signifikation hinausgeht: Gefühle, Vorstellungen und Interessen sind mitbeteiligt.

In der menschlichen Kommunikation sind die Codes also nicht für „Sender" und „Empfänger" identisch wie in der technischen. Die Informationen zwischen Menschen sind auch nicht direkt übertragbar, da die innere und äußere Erfahrungswelt zweigeteilt sind (Innen-Außen-Dichotomie). Ein Sprecher kann einem Hörer nur eine Handlungsanweisung geben, nach der dieser die Bedeutung des Gemeinten selbst aufbauen muss (Konstruktivismus).

Ein Wissen um die Unterschiede von menschlicher und technischer Kommunikation ist die Voraussetzung dafür, das Sprachhandeln von Computern realistisch einzuschätzen und es nicht zu vermenschlichen oder gar zu mystifizieren. Das würde einen kritischen Umgang mit den neuen Medien unterbinden.

### Mediendidaktische Grundlagen

Bei der Unterrichtsplanung muss unterschieden werden, ob die neuen Medien als Lernmedium oder Lerngegenstand eingesetzt werden sollen. Das ist bei dem Lernziel „Medien-Schrift-Kompetenz" jedoch nicht immer leicht auseinander zu halten. Ist z.B. das Informieren im Internet Unterrichtsthema, so kann das Internet Lerngegenstand und Medium zugleich sein. Es kommt aber auf die Lernvoraussetzungen in der Klasse und die Feinziele an, ob der Aspekt des Mediums oder der des Gegenstandes im Vordergrund stehen. Werden Schülerinnen und Schüler mit wenig Erfahrung an das Lesen von Webseiten herangeführt, so sollten Webseiten ausgesucht werden, die sich als Lernmedium eignen. D.h., die Lernenden sollen daran die Struktur und die besonderen Möglichkeiten von Hypermedia erkennen können und nicht durch Nebensächlichkeiten oder gar Unzulänglichkeiten abgelenkt werden. Das Prinzip der didaktischen Reduktion spricht dafür, eine gelungene Webseite auszusuchen und Werbung gegebenenfalls durch Filter auszuschal-

ten.[3] Haben die Schülerinnen dagegen schon mehr Erfahrung gesammelt, so kann der Aspekt des Lerngegenstandes in den Vordergrund rücken. Das kann bedeuten, dass gezielt „schlechte“ Webseiten oder Werbung untersucht werden. In jedem Fall muss eine exemplarische Analyse des Lerngegenstandes erfolgen.
Werden Multimedia und Internet als Lernmedium eingesetzt, so sind unterschiedliche Formen möglich: Lernsoftware und elektronische Bücher auf Disketten oder CD-ROM und das Internet oder Intranet[4] als Informations- und Kommunikationsmedium. Bevor ich jedoch auf diese einzelnen Möglichkeiten näher eingehe und dazu unterrichtspraktische Hinweise liefere, stelle ich prinzipielle Überlegungen zum Lernen mit Multimedia und über Telekommunikation an.

*Lernen mit Multimedia*
Medien werden traditionell danach unterschieden, welchen Sinneskanal sie ansprechen und somit in visuelle, auditive und audiovisuelle Medien eingeteilt (vgl. auch im Folgenden *Weidenmann* 1991, 1997). Eine in der Mediendidaktik gängige These ist die *Summierungsthese,* wonach mehrkanaliges Lernen dem einkanaligen prinzipiell überlegen sei. Dies ist aber unbewiesen. Nach Erkenntnissen der Lernpsychologie hängt Wissenserwerb von einer Vielzahl von Bedingungen ab, wobei die Sinneskanäle eine zweitrangige Rolle spielen. *Weidenmann* (1997) weist die These von der Überlegenheit multimedialen Lernens, das alle Sinne anspricht, als naiv zurück.
Am Beispiel von Sprache als einem Hauptmittel zum Lernen wird deutlich, dass die Einteilung nach Sinneskanälen für Fragen des Lernens keine relevante Kategorisierung liefert. Sprache kann auditiv und visuell dargeboten werden. Bezogen auf die Sinneskanäle wären Lesen und Sprachhören verschiedene Lernformen. Sie gehören aber zusammen, da sie den Lernenden ähnlichere Anforderungen abverlangen als etwa das Betrachten von und das Lernen mit Bildern.
Aus psychologisch pädagogischer Sicht ist vielmehr entscheidend, in welchen Symbolsystemen die lernrelevanten Inhalte dargeboten werden. Jedes Symbolsystem hat eine spezifische Struktur und weist

- einen Vorrat von bedeutungshaltigen Zeichen (Semiotik),
- ein Repertoire von Kombinationsregeln (Syntax),
- Beziehungen zur Objektwelt (Semantik) auf.

*Sprache,* die in gesprochener und geschriebener Form zugänglich ist, ist ein sequentieller Code. Zeichen und Sinneinheiten werden in einer bestimmten Reihenfoge präsentiert und auch so wahrgenommen. Zusammengehöriges oder Gleichzeitiges kann sprachlich immer nur nacheinander vermittelt werden. Auch wenn in Hypertexten die Linearität der Darstellung aufgegeben wird, so wird dadurch das sequentielle Prinzip beim Lesen und Schreiben zumindest auf der Mikro-Ebene nicht aufgehoben.

*Bilder* präsentieren alle Zeichen gleichzeitig. Es liegt im Belieben des Betrachters, in welcher Reihenfolge er die Bildelemente wahrnimmt. Ein stehendes Bild kann sequentielle Abfolgen, wie z. B. Bewegungen oder vorher-nachher, nicht eindeutig vermitteln. Auch bewegte Bilder können Abfolgen nur bedingt darstellen, wie z.B. zeitliche und räumliche Sprünge.

Das bildliche Symbolsystem ist im Vergleich zum sprachlichen ein „schwacher“ Code. Es gibt keine eindeutig unterscheidbaren Einzelzeichen, die nach klar definierten Regeln kombiniert werden. So können Einzelbuchstaben in verschiedenen optischen Ausführungen auftreten (Groß- und Kleinbuchstaben, Druck- und Schreibschrift), ohne ihre Identifizierbarkeit einzubüßen. In Bildern erhält eine Linie ihre Bedeutung erst durch den Zusammenhang. Ein und dieselbe Linienform kann z. B. Haar, Mund, Nase etc. symbolisieren.

Um Medien sinnvoll im Unterricht einzusetzen, muss ihr symbolischer und ihr materialer Aspekt beachtet werden (vgl. auch im Folg. *Weidenmann* 1991). Jedes Symbolsystem stellt Lerninhalte in jeweils eigener Weise dar. Es stellt, abhängig vom Lerntyp, unterschiedliche Anforderungen an die Lernenden, was eine methodische Schulung notwendig macht.
Bilder unterteilen sich in Abbilder, die zeigen, wie etwas aussieht, das real oder nur in der Vorstellung eines Bildautors existieren kann, und logischen und analytischen Bildern, die Zahlen, Daten oder Strukturen visualisieren.
In Multimedia besteht ein Trend zu Abbildern. Bilder machen elektronische Produkte attraktiver und damit verkäuflicher. Weiterhin eignet sich der Bildschirm auch nicht für das Lesen längerer Texte. Um Bilder für den Wissenserwerb fruchtbar zu machen, müssen wir wissen,

- wie informierende Abbilder am besten gestaltet und durch Texte kommentiert werden sollen, sodass die Nutzer die kodierten Informationen effektiv entnehmen können,
- wie unterschiedliche Nutzer die Bildinformationen verstehen und daraus Bedeutung schaffen und zum Lernen einsetzen.

Die besonderen Bedingungen von Bildern in Multimedia-Anwendungen sind bislang kaum untersucht worden. Ergebnisse aus Untersuchungen zum Lernen mit Bildern und Videos können jedoch Hinweise liefern.
Idealerweise stellen Abbilder zu Informations- und Lernzwecken *visualisierte Argumente* dar. Erfahrene Bildgestalter nutzen eine Vielfalt von Codes und überprüfen die Wirkung auf die Nutzerinnen und Nutzer.
Der Darstellungscode soll den Betrachtern helfen, den abgebildeten Gegenstand im Bild zu erkennen. Mittel dazu sind z. B. Schattierung, Perspektive oder Lokalfarbe. Der Steuerungscode soll dazu beitragen, dass das Bildangebot optimal verarbeitet werden kann. So können Zusatzinformationen in Form von Beschriftungen, akustischen Kommentaren oder Details über Anklicken oder Antippen geliefert werden. Mit Hilfe von Pfeilen, Größenverzerrungen, Umrandungen, Signalfarben etc. können der Blickverlauf gesteuert oder Bilddetails hervorgehoben werden. Ebenso können kognitive Operationen angeregt werden, wie vergleichen, Zusammenhänge finden oder Schlussfolgerungen ziehen.
Für komplexe Sachverhalte eignen sich Bildserien oder Trickfilme. Es ist vorteilhaft, Bildlegenden und -erläuterungen per Audio zu liefern, weil der Betrachter dann nicht zwischen Text und Bild hin- und herspringen muss und weil der Bildschirm übersichtlicher wird. Weiterhin können situierende Bilder durch Originalsprache bzw. -geräusche ergänzt werden. Darüber hinaus kann Audio für bestimmte Signaltöne genutzt werden, die die Interaktivität ei-

nes Anwenders mit dem Lernangebot begleiten und steuern.
Die genannten Möglichkeiten sind in multimedialer Lernsoftware und in elektronischen Büchern in der Regel umgesetzt. Inwieweit sie lernfördernd sind, kann aber nicht über Kriterienkataloge ermittelt werden, sondern über lernbegleitende Untersuchungen, sofern man die konstruktivistische Lerntheorie ernst nimmt. Solche Untersuchungen stehen bislang aber aus.
Bewegte Bilder – Videosequenzen oder Animationen – sind für Darstellung von Bewegungsabläufen, dynamischen Szenarien, technischen Simulationen, sozialen Interaktionen geeignet. Bei ihrer Rezeption wird vielfach das Phänomen der kognitiven Überlastung beobachtet, was zu einer unzulänglichen Verarbeitung der Informationen führt (*Weidenmann* 1995). Auf Produzentenseite ist diesem Phänomen durch Mittel, wie Verlangsamung der Animationen, mentale Vorbereitung des Rezipienten, Wiederholungen und Standbildverlängerungen, strukturierende Schrifteinblendungen, auditive Kommentierung und eine Beschränkung der Bewegtbilder auf das erforderliche Mindestmaß zu begegnen.

Bildverstehen muss ebenso erlernt werden wie das Verstehen von Texten. Welches Fach dafür zuständig sein wird, diese Frage wurde meines Wissens überhaupt noch nicht gestellt. In Hinblick auf den Erwerb einer „Medien-Schrift-Kompetenz“ ist – so meine These – der Deutschunterricht gefordert, da bei multimedialer Rezeption und Produktion Text und Bild eine aufeinander bezogene Einheit bilden. Bilderkennen setzt Vorwissen voraus:

- ein Codewissen in Bezug auf die Abbildungskonventionen und
- ein Weltwissen in Bezug auf den Realitätsausschnitt, auf den die Abbildung hinweist.

Natürliches Bildverstehen läuft analog zur natürlichen Wahrnehmung ab. Dabei entsteht ohne bewusste Anstrengung auf der Grundlage von Vorwissen (abgerufener Schemata) ein Gesamteindruck. Zum Lernen ist das sog. indikatorische Bildverstehen erforderlich, das nach der Mitteilungsabsicht des Bildproduzenten fragt. Die Lernenden müssen Fragen an das Bild stellen, um die pädagogischen Informationen aufzuspüren, und müssen die „Bildersprache“ kennen. Weiterhin müssen sie das Erfasste und Verstandene für ihren Lernprozess nutzen, d.h. mit Informationen aus anderen Quellen sinnvoll verknüpfen.
Dabei können Probleme auftreten, die u.a. dadurch bedingt sind, dass Bilder und Videos von den Betrachtern oft nur in ihrem Unterhaltungswert wahrgenommen und nicht zum Lernen genutzt werden. Ich habe bereits oben darauf hingewiesen, dass Bilder und Videos im Vergleich zu Texten als „leichte“ Medien gelten und Nutzer sich demzufolge weniger anstrengen als beim Lesen eines Textes.
Aufgabe des Unterrichts ist es daher, das Lernen mit Multimedia zu initiieren und zu begleiten. Zum einen können Aufgaben eingesetzt werden, die die Lernenden leiten. Zum anderen muss Verstehenssicherung betrieben werden. Diese gelingt am besten in der direkten Interaktion zwischen Lehrenden und Lernenden oder zwischen den Lernenden. Beim Sprechen über die multimedialen Darstellungen treten Verstehenslücken zu Tage, die neue Fragerichtungen eröffnen.
Die Interaktivität, die gemeinhin als der größte Vorzug von Computerprogram-

men proklamiert wird, hat hier ihre Grenzen. Da Computer nicht im menschlichen Sinne verstehen, können sie auch nicht dazu beitragen, Verstehen zu sichern. Interaktive Elemente in Multimedia-Anwendungen beschränken sich auf die Steuerung der Nutzer.

Ich veranschauliche meine konzeptuellen Überlegungen zum multimedialen Lernen in dem folgenden Unterrichtsbeispiel aus einer 5. Klasse zum Thema „Informieren mit Hypermedia". Die Unterrichtsplanung richtete sich an den dargestellten lerntheoretischen Prämissen aus:

- Die Klasse bestimmte das inhaltliche Thema selbst. Das sollte Interesse und Vorwissen auf Schülerseite als eine günstige Voraussetzung zum Verständis der dargebotenen Informationen sicherstellen.
- Als Lernmedium wurden eine gute Webseite und ein multimediales Lexikon eingesetzt.
- Als Aufgabe erhielten die Schülerinnen und Schüler nach einer „Stöberphase" Quizfragen mit unterschiedlichem Anforderungsniveau.
- Zur Verstehenssicherung wurde ein Unterrichtsgespräch eingesetzt, in dem die Ergebnisse verglichen und auf das Verständnis hin besprochen/diskutiert wurden.

Die Schülerinnen und Schüler nahmen das Unterrichtsangebot motiviert wahr und konnten die Quizfragen mehrheitlich richtig beantworten. Sie konnten die gewonnenen Informationen aber großenteils nicht zum Lernen nutzen. Im Unterrichtsgespräch stellte sich heraus, dass sie die multimedialen Auskünfte zu dem von der Klasse gewählten Thema „Sieben Weltwunder" und „Ägypten" unkritisch mit Vorstellungen verbanden, die sie aus Fernsehserien gewonnen hatten. Dabei gerieten Tatsachenwissen und Erinnerungen aus Spielhandlungen völlig durcheinander. Das bestätigt, was die wenigen Untersuchungen zum multimedialen Lernen im Unterricht bereits ergeben haben (s. o.): Der lernfördernde Effekt von Multimedia hängt von den Lernstrategien der Nutzer ab. Um Informationen aus Multimedia erfolgreich in bisherige Wissensstrukturen einzubauen, benötigen die Nutzer die höherrangigen kognitiven Strategien des Elaborierens und des kritischen Prüfens.[5] Sie müssen in der Lage sein, Sachdarstellungen und fiktionale Darbietungen zu unterscheiden. Das Sachwissen muss ihnen Kriterien dafür liefern, welche Elemente einer Spielhandlung sachlich begründet sind und welche der Fantasie des Autors entspringen. Eine Unterscheidung nach Buch und Multimedium ist dagegen nicht geeignet.

### *Lernen über Telekommunikation*

Multimediales Lernen ist mit Hilfe von CD-ROMs und von Webseiten möglich. Das Internet bzw. das Intranet bietet darüber hinaus die Möglichkeit der Tele-Kommunikation zu Lernzwecken.
Der Klassenraum kann geöffnet werden, indem die Schülerinnen und Schüler zu entfernten Gruppen oder Experten asynchronen Kontakt über E-Mail und Newsgroups und synchronen Kontakt über Chat aufnehmen. Das wurde bis jetzt in größerem Stil im Fremdsprachenunterricht praktiziert, wobei Fremdsprachenklassen mit Mutterprachlern kommunizierten. Man versprach sich davon Fortschritte beim Erlernen der Fremdsprache und beim interkulturellen Lernen. Ich stelle im Folgenden zwei Projekte vor und komme anschließend zu Einsatzmöglichkeiten im Deutschunterricht.

Im Projekt „Transatlantisches Klassenzimmer“ korrespondierten Englischklassen aus Deutschland und Deutschklassen aus den USA über E-Mail. Dabei traten eine Reihe gravierender Probleme auf, weshalb der erhoffte Lernerfolg auch weitgehend ausblieb und das Projekt derzeit neu konzipiert wird (*Donath/Volkmer* 1997; *Wegner* 1997).[6]

- Die Schülerinnen und Schüler kommunizierten auf einem niedrigen sprachlichen Niveau.
- Manche Partner waren nicht verlässlich und schrieben nicht regelmäßig.
- Andere Partner bekamen zu viele E-Mails, sodass sie nicht allen in angemessener Form antworten konnten.
- Häufig traten ernsthafte technische Probleme auf.
- Die Korrespondenz und der Gebrauch der digitalen Medien war sehr zeitraubend.
- Die Lernresultate waren im Vergleich zu den Anstrengungen der Lernenden und Lehrenden gering.
- Die Schülerinnen und Schüler kommunizierten teilweise nicht in angemessener Form, was zu Missstimmungen führte. Dass dies nicht aus bösem Willen geschah, legen Untersuchungen zur E-Mail-Kommunikation nahe, die über das Phänomen des „Flamings“ berichten (*Sharples* 1993, S. 1–7).

Die Ursachen für die dargestellten Probleme liegen vermutlich in der Anlage des Projekts und in einer unzureichenden leserbezogenen Schreibkompetenz der Schülerinnen und Schüler begründet.

Die Partner erhielten einen weitgesteckten Diskussionsrahmen ohne weitere Vorgaben und Anleitungen. Um die themenbezogene Kommunikation zu bewältigen, ist Selbstständigkeit und schriftsprachliche Kompetenz erforderlich. Darüber verfügten die Partner wohl nicht im ausreichenden Maße. Manche Lehrkräfte griffen daher massiv ein: Sie ließen die E-Mails zu Hause als Aufsätze vorschreiben und korrigierten sie. Die Schülerinnen und Schüler tippten dann die korrigierte Fassung in das Mailprogramm. Unter diesen Umständen konnte es natürlich zu keiner echten „transatlantischen“ Begegnung kommen. Damit wurden sprachliche und interkulturelle Lernchancen vergeben. Hieran zeigt sich, dass der herkömmliche Unterricht nicht selbstverständlich auf das Lernen mit den neuen Medien übertragen werden kann, sondern dass neue Formen notwendig sind, wie *Weidenmann/Krapp* (1989) dies anmahnen.

Ein Projekt, das die Chancen der Kommunikationsmedien nutzt, wurde im Rahmen des Studiums „Deutsch als Fremdsprache“ entwickelt. Es setzt einen klaren Lernrahmen für eine Kooperation über Chat, an der Studierende des Faches „Deutsch als Fremdsprache“ und solche, die Deutsch als Fremdsprache erlernen, teilnehmen (*Steinig et al.* 1998). Die Studierenden arbeiten in Gruppen zusammen. Grundlage ist ein literarischer Text, der sich für die Lernzwecke und die Kommunikationssituation als hervorragend geeignet erwies (*Hans Magnus Enzensberger:* „Fremde im Zug“). Der Text bot Anlass für Eigen- und Fremderfahrung in der virtuellen Begegnung und Anreiz für einen reflektierten Austausch der Partner aus unterschiedlichen Kulturen. Der Erfolg dieses Projektes ist sowohl auf den Lernkontext als auch auf die höhere Kompetenz und Selbstständigkeit der Studierenden zurückzuführen.

Versuche, ein solches Konzept auf den Deutschunterricht zu übertragen, können nach dem gegenwärtigen Veröffentlichungsstand noch nicht eingestuft werden (*Berghoff/Frederking* 1999), da Erfahrungen mit den Studierenden und den Schülerinnen und Schülern miteinander vermischt werden. Prinzipiell gilt es zu bedenken, dass die synchrone schriftliche Unterhaltung im Chat ein sehr schnelles schriftsprachliches Handeln erfordert. Sind Schülerinnen und Schüler dazu nicht in der Lage, so kann die „Unterhaltung" auf einem sehr oberflächlichen Niveau bleiben. Internet-Chats liefern zahlreiche Beispiele dafür (*Blatt* 1999). Wenn ein Einsatz sinnvoll ist, dann wohl eher in der Oberstufe.

In telekommunikativen Projekten zwischen Deutschklassen und Deutschdidaktikseminaren erwies sich E-Mail dagegen als ein geeignetes Lernmedium (*Blatt/Hartmann* 1997; http://www.erzwiss.uni-hamburg.de/hiphop). Die E-Mail-Kooperation wurde theoretisch und praktisch durch finnische Projekte angeregt, in denen der Schreib- und Leseprozess im Mittelpunkt stehen (*Tella* 1992). Sie zielt darauf, dass sich Schülerinnen und Schüler schriftlich verständlich und adressatenbezogen ausdrücken und die besonderen Bedingungen der E-Mail-Korrespondenz kennen, verstehen und bewältigen lernen. Zu diesem Zweck werden Schreibprojekte eingesetzt, in denen Schüler- und Studierendengruppen zusammenarbeiten. Die Schülerteams erstellen in einem vorgegebenen Zeitrahmen einen eigenständigen Beitrag zu einem von der Klasse gewählten Oberthema.

Das kooperative Schreiben unterscheidet sich im Hinblick auf die Anforderungen des Schreibprozesses wesentlich von der themenbezogenen Kommunikation, wie sie im transatlantischen Klassenzimmer praktiziert wird. Eine themenbezogene Kommunikation hat kein festes Ziel. Die Partner sind frei zu schreiben, wie viel sie und was sie wollen. Es besteht keine Notwendigkeit, die eigenen Texte zu evaluieren und zu überarbeiten. Im Gegensatz dazu fordert das kooperative Schreiben die Schülerteams heraus, an ihrer Schreibaufgabe zu arbeiten und sie zu einem bestimmten Zeitpunkt abzuschließen. Wenn sie in der Korrespondenz mit dem Studententeam ihre Aufgabenstellung konkretisieren und im Verlauf der Textproduktion Ideen und Formulierungen diskutieren, Fragen aufwerfen sowie Rückmeldungen und Anregungen erhalten, so gibt ihnen das Gelegenheit, ihren Schreibprozess reflektiert auszuüben.

Eine themenbezogene Kommunikation läuft dagegen Gefahr, auf dem Niveau des assoziativen Schreibens stehen zu bleiben, wenn sich die Partner von immer neuen Stichworten aus den Antwortmails leiten lassen und nicht zielgerichtet auf eine Verständigung über kontroverse Auffassungen hin arbeiten (*Bereiter* 1980, S. 84).

Beim kooperativen Schreiben kann das gemeinsame Planen der Schreibaufgabe, das Aushandeln von Bedeutungen und das Bewerten der Ergebnisse dagegen dahin führen, dass Schreiben im Sinne von *Flower/Hayes* (1981) zu einem zielgerichteten Prozess wird, der wiederum stimulierend auf das Schreiben zurückwirkt:

„Just as goals lead a writer to generate ideas, those ideas lead to new, more complex goals which can then integrate content and purpose." (*Flower/Hayes* 1981, S. 373)

Auch die Bedingungen einer Korrespondenz mit unbekannten Partnern bieten besondere Lernchancen. Ein teilnehmender Schüler schreibt:

„Ich finde das Ganze ehrlich gesagt spannend, mit jemandem nur über Computer zu kommunizieren, weil man sich ja nach und nach auch ein Bild von der anderen Seite macht." (*Seminarcorpus* 1995).

Diese Spannung führt dazu, dass sich E-Mail-Partner besonders eingehend mit der Person des anderen beschäftigen. Das wurde auch in weiteren E-Mail-Projekten bestätigt (*Harris et al.* 1998). Die Teilnehmerinnen und Teilnehmer der kooperativen Schreibprojekte konnten bei einer abschließenden persönlichen Begegnung zwischen der Klasse und dem Seminar überprüfen, inwieweit ihre gegenseitigen Bilder zutrafen. Solche Lernerfahrungen erscheinen geeignet, Schülerinnen und Schüler auf E-Mail-Kontakte vorzubereiten, die vermutlich besonders im Beruf immer wichtiger werden.

Durch Begleituntersuchungen zu den E-Mail-Projekten konnten Einsichten in die Lernbedingungen gewonnen und folgende lernerfolgsbestimmende Faktoren ermittelt werden (*Blatt/Hartmann* 1997):

- Die Schreibmotivation und die Textqualität erhöhten sich, wenn die persönliche Beziehung zu dem Studententeam gelang.
- Die persönliche Beziehung entwickelte sich besonders gut, wenn die Studentengruppen Probleme im eigenen Team und mit den Schülerinnen und Schülern erfolgreich bewältigten. Dies trug dazu bei, dass sie die Schreib- und Kommunikationsprozesse besser verstehen und damit auch lenken lernten. Positiv wirkte sich dabei auch aus, dass sie eine frustrierende Phase durch Ausdauer und Nachdenken überwunden hatten.
- Als Hauptmittel für den Aufbau einer guten Beziehung fungierte die Sprache. Es ist frappierend, wie sich erfolgreiche Partnerteams in Sprache und Stil annäherten. Damit wurde ein einigendes Band geknüpft und ein Gefühl der Zusammengehörigkeit geschaffen.
- Die Korrespondenz vollzieht sich auf einer Beziehungs- und auf einer Inhaltsebene. Indem die Schülerinnen und Schüler schreibhemmende Erlebnisse positiver und negativer Art ihrem Studententeam mitteilten, bauten sie diese Hemmnisse ab und wurden frei, an ihren Texten weiterzuschreiben.

Die bisherigen Ausführungen zeigen, dass der Lernprozess beim kooperativen Schreiben über E-Mail kognitive, soziale und emotionale Prozesse verbindet ebenso wie Handeln und Reflektieren. Von solchen Projekten können sowohl die Deutschklassen als auch die Studierenden in hohem Maße profitieren. Eine Ausdehnung auf Studienseminare und Lehrerfortbildung erscheint ratsam. Um die innewohnenden Lernchancen zu realisieren, müssen die Projekte sorgfältig geplant werden. Besonders wichtig ist die Suche nach geeigneten Partnern. Dabei kann eine Partnerbörse „Schule – Universität – Studienseminar – Lehrerfortbildung" mithelfen.[7]
Weiterhin sollte die Lehrkraft das Projekt nutzen, um herauszufinden, welche Kenntnisse, Fähigkeiten und Fertigkeiten in der Klasse zur Bewältigung der Anforderungen aus der E-Mail-Kooperation noch nicht ausreichend vorhanden sind und während oder nach der Projektphase mit der Klasse gezielt daran arbeiten.
Zur Arbeit mit Newsgroups sind mir keine Unterrichtserprobungen für den

Deutsch- oder auch Fremdsprachunterricht bekannt. Das mag daran liegen, dass dort technische Themen im Vordergrund stehen.

### *Unterrichtspraktische Hinweise zu den Einsatzmöglichkeiten der neuen Medien*

Ich stelle die unterschiedlichen Einsatzmöglichkeiten der neuen Medien nochmals in einer Übersicht zusammen.

Die Nutzung dieser Medien setzt den technischen Zugang voraus. Die dafür wünschenswerten Voraussetzungen in den Schulen werden in dem Beitrag von *Wilfred Hartmann* ausführlich diskutiert.

An dieser Stelle gebe ich nun unterrichtspraktische Hinweise zur Ausstattung, zur Bedienungskompetenz, zu Multimedia-Angeboten und zu Internet-Adressen im Hinblick auf das Lernziel „Medien-Schrift-Kompetenz".

Ich gehe davon aus, dass ein Medienraum mit Internetanschluss in Schulen mit Sekundarstufe I und II vorhanden ist, der für Projektzwecke von allen Fachlehrerinnen und -lehrern genutzt werden kann. Es ist erforderlich, die technische Funktionsfähigkeit der Geräte und der für die jeweiligen Unterrichtsziele notwendigen Software vor Projektbeginn zu prüfen. Beginnt ein Projekt bereits mit technischen Pannen, so wird unnötig Zeit verschwendet, und die Schülermotivation geht verloren. Im Computerraum sollte eine vollständige Bedienungsanweisung für die Geräte vorliegen, und es sollte ein kompetenter Ansprechpartner zur Verfügung stehen. Wie die Erfahrung lehrt, sind in jeder Klasse der Sekundarstufe mehrere Schülerinnen und Schüler mit guten Computerkenntnissen, die weiterhelfen können, wenn in der laufenden Arbeit Probleme und Fragen auftauchen. Auf die Kompetenz dieser Schülerinnen und Schüler sollte bei Bedarf auch zurückgegriffen werden (s.o. Lehrer- und Schülerrolle). Das darf aber nicht so weit führen, dass diese Schülerinnen und Schüler für die anstehenden inhaltlichen Aufgaben keine Zeit mehr haben.

Sind Computer im Klassenzimmer vorhanden, so können sie für konkrete Zwecke im laufenden Unterricht genutzt werden. Sie sollten in das Medienangebot integriert werden, das für Schrei-

**Lernmöglichkeiten mit neuen Medien**

| *Datenträger CD-ROM oder Diskette* | *Internet/Intranet als Informationsmedium* | *Internet/Intranet als Kommunikationsmedium* |
|---|---|---|
| Lernsoftware | Lernangebote | Teleteaching |
| elektronische Lexika | Wörterbücher und Suchmaschinen | kooperatives Lernen |
| elektronische Bücher | Sachinformationen | Informationen von Experten einholen |

*Tabelle 6*

ben, Lesen und Lernen zur Verfügung steht. Wenn ein solcher Computer einmal ausfällt, ist seine Funktion durch andere Medien auszugleichen.
In den seltensten Fälle dürften für alle Schülerinnen und Schüler Laptops zur Verfügung stehen. Sie haben sich auch in bisherigen Unterrichtsversuchen nicht bewährt (*Bruck* 1998). Die Schülerinnen und Schüler konnten sie nicht eigenständig und sinnvoll für Lernzwecke im Unterricht nutzen. Zudem funktionierten die Geräte nach kurzer Zeit nur noch sehr eingeschränkt.
Deutschlehrerinnen und -lehrer sollten über eine Grundbedienungskompetenz der Programme verfügen, mit denen sie im Unterricht arbeiten. Das schließt ein, dass sie diese Programme aufrufen, in ihren Grundfunktionen bedienen und die dazu erforderlichen Fertigkeiten an ihre Schülerinnen und Schüler vermitteln können. Die Schülerinnen und Schüler lernen die Programme am besten bei der Anwendung für die jeweiligen Unterrichtszwecke im „Learning-by-doing-Verfahren" mit individueller Unterstützung bedienen (*Blatt* 1992). Lehrende und Lernende sollten auch voneinander lernen oder sich gemeinsam neue Programmfunktionen erschließen. Das trägt dazu bei, die so wichtigen Strategien zum selbstständigen Lernen zu erwerben.

Die aus dem ITG-Unterricht bekannte Praxis, dass der Informatiklehrer die Bedienung der Programme erklärt, ist in Zeiten der Windowstechnik nicht mehr erforderlich. Der Gebrauch der neuen Medien zum Schreiben, Informieren und Kommunizieren wird, wie der Umgang mit Füller, Buch und Bibliothek, Teil der Professionalität von Deutschlehrerinnen und -lehrern sein. Die Zahl der Kurse, die vor Ort oder über das Internet zur diesbezüglichen Lehrerfortbildung angeboten werden, nimmt kontinuierlich zu.

Ich stelle im Folgenden für die einzelnen Einsatzmöglichkeiten der neuen Medien exemplarisch zusammen, welche Angebote für den Deutschunterricht der Sekundarstufe zur Verfügung stehen:

**Beispiele für elektronische Unterrichtsmaterialien**

| *Datenträger CD-ROM oder Diskette* | *Sekundarstufe I* | *Sekundarstufe II* |
|---|---|---|
| Lernsoftware | Rechtschreiblernen, z. B. „ULK" (Cornelsen) | |
| elektronische Lexika | z. B. „Discovery" (Bertelsmann), „Encarta" (Microsoft) | |
| elektronische Bücher | z. B.<br>Klassikerreihe bei Philipp Reclam jun.;<br>Dichterbiographien (Digitale Bibliothek. Rowohlt TB);<br>multimediale Buchausgaben, wie „Sophies Welt" (Navigo Multimedia; s. auch: http://www.sofies-welt.de/index2.html) | |

*Tabelle 7*

Fast alle Verlage im Bildungsbereich bieten mittlerweile CD-ROMs an und informieren darüber in ihren Prospekten oder im Internet.
Die sog. Lernsoftware entpuppt sich aber meistensteils als reine Übungssoftware, da sie nicht für ein selbstständiges Lernen konzipiert ist. Es fehlen auf die jeweiligen Schülerprobleme ausgerichtete Hilfen und Erklärungen. Sie kann jedoch bestimmte Schülerinnen und Schüler in geeigneter Weise unterstützen, ihre Rechtschreibfähigkeiten zu automatisieren (*Blatt* 1996 b). Daher ist sie für individualisiertes Üben zweckmäßig.
Elektronische Lexika werden ebenfalls von Verlagen angeboten (s. z.B. http://www.directmedia.de). In der Regel werden vorhandene Printerzeugnisse multimedial aufgearbeitet. Während die erste Begegnung mit solchen Multimedia-Erzeugnissen normalerweise beeindruckt, weil z. B. die Stimme von *Konrad Adenauer* zu hören ist oder eine Szene aus dem Film *Casablanca* abgespielt wird, so ist das Recherchieren eher enttäuschend, da die Erwartungen höher sind als an Bücher. Die Einträge gehen vielfach nicht bis in die Gegenwart oder sie bieten nur sehr oberflächliche Informationen. Schülerinnen und Schüler sollten Gelegenheit erhalten, Multimedia-Lexika kritisch nutzen zu lernen.
Elektronische Bücher sind unterschiedlich gestaltet. Die Klassikerreihen von Reclam z. B. bieten klassische Texte in Wort und Schrift auf CD-ROM, ergänzt durch Informationen zu Autor, Werk und Zeit. Sie vereinen die Möglichkeiten von Buch und Audiokassette. CD-ROMs mit Dichterbiographien bringen zusätzlich Videos und auch mehr Bildmaterial mit ein.
Der Einsatz dieser CD-ROMs im Literaturunterricht ist noch kaum erprobt (vgl. z. B. *Wishöth* 1995). Prinzipiell besteht die Gefahr, dass die „realistische" Darstellung und die ausschnitthafte Darbietung von Primär- und Sekundärliteratur von den Nutzern als „die ganze Wahrheit" genommen wird. Das kann eine Konsumentenhaltung erzeugen und auf Kosten einer kritischen Betrachtung gehen, die eigenständiges Suchen und Recherchieren in unterschiedlichen Quellen voraussetzt.
Multimedia im „eigentlichen" Sinn stellen elektronische Bücher wie *Sophies Welt* dar. Sie werden den multimedialen Möglichkeiten entsprechend „neu" geschaffen. Das „Lesen" solcher multimedialer Literatur gewinnt eine neue ästhetische Qualität. Nach den Erfahrungen aus meinen Seminaren, kann es Nutzer faszinieren oder auch kalt lassen. Die Schülerinnen und Schüler sollten am Ende der Sekundarstufe I und in der Sekundarstufe II Gelegenheit erhalten, diese neue literarische Form für sich zu entdecken und sich ein eigenes Urteil zu bilden.
→ *Tabelle 8*
Angebote aus dem weltweiten Internet oder aus Intranets zum Lernen und Informieren sind zahlreich und trotz aller Navigationshilfen nicht leicht aufzuspüren. Man kann Stunden um Stunden im Internet surfen, ohne zum Schluss zufrieden stellende Resultate erzielt zu haben. Deshalb sind bereits vorsortierte Angebote eine große Hilfe.

Für Schulzwecke stehen das „offene deutsche Schulnetz", das „Schulweb" und „Schulen ans Netz" zur Verfügung. Dort kann man speziell nach Angeboten zu unterschiedlichen Fächern, Schulformen und Schulstufen suchen.
Eine nach Schulstufen sortierte Zusammenstellung von Lernangeboten für den Deutschunterricht liefert die Webseite: http://www.erzwiss.uni-hamburg.de/

| Unterrichtsmaterialien aus dem Internet | | |
|---|---|---|
| *Internet/Intranet als Informationsmedium* | *Sekundarstufe I* | *Sekundarstufe II* |
| Lernangebote, Materialien | • Internetadressen von Schulservern mit Angeboten aller Art:<br>http://www.schule.de/ (offenes deutsches Schulnetz)<br>http://www.schulweb.de/ (SchulWeb)<br>http://www.san-ev.de (Schulen ans Netz)<br>• Sichtung von Internetangeboten für den Deutschunterricht:<br>http://www.erzwiss.uni-hamburg.de/virtsem<br>• Lernangebote für die neue Rechtschreibung: z. B.<br>http://www.wuerzburg.de/rechtschreibreform/ortho_98.html<br>• Literarische Texte:<br>Projekt Gutenberg | |
| Suchmaschinen, Wörterbücher, Benimmregeln | • Suchmaschinen: z. B.<br>http://www.yahoo.com<br>http://www.excite.de<br>• Metasuchmaschinen:<br>z. B. http://www.metacrawler.com<br>• Sichtung von Suchmaschinen für Belange des Deutschunterrichts:<br>http://www.erzwiss.uni-hamburg.de/virtsem<br>• Wörterbuch für Abkürzungen und Akronyme im Computerbereich:<br>http://www.access.digex.net/ikind/babel.html<br>• Emoticons:<br>http://www.enterprise.net/fortknox/emoticon/smiley.html<br>http://www.angelfire.com/hi/hahakiam/emoticon.html<br>• Benimmregeln im Internet:<br>http://www.ping.at/guides/netmayer | |
| Sachinformationen | Einschlägige Webseiten zu erkunden über:<br>• Suchmaschinen (s. o.)<br>und z. B.<br>• Verlage:<br>http://www.westermann.de<br>http://www.friedrich-verlag.de<br>http://www.klett-verlag.de<br>http://www.cornelsen-verlag.de<br>http://www.schroedel-verlag.de<br>usw.<br>• Universitäten:<br>http://www.uni-hamburg.de<br>usw.<br>• Presse und Fernsehen:<br>http://www.zeit.de<br>http://www.welt.de<br>http://www.tagesthemen.de<br>usw.<br>• Domänenspezifische Adressen:<br>http://www.sport.de<br>http://www.musik.de<br>http://www.bahn.de<br>usw. | |

*Tabelle 8*

virtsem/dd_ws98/, die von Studierenden erstellt wurde.
Zur neuen Rechtschreibung finden sich unzählige Lernangebote im Internet. Die Webseite: http://www.wuerzburg.de/rechtschreibreform/ortho_98.html bietet auf ihrer übersichtlich gestalteten Homepage Links zu einer Vielzahl von Netzangeboten.
Das „Projekt Gutenberg“ (http://www.gutenberg.de) stellt im Internet kostenlos klassische Literatur im Word-Format zur Verfügung.

Um sich im Internet zurechtzufinden, stehen eine Reihe von Hilfen zur Verfügung. Von besonderer Bedeutung sind die *Suchmaschinen*. Sie suchen Internetseiten ab, registrieren sie unter bestimmten Stichwörtern und erstellen eine automatische Zusammenstellung ihres Inhalts. Die Maschinen erfassen jedoch nicht immer die wesentlichen Inhalte und geben sie verständlich wieder, weshalb viele „Treffer“ bei einer Suche auch völlig daneben liegen. Das hängt damit zusammen, dass die Programme die Inhalte nicht verstehen, sondern entsprechend einer vorprogrammierten Strategie aus der Seite entnehmen. In der Regel ziehen sie ihre Hauptinformation aus dem ersten Drittel einer Webseite, weshalb dort die entscheidenden Informationen nach dem Prinzip *wer, was, wo, wann* abgelegt werden sollten.
Ein Test von Suchmaschinen für Zwecke des Deutschunterrichts findet sich in der oben genannten Webseite: http://www.erzwiss.uni-hamburg.de/virtsem/dd_ws98/.
Um sich im Internet zurechtzufinden, muss man auch die benutzten Abkürzungen und die Gepflogenheiten kennen. Abkürzungen finden sich in Akronymwörterbüchern. Die „Netiquette“ liefert Benimmregeln für das Verhalten im Internet.

Sachinformationen kann man im Internet auf einschlägigen Webseiten zu Themen aller Art finden. Für die Suche gibt es unterschiedliche Strategien:
- den Einsatz von Suchmaschinen;
- gezielte Suche bei Universitäten, Verlagen, Presse, Fernsehen;

| Programme zum Informieren und Kooperieren im Internet | | |
|---|---|---|
| *Internet/Intranet als Kommunikationsmedium* | *Sekundarstufe I* | *Sekundarstufe II* |
| Tele-Teaching/Tele-Learning | | |
| kooperatives Lernen | E-Mail-Programm: z. B.: Pegasus-Mail<br>Chat-Angebote: z. B.<br>http://www.schulweb.de<br>http://www.mopo.de<br>http://www.cina.de | |
| Informationen von Experten einholen | Newsgroups-Programm, z. B.<br>Acrobat Newsgroupreader;<br>E-Mail | |

*Tabelle 9*

- Ausprobieren domänenspezifischer Adressen, um Sachgebiete oder Organisationen aufzuspüren.

Unter Tele-Teaching versteht man Internetangebote zum Lernen. In der Regel werden Lernmaterialien zur Verfügung gestellt, die von den Lernenden bearbeitet werden und von einem „Tele-Lehrer" überprüft und mit einer Rückmeldung versehen auf elektronischem Wege zurückgeschickt werden. Darüber hinaus können Lernende mit dem Tele-Lehrer und mit Mitlernenden auf elektronischem Wege in Kontakt treten, um Hilfen anzufordern, sich auszutauschen und zusammenzuarbeiten. Damit gehen die Möglichkeiten des Tele-Lernens über die bisher in Fernuniversitäten praktizierten hinaus. Das Tele-Teaching beschränkt sich aber nach wie vor, zumindest in Deutschland, auf den universitären Bereich.

Die Nutzung von elektronischen Kommunikationsmitteln zum kooperativen Lernen und zum Einholen von Expertenwissen wurde oben ausgiebig dargestellt. Von der technischen Seite sind Programme und Zugangsberechtigungen erforderlich. Um E-Mails zu verschicken und zu empfangen benötigt man eine E-Mail-Adresse, die stets das Zeichen @ hinter dem Namen enthält, das als Klammeraffe oder „at" bezeichnet wird. Um an Newsgroups teilzunehmen, ist ein Newsgroupsreader erforderlich. Darüber hinaus muss man sich von einem Server aus einloggen, der eine Zugangsberechtigung hat und sich mit der Kenn-Nummer des Servers identifizieren. Man kann auch Newsgroups abonnieren und erhält dann die Nachrichten regelmäßig als E-Mail. Diese Dienste sind zur Zeit im Allgemeinen noch kostenlos und man kann sie auch wieder abbestellen. Die Teilnahme an Newsgroups hat oft zur Folge, dass man Opfer von „Spamming-Mails"[8] wird, die vergleichbar mit Werbedrucksachen, den „elektronischen Briefkasten" verstopfen.

Chat-Angebote stehen in sehr vielen Webseiten zur Verfügung; so z.B. im Schulweb (http://www.schulweb.de/kontakt. html), auf der Seite der Morgenpost (http://www.mopo.de) oder in der Christlichen InterNet-Arbeitsgemeinschaft (http://www.cina.de). Man meldet sich mit einem Spitznamen (nickname) an, kann sich eine Farbe wählen, sich am Chat beteiligen oder auch nur „zuschauen" (vgl. dazu *Blatt* 1999).

Mit dem Internetvokabular wird man am schnellsten durch unmittelbares und direktes Nachfragen vertraut. Die Auskunftsbereitschaft der „Insider" ist groß, auch wenn zuweilen Überheblichkeit mitschwingt. Sich dennoch als „Outsider" zu „outen", erfordert und fördert Selbstbewusstsein.

Wenn die entsprechenden Kommunikationsprogramme installiert sind und man seine Adressen und Codewörter kennt, steht der elektronischen Kommunikation nichts mehr im Wege. Beim Kommunizieren wird man erweiterte Anwendungsmöglichkeiten kennen lernen, wie Dokumente als Anhang (attachment) beim Mailen zu verschicken, Gruppen-Mails zu verschicken (mailinglists) oder sich beim Chatten exklusiv mit Partnern zu unterhalten. Man wird auch die angenehmen und unangenehmen Seiten der elektronischen Kommunikation für sich entdecken.

## Ausblick

Das Lernziel „Medien-Schrift-Kompetenz“ ist anspruchsvoll. Ich hoffe jedoch, mögliche Vorbehalte zerstreut zu haben, ein solches Ziel sei unrealistisch. Ein Ziel, das Wissen und Strategien einschließt, kann sogar dazu beitragen, gegenwärtigen Problemen im Unterricht abzuhelfen. Welche Lehrerin und welcher Lehrer hat nicht das Gefühl, immer wieder von vorne anfangen zu müssen? Was bereits „durchgenommen“ bzw. „eingeübt“ wurde, ist schon nach kurzer Zeit wie weggefegt. Lehrkräfte müssen zudem fortwährend erhebliche Anstrengungen unternehmen, um Schülerinnen und Schüler zu motivieren, sie bei der Stange zu halten und sie zu disziplinieren. Wen überfordert das nicht, wer kommt sich nicht zuweilen vor wie Sisyphus und wem vermiest dies nicht immer wieder die Freude an der Arbeit?

Werden der Erwerb von Wissen, Fähigkeiten und Verhaltensweisen systematisch integriert, so kann dies dazu führen, dass Schülerinnen und Schüler ihr Lernen zunehmend selbstständig in die Hand nehmen und in Kooperation mit anderen lernen. Das bezeugt die angloamerikanische Unterrichtsforschung zu den „learning communities“, in denen ein solches Vorgehen eingeübt und praktiziert wird (*Bielaczyc/Collins* 1999).

Eine neue Lernkultur kann entstehen, in der Lehrende und Lernende von- und miteinander lernen. Eine Kultur des Fragens und Verstehens setzt sich endgültig gegen eine Kultur des Abfragens und Antwortgebens durch. Die Lehrenden liefern Modelle für selbstbewusstes und selbstständiges Lernen.

Der Aufbau von „Lernenden Gemeinschaften“ ist eine Überlebensfrage in der Wissensgesellschaft. Lernende Gemeinschaften müssen sich in Klassenräumen, Schulen, Universtäten und Organisationen bilden und diese „Lernenden Gemeinschaften“ müssen untereinander kooperieren. Für das lebenslange Lernen muss in der Schule der Grundstein gelegt werden. Ein Deutschunterricht, der „Medien-Schrift-Kompetenz“ vermittelt, trägt dieser Anforderung Rechnung.

Tele-Lernen und Tele-Kommunikation können für das schulische und lebenslange Lernen einen wesentlichen Beitrag liefern. Die Verlage sind gefordert, die aus den neuen Medien erwachsenden neuen Möglichkeiten zu realisieren. „Bücher auf Abruf“ (books on demand) machen fortlaufende Aktualisierungen möglich und erlauben es Lehrerinnen und Lehrern, Bücher nach eigenen Bedürfnissen zusammenzustellen. Elektronische Journale können für Zwecke der Information, Kooperation und Fortbildung eingesetzt werden, indem sie modulare Wissensbausteine mit interaktiven Lehr- und Lernformen vereinigen. Das an der *Arbeitsstelle Schriftkultur und ihre Medien* an der Universität Hamburg entwickelte „Virtuelle Seminar“ zur „Medien-Schrift-Kompetenz“ ist eine Vorstufe zu einem elektronischen Journal (http://www.erzwiss.uni-hamburg.de/virtsem). Dort finden Deutschlehrerinnen und -lehrer und solche, die es werden wollen, zahlreiche Angebote, um eine Handlungs-, Vermittlungs- und Fachkompetenz für das Unterrichtsziel „Medien-Schrift-Kompetenz“ zu erwerben.

## Anmerkungen

1 Ex negativo wird dies in vielen Unterrichtsprojekten bestätigt, z. B. *Reuen* 1997.
2 Diese Grundlagen wurden bereits auf den Seiten 25-30 dargestellt.
3 Sog. WebWasher können als Freeware aus dem Internet heruntergeladen werden: http://www.siemens.de/servers/wwash/wwash_de.htm.
4 Intranets sind auf eingegrenzte Nutzerkreise beschränkte Netze.
5 Ich beziehe mich auf die Einteilung bei *Wild et al.* (1994):
- wiedererkennen
- organisieren
- elaborieren
- kritisch prüfen.

6 http://www.hh.schule.de/tak/Welcome.html.
7 Im Rahmen des Virtuellen Seminars „Medien-Schrift-Kompetez“ ist eine solche Börse im Aufbau (http://www.erzwiss.uni-hamburg.de/virtsem).
8 Der Begriff leitet sich vom amerikanisch „spam“ = specified ham = Büchsenfleisch ab und geht auf einen Sketch mit Monty Python zurück, in dem der Ober in einem Restaurant nur Gerichte anbieten kann, in denen „spam“ enthalten ist.

## Literatur


*Baumgartner, Peter/Payr, Sabine* (1994): Lernen mit Software. Innsbruck: Österreichischer Studien Verlag (= Digitales Lernen Bd. 1, hg. von *Baumgartner und Payr*)

*Berghoff, Matthias/Frederking, Volker* (1999): Virtuelle Rollenspiele. In: Deutschunterricht, 1999, H. 2, S. 100-108

*Bereiter, Carl* (1980): Development in writing. In: *Lee W. Gregg, Erwin R. Steinberg* (Hrsg.): Cognitive processes in writing: An interdisciplinary approach. Hillsdale, NJ: Erlbaum, S. 73-93

*Bielaczyc, Kate/Collins, Allan* (1999): Learning communities in classrooms. A reconceptualization of educational practice. In: *Charles M. Reigeluth*, (Hrsg.) 1999: Instructional design theories and models. Mahwah, NJ: Erlbaum, S. 269-292

*Blatt, Inge* (1992): Textverarbeitung lernen durch Learning by Doing. In: Computerbildung H. 3+4, 1992, S. 38-42

*Blatt, Inge* (1996 a): Schreibprozeß und Computer. Eine ethnographische Studie in zwei Klassen der gymnasialen Mittelstufe (= Deutsche Hochschuledition Bd. 47). Neuwied: ars una

*Blatt, Inge* (1996 b): ULK - Lernprogramm für den Deutschunterricht. Besprechung. In: Deutschunterricht, 49. Jg., 1996, H. 12, S. 610-611

*Blatt, Inge* (1999): Eine neue Dimension des Fremden. Sprachverstehen in virtuellen Begegnungen. In: *Helene Decke-Cornill, Maike Reichart-Wallrabenstein* (Hrsg.): Sprache und Fremdverstehen. Frankfurt/Main et al.: Peter Lang, S. 161-176

*Blatt, Inge/Hartmann, Wilfried* (1997): Ein gemeinsames Schreibprojekt zwischen Didaktikseminar und Schulklasse. Telekommunikation als Mittel und Gegenstand im Lehramtsstudium. In: Computer + Unterricht, 7. Jg., H. 28, S. 51-54

*Bruck, Peter A.* (1998): Online-Technologien in Schulen und Unterricht - Zur Empirie. Vortrag auf der Learntec, Karlruhe, 3.2.1998. Manuskript, S. 8-18

*Bunk, Gerhard P./Kaiser, Manfred/Zedler, Reinhard* (1991): Schlüsselqualifikationen - Intention, Modifikation und Realisation in der beruflichen Aus- und Weiterbildung. In: Mitteilungen zur Arbeitsmarkt- und Berufsforschung, H. 2, S. 365-374

*Dehn, Mechthild* (1991): Stil von Grundschülern? Schülertexte verstehen lernen und die Folgen für den Unterricht. In: Der Deutschunterricht, H. 3, S. 37-51

*Dehn, Mechthild* (1999): Texte und Kontexte. Schreiben als kulturelle Tätigkeit in der Grundschule. Berlin, Düsseldorf: Volk und Wissen und Kamp, S. 12

*Donath, Reinhard/Volkmer, Ingrid* (Hrsg.) (1997): Das Transatlantische Klassenzimmer. Tips und Ideen für Online-Projekte in der Schule. Hamburg: edition Körber-Stiftung

*Flower, Linda* (1979): Writer-based prose. A cognitive base for problems in writing. In: College English, 41. Jg., H. 1, S. 19-37

*Flower, Linda/Hayes, John R.* (1981): A cognitive process theory of writing. In: College Composition and Communication, 32. Jg., S. 365-387.

*Finkbeiner, Claudia* (1995): Zur Erhebung von textverstehensrelevanten Lernstrategien und Interessen im Fremdsprachenunterricht: Entwicklung zweier Fragebögen. In: Empirische Paedagogik, 9. Jg., H. 2, S. 193-219

*Haase, Martin et al.* (1997): Internetkommunikation und Sprachwandel. In: *Rüdiger Weingarten* (Hrsg): Sprachwandel durch Computer. Opladen: Westdeutscher Verlag, S. 51-85

*Harris, Pamela C./Harris, Michael H./Hannah, Stan A.* (1998): Confronting Hypertext: Exploring Divergent Responses to Digital Coursework. The Internet and Higher Education, 1. Jg., H. 1, S. 45-57

*Hartmann, Wilfried/Blatt, Inge* (1991): Nützt empirische Forschung dem Schreibunterricht? Folgerungen aus der Hamburger Aufsatzstudie. In: *Jürgen Baurmann, Otto Ludwig* (Hrsg.) (1990): Schreiben - Schreiben in der Schule (= Germanistische Linguistik S. 104-105). Hildesheim et al.: Olms, S. 39-66

*Hinney, Gabriele* (1997): Neubestimmung von Lerninhalten für den Rechtschreibunterricht. Frankfurt/Main: Peter Lang

*Hinney, Gabriele/Menzel, Wolfgang* (1998): Didaktik des Rechtschreibens. In: *Günter Lange, Karl Neumann, Werner Ziesenich* (Hrsg.): Taschenbuch des Deutschunterrichts. 6. vollst. überarb. Aufl. Baltmannsweiler: Schneider-Verl. Hohengehren, S. 258- 305

*Lenke, Nils/Lutz, Hans-Dieter/Sprenger, Michael* (1995): Grundlagen sprachlicher Kommunikation. München: Fink

*Mandl, Heinz/Reinmann-Rothmeier, Gabi/Gräsel, Cornelia* (1998): Rahmenkonzept für das BLK-Programm „Systematische Einbeziehung von Medien, Informations- und Kommunikationstechnologien in Lehr-Lern-Prozesse". Gutachten. Universität München

*Landesinstitut für Erziehung und Unterricht Stuttgart* (1999) (Hrsg.): Erprobungsversuch MUMELIGS. Multimediale Lernumgebungen in der Grundschule. Abschlussbericht. Stuttgart

*OECD* (Hrsg.) (1997): Literacy Skills for the Knowledge Society. Further Results from the International Adult Literacy Survey. Human Resources Development Canada

*Reuen, Sascha* (1997): Der Computer als Schreibwerkzeug. Theoretische Grundlagen und praktische Erfahrungen aus einer vierten Grundschulklasse. Frankfurt/Main et al.: Peter Lang

*Röber-Siekmeyer, Christa* (1993): Die Schriftsprache entdecken. Rechtschreiben im offenen Unterricht. Weinheim, Basel: BELTZpraxis

*Sharples, Mike* (Hrsg.) (1993): Computer Supported Collaborative Writing. London et. al.: Springer-Verlag

*Smith, Frank* (1982/[3]1986): Understanding reading. Hillsdale, NJ & London: Erlbaum

*Smith, Frank* (1988): Joining the literacy club. Further Essays into Education. Portsmouth, NH, London: Heinemann

*Schnotz, Wolfgang* (1995/[2]1997): Wissenserwerb mit Diagrammen und Texten. In: *Ludwig J. Issing, Paul Klimsa* (Hrsg.) 1995/[2]1997: Information und Lernen mit Multimedia. Weinheim: Beltz-PVU, S. 84-105

*Schnotz, Wolfgang* (1997): Zeichensysteme und Wissenserwerb mit neuen Informationstechnologien. In: *Hans Gruber, Alexander Renkl* (Hrsg.) (1997): Wege zum Können. Determinanten des Kompetenzerwerbs. Bern: Huber, S. 218-235

*Shannon, Claude E./Weaver, Warren* (1949): The Mathematical Theory of Communication. Urbana, Ill.: University Press

*Steinig, Wolfgang/Frederking, Volker/Berghoff, Matthias/Jünger, Werner* (1998): Fremde im Zug - Fremde im Netz. Ein interkulturelles Schreibprojekt. In: Zielsprache Deutsch, 29, 1998, S. 13-24

*Tella, Seppo* (1992): Talking shop via e-mail: A thematic and linguistic analysis of electronic mail communication. (= Research Report No. 99). Helsinki: Yliopistopaino

*Tergan, Olaf-Sigmar* (1995/[2]1997): Hypertext und Hypermedia: Konzeptionen, Lernmöglichkeiten, Lernprobleme. In: *Ludwig J. Issing, Paul Klimsa* (Hrsg.) 1995/[2]1997: Information und Lernen mit Multimedia. Weinheim: Beltz-PVU, S. 122-137

*Ungeheuer, Gerold* ([2]1972): Sprache und Kommunikation. Hamburg: Buske

*Wegner, Dirk* (1997): Fahrschüler auf dem Daten-Highway. In: *Reinhard Donath, Ingrid Volkmer* (Hrsg.) (1997): Das Transatlantische Klassenzimmer. Tips und Ideen für Online-Projekte in der Schule. Hamburg: edition Körber-Stiftung, S. 103-111

*Weidenmann, Bernd* (1991): Lernen mit Bildmedien. Psychologische und didaktische Grundlagen. Weinheim und Basel: Beltz

*Weidenmann, Bernd* (1995/[2]1997): Multicodierung und Multimodalität im Lernprozeß. In: *Ludwig J. Issing, Paul Klimsa* (Hrsg.) (1995/[2]1997): Information und Lernen mit Multimedia. Weinheim: Beltz, S. 64-84

*Weidenmann, Bernd* (1997): Verlangen die neuen Medien ein neues Lesen? In: *Siegfried Höfling, Heinz Mandl* (Hrsg.) (1997): Lernen für die Zukunft - Lernen in der Zukunft. Wissensmanagement in der Bildung. (= Berichte und Studien der Hanns-Seidel-Stiftung Band 74). München: Hanns-Seidel-Stiftung, S. 88-96

*Weidenmann, Bernd/Krapp, Andreas* (1989): Lernen mit dem Computer, Lernen für den Computer - Einleitung des Herausgebers zum Themenheft. In: Zeitschrift für Pädagogik, 5. Jg., S. 621-636

*Wild, Klaus-Peter/Schiefele, Ulrich/Winteler, Adi* (1994): Lernstrategien im Studium: Ergebnisse zur Faktorenstruktur und Reliabilität eines neuen Fragebogens. In: Zeitschrift für Differentielle und Diagnostische Psychologie, 15. Jg., H. 4, S. 185-200

*Wishöth, Christiane* (1995): Klassiker auf CD-ROM. Philipp Reclam jun. Verlag, Stuttgart. In: Deutschunterricht, H. 12, 1995, S. 617-619

*Wygotski, Lev S.* (1934/[5]1991): Denken und Sprechen. Frankfurt/Main: Fischer Wissenschaft

Hajo Diekmannshenke

# Lernsoftware und Fehlerdiagnostik

## Der Einsatz von Computerprogrammen im Grammatik- und Rechtschreibunterricht einer 7. Klasse

### Einleitung

Eine der herausragenden Entwicklungen der 90er Jahre ist der Einzug neuer Medien in die Klassen- und Kinderzimmer. Unterstützt von Initiativen wie „Schulen ans Netz" sowie von Landesmedienanstalten und Kommunen verfügt heute eine große Zahl von Schulen über Computer, die sich teilweise auf dem neuesten technischen Stand (vor allem in Gymnasien in den Städten) befinden, oft jedoch noch – falls überhaupt – mit inzwischen (hoffnungslos) veralteter Hardware ausgestattet (vor allem Grund- und Hauptschulen) sind. Begleitet wird diese „Aufrüstung" der Klassenzimmer von einer Flut von Lern- und Unterrichtssoftware, die besonders auf dem sog. „Nachmittagsmarkt" Absatz findet. Die *SODIS-Datenbank* 1999 des Soester *Landesinstituts für Schule und Weiterbildung* weist 748 (1997 waren es 647) Programme allein für den Deutschunterricht aus.

Entsprechend der hohen Wertschätzung, die die Rechtschreibfähigkeit in unserer Gesellschaft allgemein erfährt – nicht nur die öffentliche Diskussion um die Rechtschreibreform[1] zeugt davon –, handelt es sich bei einem großen Teil dieser Software um Rechtschreibprogramme. Insgesamt dürfte das Angebot aber noch weitaus größer sein als die in der SODIS-Datenbank genannte Zahl. Verlässliche Zahlen über die Menge der auf dem Markt befindlichen und der insgesamt verkauften Programme – sieht man einmal von den sicher nicht unbeträchtlichen Raubkopien ab – liegen bislang leider nicht vor. Empirische Untersuchungen stehen somit vor dem Problem, wie überhaupt aussagekräftige Daten erhoben werden können. Aus diesem Grund handelt es sich bei der vorliegenden Untersuchung vor allem um eine Einzelfalluntersuchung verbunden mit einer vorwiegend qualitativ orientierten Analyse.

Der Spannungsbogen der Urteile über die Entwicklung, den Stand und die Möglichkeiten von Lern- und Unterrichtssoftware reicht weit – von radikaler Ablehnung (*Hentig* 1984) bis hin zur Euphorie über die ungeahnten Perspektiven „neuen Lernens mit dem Computer" (*Papert* 1994, *Kleinschroth* 1996). Die Diskussion ist alt, die wesentlichen Argumente sind in ihrem Verlauf bereits vielfach genannt worden, sodass an dieser Stelle bewusst darauf verzichtet werden kann (vgl. *Arenhövel* 1994, 1997, *Blatt* 1996).

Ungeachtet dieser Kontroverse gilt für die Ausbildung von zukünftigen Lehrerinnen und Lehrern, dass diesen bereits im Studium eine angemessene Medienkompetenz – verstanden als „die ansozialisierte bzw. in pädagogisch angeleiteten Zusammenhängen erlernte Fähigkeit, mit technischen Medien umzugehen, sie ‚bedienen' zu können, und zwar nicht nur technisch, sondern auch im Sinne von ‚sich ihrer für eigene Zwecke bedienen zu können', ihre ‚Sprache' verstehen und dekodieren zu können und über Hintergrundwissen zu verfügen, wie mediale Botschaften entstehen, welche gesellschaftlichen Interessen damit verbunden sind und in welchem Verhältnis die mediale Wiedergabe von Wirklichkeit (berichtete Ereignisse) zur gesellschaftlichen Realität (die Ereignisse selbst) steht" (*Meister/Sander* 1999b, S. 46) – vermittelt werden muss, damit sie nicht spätestens bei Eintritt in den Schuldienst mit einer Frage konfrontiert werden, welche sie dann nur noch mehr oder weniger individuell und in der Regel ohne ausreichende Wissensgrundlage lösen können: Sollen Computer und entsprechende Software im Unterricht eingesetzt werden? Und wenn ja, wie sollen die entsprechenden Programme eingesetzt werden? Die Auseinandersetzung mit dieser Frage erscheint mir aus allen persönlichen Erfahrungen mit Fach- und Blockpraktika im Rahmen der universitären Lehrerausbildung unausweichlich. Spätestens aber wenn Eltern von vermeintlich oder tatsächlich rechtschreibschwachen Schülerinnen und Schülern beim Elternabend oder nach Schulschluss eine Empfehlung hinsichtlich der anzuschaffenden Übungssoftware wünschen, sind Lehrerinnen und Lehrer in ihrer fachlichen und didaktischen Kompetenz gefordert. Oder auch dann, wenn Schülerinnen und Schüler von ihren freiwilligen oder erzwungenen Erfahrungen mit solchen Programmen berichten. Die Aufgaben zukünftiger Lehrerinnen und Lehrer – das zeigt die in regelmäßigen Abständen wieder aufflackernde Diskussion über Fernsehen und Fernsehkonsum – werden sich verstärkt auf den Bereich moderner Medien erstrecken (müssen). Die Universitäten stehen in der Verantwortung, eine spezifische fachlich-didaktische Medienkompetenz vermitteln zu müssen. Auf die sich hieran anschließenden grundsätzlichen Fragestellungen soll und kann an dieser Stelle nicht eingegangen werden. Vielmehr soll die Frage, wie Lern- und Unterrichtssoftware speziell im Deutschunterricht sinnvoll eingesetzt werden kann, und welche besonderen Möglichkeiten sich hierbei eröffnen, anhand praktischer Erfahrungen aus einem Projekt an einer Koblenzer Hauptschule erörtert werden, deren grundsätzliche Erkenntnisse ebenso für den Deutschunterricht in Realschulen und Gymnasien gelten.

## Die Situation im internationalen Vergleich

Wie sieht es in Deutschland aus – und wie im internationalen Vergleich? In mehr als der Hälfte aller deutschen Haushalte mit 14- bis 17-jährigen Jugendlichen steht mindestens ein PC (*Erlinger* 1997). Dennoch ist Deutschland im internationalen Vergleich eher ein Entwicklungsland, besonders wenn man die Situation an den deutschen Grundschulen betrachtet. Grundschulen sind deswegen aufschlussreich, weil hier die Weichen für die spätere schulische und mittelbar auch für die weitere berufliche Entwicklung gestellt werden. Dass dies seit langem von den Verantwortlichen nicht erkannt wurde, belegen die Empfehlungen der Bund-Länder-Kommission von 1987, die zwar grundsätzlich den systematischen Einsatz von Computer vorsehen – allerdings erst ab der

7. Klasse (*Kochan* 1996, S. 134). Mit Ausnahme von Projekten in Rheinland-Pfalz, Nordrhein-Westfalen und Niedersachsen (und Einzelforschungsprojekten an einigen deutschen Universitäten) ist dies heute noch so.
Andere Wege ging man stattdessen in einer Reihe nicht nur westeuropäischer Länder. In Großbritannien ist seit 1984/85 jede Grundschule mit mindestens zwei PCs ausgestattet. In Frankreich gehört das Schreiben am PC seit Ende der 80er Jahre zum Grundschullehrplan (*Kochan* 1996, S. 135). Weitere langjährige positive Erfahrungen liegen aus den USA, Kanada, Australien, Niederlanden, Luxemburg, Portugal, aber auch aus Costa Rica (dort seit 1986!), Südkorea, Singapur, Neuseeland bis hin zu Russland vor, wo ausgewählte Grundschulen mit westlichen PCs und entsprechender Software ausgestattet wurden (*Mitzlaff* 1996a, S. 21).
Doch auch die im deutschen Vergleich scheinbar besser ausgestatteten Gymnasien schneiden international gesehen schlecht ab. So teilten sich im Jahre 1995 laut einer OECD-Studie 40 Schülerinnen und Schüler der 8. Klasse einen Computer, womit sich die Bundesrepublik Deutschland im unteren Drittel der 23 untersuchten Länder befand (*Dichanz* 1999, S. 113). Angesichts der allgemeinen Finanzsituation der Länder, Kommunen und speziell der Schulen dürfte sich die Situation kaum verbessert haben. Die Konsequenzen allerdings sind weitreichend. Die Zunahme der Ausstattung der privaten Haushalte mit immer leistungsfähigeren PCs steigert auch Entwicklung und Verkauf von Lern- und Unterrichtssoftware. Mit diesen Produkten werden jedoch nicht in erster Linie Schulen, sondern der sogenannte Nachmittags- und Freizeitmarkt bedient (*Gille* 1997), übrigens auch von den traditionellen Schulbuchverlagen. Wird damit (erfolgreiches) Lernen wieder zu einem Privileg derjenigen, die sich gute Hard- und Software leisten können, wie es *Kochan* (1996, S. 132) befürchtet?

In dieser Situation sind besonders die Universitäten gefordert. Im Gefolge des rapiden Wachstums der Medienangebote und deren immer leichterer Verfügbarkeit auch für Kinder und Jugendliche wird die Vermittlung von Medienkompetenz in der Schule zu einer der wichtigsten allgemeinen Aufgaben des Unterrichts der Zukunft. Die Bedingungen dafür sind gut, denn schließlich steht die jüngere Generation, also die zukünftigen Lehrerinnen und Lehrer, dem Computereinsatz zwar oft kritisch, aber in der Regel aufgeschlossen gegenüber. Mediendidaktik erscheint vor diesem Hintergrund als notwendiger Teil der universitären Fachausbildung. Medienkompetenz bedeutet allerdings nicht nur, dass die einzelnen Programme in ihrem Aufbau, ihrer Gestaltung und Thematik bekannt sein müssen, die zukünftigen Lehrerinnen und Lehrer müssen auch damit umgehen, also den Einsatz dieser Programme didaktisch-methodisch gewichten können.
Dass die Schülerinnen und Schüler hier vielfach einen technischen Wissensvorsprung haben, ist unbedenklich – dies gilt aber nicht für Didaktik und Methodik der eingesetzten Software. Entsprechende Lehrveranstaltungen – möglichst als integrative Seminare mit explizitem Praxisanteil – sind deshalb unbedingt notwendig. Der Einsatz neuer Medien führt zwangsläufig zu neuen Formen des Lernens und damit auch des Lehrens. Eine solche Lehr- und Arbeitsweise muss auch im Rahmen von universitären Seminaren theoretisch

konzipiert, praktisch erprobt und kritisch reflektiert werden. In einem derartigen Projektseminar werden aus Lernenden selbst Lehrende, die aber gleichzeitig mit den Schülerinnen und Schülern als Lernende agieren. Von einem dieser Projekte soll im anschließenden Teil berichtet werden.

## Typen von Software

Im Laufe der 80er und 90er Jahre des 20. Jahrhunderts wurden eine Reihe von Kriterienkatalogen für die Beurteilung von Software entwickelt (*Arenhövel* 1994, 1997, *Becker-Mrotzek/Meißner* 1995, *Thomé* 1989, 1992). Ganz allgemein und unabhängig von Einzelgewichtungen ergeben sich für den Einsatz von Computern und Software im Deutschunterricht vier Hauptbereiche[2]:

- Programme zur Übung (Drill-and-practice-Programme),
- Programme zur Vermittlung neuer Lerninhalte (Tutorials),
- Hyper- und Multimedia-Programme,
- Programme zur Textverarbeitung.

Die von den verschiedenen Autorinnen und Autoren entwickelten Kriterien – was auch für die häufig als Referenz zitierten Arenhövelschen Anforderungen an Lernsoftware gilt (*Arenhövel* 1997, S. 42f.) – müssen insgesamt kritisch betrachtet werden und bedürfen für die praktische Arbeit einer weiteren Spezifizierung hinsichtlich des jeweiligen Einsatzgebietes, der Lernumgebung, der Lerngruppe usw. Grundsätzlich kann jedoch festgehalten werden, dass die jeweiligen Anforderungen auf Grund ihres allgemeinen Charakters für den Einsatz im Deutschunterricht um linguistische Erkenntnisse erweitert werden müssen:

- Nicht nur Fehlermeldungen sind notwendig; vielmehr muss eine Hinführung zum notwendigen grammatischen und orthographischen Regelwissen erfolgen.
- Gleichzeitig muss die Fehlerauswertung linguistisch fundiert sein, indem sie neueste linguistische Erkenntnisse vor allem zum Schrifterwerb und zur Ausprägung orthographischen Wissens einbezieht. Dieses Wissen muss außerdem Lehrerinnen und Lehrern, die mit diesen Programmen arbeiten, zur Verfügung gestellt werden.
- Aufgaben müssen in aller Regel als grammatische Aufgaben gestellt werden, sodass den Schülerinnen und Schülern nicht allein eine (orthographisch korrekte) Wortschreibung, sondern vor allem grammatisches und damit auch orthographisches Regelwissen vermittelt wird.

Ein wesentlicher Aspekt des Einsatzes von Lernsoftware blieb bislang allerdings unberücksichtigt: Lernsoftware stellt ein besonders geeignetes Instrument zur Fehlerdiagnostik und zur Untersuchung und Verbesserung individueller Arbeitsstrategien dar. Für den Einsatz in der (schulischen) Praxis ist es jedoch notwendig, dass die vorhandenen Programme einerseits weiter verbessert, andererseits aber auch durch unterstützendes Material ergänzt werden. Sinnvoll ist eine Verbindung mit anderen Unterrichtsformen und -mitteln, damit keine ausschließliche Ausrichtung auf die Arbeit am und mit dem Computer stattfindet. Insgesamt ist eine begleitende, stark linguistisch ausgerichtete Schulung von Lehrerinnen und Lehrern wünschenswert.

## Das Projekt

Im Rahmen eines Projektseminars und mehrerer Fachpraktika wurde am Institut für Germanistik der Universität Koblenz-Landau der Versuch unternommen, den Einsatz der Lernprogramme *Orthofee* und *Alfons*[3] unter realen Bedingungen, d. h. im Deutschunterricht der 7. Klasse einer Koblenzer Hauptschule zu erproben. Grundlegend für dieses Projekt waren zwei Überlegungen:
Erstens sollte in diesem Seminar eine neue hochschuldidaktische Konzeption erprobt werden, die in hochschuldidaktischer Perspektive neue Lern- und Lehrformen entwickeln, gleichzeitig aber auch neue Medien selbst als Lernmittel und -gegenstand theoretisch reflektieren wollte. Es reicht nicht aus, allein (theoretische) Kenntnisse über Computerprogramme zu vermitteln, traditionelle Seminarformen müssen den Bedingungen und Erfordernissen neuer Medien entsprechend verändert und ebenso müssen neue entwickelt werden.
Zweitens wurde im konkreten Fall der Einsatz von Lern- und Unterrichtssoftware in Hinsicht auf die spätere Berufspraxis der beteiligten Studentinnen und Studenten erprobt und anschließend didaktisch-methodisch reflektiert. Mit dieser Vorgehensweise sollte die gerade in der universitären Ausbildung häufig zu beobachtende Schere zwischen theoretischem Wissen und konkreter Anwendung auf der Grundlage theoretischer Reflexion wenigstens teilweise wieder geschlossen werden.

Bei der am Projekt beteiligten Klasse handelte es sich um eine 7. Klasse einer Koblenzer Hauptschule mit insgesamt 20 Schülerinnen und Schülern. Die besondere Problematik dieser Klasse lag darin, dass mehr als die Hälfte aller Kinder nicht Deutsch als Erstsprache (L1; traditionell „Muttersprache“ genannt) erworben hat. Demzufolge zeigte sich ein ausgeprägtes sprachliches Gefälle innerhalb der Klassengemeinschaft. Bis auf ein Kind, das praktisch keine Deutschkenntnisse aufwies und deshalb auch nicht am Versuch teilgenommen hat, waren die vorhandenen Deutschkenntnisse jedoch so beschaffen, dass eine Durchführung nicht gefährdet war. Da die Deutschkenntnisse der Klasse insgesamt als eher unterdurchschnittlich einzustufen waren, konnte das Programm *Alfons* für die 6. Klasse (*Alfons* 6B) problemlos eingesetzt werden, ohne dass sich dadurch eine Unterforderung ergeben hätte. Ein Vergleich mit dem zu Grunde gelegten Sprachbuch und dem Lehrplan zeigten ebenso wie die Vorbesprechungen mit dem Klassenlehrer, dass alle wesentlichen Lerngebiete durch das Programm in angemessener Weise abgedeckt wurden.

Nachdem im Sommersemester auf Grund der minimalen Ausstattung der Schule mit Computern (8 Schneider Euro-PCs mit 512 KB Speicher, ohne Festplatte, mit Hercules-Grafikkarte und zweitem externen Laufwerk) nur mit einem technisch veralteten Programm – *Orthofee*[4] – gearbeitet werden konnte, fand die zweite Einheit im Wintersemester im Computersprachlernzentrum (CSL) der Universität statt (ein Lehrer-PC mit Zugriffsmöglichkeit auf alle Schülerrechner, 15 PCs, davon zum damaligen Zeitpunkt vier Pentium-100-Rechner, die übrigen 486er-Modelle, alle mit Soundkarte und VGA-Grafikkarte ausgestattet, teilweise mit CD-ROM-Laufwerk). Über einen Zeitraum von etwas mehr als zwei Monaten (Dezember 1996 bis Anfang Februar 1997) wurden pro Woche zwei Unterrichtsstunden speziell für den Versuch zusätzlich in den Stundenplan aufgenommen. Die Teilnahme seitens der Schülerinnen und Schüler war freiwillig und erfolgte mit Einwilligung der Eltern. Bis auf wenige Ausnahmen wurde das Angebot von allen Schülerinnen und Schülern durchgängig genutzt. Um die Einheitlichkeit der Arbeitsbedingungen zu gewährleisten, wurde mit einer Disketten-Version von *Alfons* gearbeitet. Kurz nach Beginn der Arbeit im CSL wurde es uns zusätzlich ermöglicht, eine sog. Beta-Version des *Alfons-Diagnostikprogramms Deutsch* einzusetzen.[5]

## Konzeption und Durchführung des Projektes

Während der Einsatz von *Orthofee* vor allem dazu diente, die Schülerinnen und Schüler überhaupt an die Arbeit mit PC und Unterrichtssoftware heranzuführen und dabei zu untersuchen, ob eher der traditionelle Grammatik- und Rechtschreibunterricht oder ein Unterricht unter Einbeziehung neuer Medien motivations- und leistungsfördernd wirkt, kann die zweite Phase, die Arbeit mit *Alfons Deutsch*, als die eigentliche Projektphase betrachtet werden, in die auch schon Erfahrungen aus der ersten Projektphase einfließen konnten.

### Linguistische Grundlagen

Will man (orthographische) Schülerleistungen angemessen bewerten, bedürfen sie einer sorgfältigen linguistischen und hier speziell einer orthographietheoretischen Analyse. Neuere Arbeiten zur Orthographietheorie (v.a. *Maas* 1991, 1992, *Stetter* 1990) gehen davon aus, dass sich unsere heutige Orthographie im Laufe der Jahrhunderte nicht willkürlich, sondern – wie alle sprachlichen Phänomene – im Rahmen eines „invisible-hand"-Prozesses (*Keller* 1990) entwickelt hat. Gleichzeitig wird Orthographie als eine grammatisch begründete Erscheinung der Sprache verstanden (*Maas* 1992, *Röber-Siekmeyer* 1993, *Eisenberg* 1995). Orthographie – dies ist eine der Haupterkenntnisse dieser Arbeiten – „regelt" nicht vorrangig die Schreibung einzelner „Wörter" (wobei dieser Terminus in linguistischer Hinsicht nicht unproblematisch ist), sondern ist in großem Maße syntaktisch fundiert. Orthographisches Wissen, verstanden als Regelwissen, erfordert also grundlegende syntaktische Kenntnisse gleichermaßen bei Lehrerinnen und Lehrern wie bei Schülerinnen und Schülern.

Als weiteres wesentliches Kennzeichen der Orthographie darf man ihre Funktion als Gliederungsprinzip von (verschriftlichten) Äußerungen und damit als „Hilfestellung" zum Sinnverstehen von Texten ansehen. Hier liegen die besonderen Leistungen des *Spatiums*, also des Zwischenraums zwischen einzelnen Wörtern, und der *Interpunktion*.

Ersteres gliedert (teilweise im Gegensatz zur Pause in der gesprochenen Sprache) Texte in einzelne Wörter, letztere komplexere syntaktische Gefüge in Verstehenseinheiten. Dass dies keineswegs so sein muss oder gar immer so war, zeigen alte lateinische Inschriften, die keinerlei Zwischenräume zwischen einzelnen Wörtern aufweisen und nur den Punkt als einziges Interpunktionszeichen kennen. Auch wenn wir sprechen, reden wir nur scheinbar in Wörtern. Phonetische Aufzeichnungen zeigen im normalen Alltagssprechen eine meist kontinuierliche Folge von Lauten, die erst künstlich in einzelne Worteinheiten unterteilt werden. Dass wir dennoch meinen, Wörter zu hören, liegt zum einen an unserer Schriftkultur und der tiefen Verwurzelung der grammatischen Vorstellung von den Wortarten. Es sei jedoch auch darauf hingewiesen, dass psycholinguistische Untersuchungen auch bei Sprecherinnen und Sprechern nichtliteralisierter Sprachen offensichtlich eine abstrakte Einheit „Wort" erkennen lassen. Diese Tatsache scheint ein starker Beleg für eine universell existierende Kategorie „Wort" als sprachliche Grundeinheit zu sein.

Das System der Schriftsprache erweist sich bei näherer Betrachtung zudem deutlich anders strukturiert als das des mündlichen Sprachgebrauchs[6], wodurch dem Orthographieerwerb (*Thomé* 1999) keineswegs nur der Status eines sekundären, nachgeordneten Phänomens mit der alleinigen Funktion der optimalen Umsetzung von mündlichen Äußerungen in eine schriftliche „Form" zukommt. Der Erwerb eines sog. „orthographischen Monitors" (*Maas* 1992, S. 42) vollzieht sich dabei in mehreren Schritten, ausgehend von der gesprochenen Sprache („orater Monitor") als der Fundierung unserer Schreibung (*Maas* 1994) über die Wahrnehmung silbischer Strukturen in einer ersten Phase hin zur Ausgliederung einzelner Laute in einer zweiten Phase, welche verbunden ist mit einer ersten Aneignung von Prinzipien der Schrift.
Die „Entdeckung der bzw. Entwicklung einer Vorstellung von Schrift als Mittel zur Fixierung eines Textes in *wörtlicher* Form" (*Maas* 1992, S. 42) nimmt parallel dazu ihren Ausgangspunkt in einer logographischen Stufe und führt über die phonographische Stufe im Idealfall zur „Orthographie", verstanden als „Fixierung der grammatischen Artikulation eines Textes" (*Maas* 1992, S. 42). In diesem Erwerbsprozess sind häufig auch scheinbare Rückschritte zu beobachten, die jedoch offensichtlich Hinweise auf einen Prozess komplexerer Regelbildung darstellen (*Thomé* 1999, S. 254). Vor dieser Annahme dürfen Fehlschreibungen innerhalb dieses Prozesses nicht vorrangig auf ihre Fehlerhaftigkeit, sondern besonders auf ihre bereits enthaltene Regelhaftigkeit hin verstanden werden. Vor die Phase einer morphologisch-syntaktisch gesteuerten orthographisch korrekten Schreibung treten dabei Phasen der Übergeneralisierung, die sich als „semi-arbiträre Verwendung", „lautliche Orientierung" und „(pseudo-) morphematische Orientierung" (*Thomé* 1999, S. 250) beschreiben lassen. Erst eine qualitative Fehleranalyse, die auf solch differenzierten Modellen des Orthographieerwerbs aufbaut, erlaubt aussagekräftige Rückschlüsse über den erreichten Stand und die daraus resultierenden unterrichtlichen Konsequenzen.
An dieser Aufgabe müssen jedoch – zumindest vorerst noch – automatisierte Fehleranalyseprogramme scheitern. Lernsoftware für den Rechtschreibunterricht muss hinsichtlich der orthographischen Normen und Regeln deren syntaktische Fundierung offenlegen und in das Arbeitsprogramm einbeziehen, andererseits aber auch die lautliche Ebene in ihrem Spannungsverhältnis von Mündlichkeit und Schriftlichkeit berücksichtigen.

**Projektphase: *Orthofee***
*Orthofee* gehört zur Gruppe der sogenannten „Drill-and-practice-Programme". Aufbauend auf einer vergleichsweise simplen behavioristischen Lerntheorie (vgl. *Blatt*, S. 31/32) werden Schülerinnen und Schülern Schreibaufgaben aus verschiedenen Orthographie-

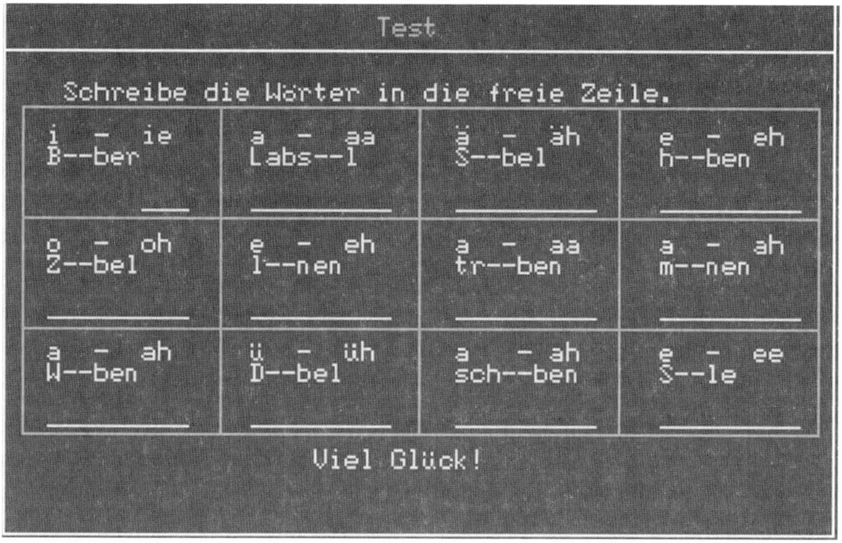


*Abb. 1: Orthofee*

bereichen gestellt, die sie in einer festgelegten Reihenfolge lösen müssen. Vortest und erfolgreich absolvierte Übungen entscheiden darüber, welche Bereiche bearbeitet werden müssen. Fehler zwingen zur Wiederholung der jeweiligen Aufgabe, am Ende werden die (quantitativen) Ergebnisse der einzelnen Übungssequenzen ausgegeben. Den Schülerinnen und Schülern steht zwar eine „Hilfebox" zur Verfügung, diese bietet Regelwissen aber nur in sehr geringem Umfang an. Die teilweise in der Arbeit mit dem Computer noch unerfahrenen Schülerinnen und Schüler waren anfangs stark motiviert, was vor allem auf die Möglichkeit, Unterricht einmal anders und mit Hilfe eines neuen, faszinierenden Mediums, zu erfahren, zurückzuführen ist.

Nach kurzer Zeit ließ die Motivation jedoch spürbar nach. Dies ist übrigens ein Phänomen, welches in der Fachliteratur schon oft beschrieben und diskutiert wurde und – dies sei vorweggenommen – auch für multimedial wesentlich anspruchsvoller gestaltete Software gilt (*Hoelscher* 1994, S. 108f.). Echte Lernerfolge konnten in diesem Fall nur vermutet werden, da das Programm keine direkte Beobachtung der Arbeitsweise der Schülerinnen und Schüler zulässt. Aus den medienspezifischen sowie den fachlich-didaktischen Defiziten, aber auch aus der unbefriedigenden technischen Ausstattung der Schule resultierte die sich anschließende zweite Projektphase.

**Projektphase: *Alfons***

Da sich die Arbeit mit *Alfons*[7] hinsichtlich der eingangs genannten Fragestellung als wesentlich ergiebiger erwies, soll diese 2. Phase nun detailliert beschrieben werden. Das Alfons-Projekt gliederte sich in drei Teilphasen:

- Reflexions- und Vorbereitungsphase,
- Unterrichtsphase,
- Auswertungsphase.

*Reflexions- und Vorbereitungsphase*
In dieser Phase ging es im Wesentlichen um die Erarbeitung der Konzeption, die Klärung der Zielsetzung des Projektes und die Vorbereitung der ersten Stunden. Orthographieunterricht - dies dürfte inzwischen deutlich geworden sein - ist integraler Bestandteil eines umfassenden Grammatikunterrichts, wobei unter „Grammatik" in einem linguistischen Sinn das System von Sprache und seine Struktur zu verstehen ist. Die Funktion einer solchermaßen verstandenen Grammatik besteht darin, „Wegweiser" für eine regelgeleitete Interpretation sprachlicher Äußerungen zu sein (*Hörmann* 1978).
Orthographie als schriftliche „Hilfestellung" zum Sinnverstehen von Texten gehört damit ebenso zur „Grammatik" wie Pragmatik und Semantik (verstanden als Ausrichtungen innerhalb einer Grammatik). Die traditionellen Arbeitsformen und -mittel in diesem Bereich sind: Sprachbuch, Arbeitsblatt und Diktat. Dementsprechend handelt es sich in der Unterrichtspraxis vielfach um Frontalunterricht, wobei allerdings - besonders in der Freiarbeit - auch Partner- und Laufdiktat, Gruppenarbeit und andere Arbeitsformen möglich sind und angewandt werden. Dieser Lernbereich gilt jedoch bei Schülerinnen und Schülern allgemein als unbeliebt. An diesen Erfahrungen anknüpfend kann die Arbeit mit Lernsoftware vor allem motivierend wirken. Genau an dieser Stelle setzen auch die Überlegungen der Autorinnen und Autoren von *Alfons* (und auch von anderen Programmen) an, vor allem auf spielerische Weise Lernerfolge zu erreichen (*Schönweiss* 1997).

Neben den veränderten Unterrichtsformen bedingt der Einsatz von PC und Lernsoftware auch Veränderungen hinsichtlich des Verhältnisses Schüler ↔ Lehrer. Lehrerinnen und Lehrer erhalten bei solchen Unterrichtsformen eher die Funktion von Moderatoren, wodurch eine dreipolige Beziehung (triadisch) entsteht:

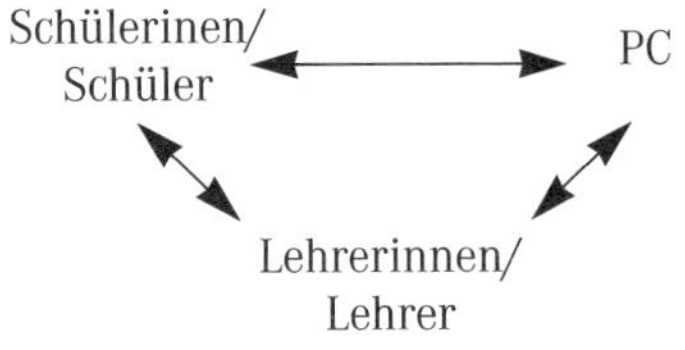


In einer solchen Konstellation eröffnet sich dem Lehrer die Möglichkeit, eher als (beratender) Partner akzeptiert zu werden, was jedoch zugleich ein höheres Maß an individueller Betreuung erfordert. Im Rahmen unseres Projektes wurde dies durch die tutorielle Betreuung der einzelnen Schüler durch die Studenten ermöglicht. Da der „traditionelle" Unterricht mit einer Lehrperson (oder in Ausnahmefällen wie beim Team-Teaching auch zu zweit) eine solch intensive Betreuung nicht erlaubt, kann die Konsequenz für den Unterricht nur in einer Veränderung der Lernsituation liegen.

Grundlage des vorgestellten Projektes war es, die Schülerinnen und Schüler selbst über ihre Arbeitsweise bestimmen zu lassen. Aus diesem Grunde wurden kaum Vorgaben gemacht. Als Arbeitsweise bot sich eine Form „tutoriellen Lernens" an, in der die Studentinnen und Studenten vor allem Betreuungs- und Hilfsfunktionen übernahmen, und bei der maximal zwei Schüler von einer Studentin betreut wurden. Innerhalb des Projektes selbst wurden bis auf Arbeitsblätter im Vor- und Nachtest keine weiteren Materialien eingesetzt. Prinzipiell erscheint dies allerdings unbedingt notwendig.[8]

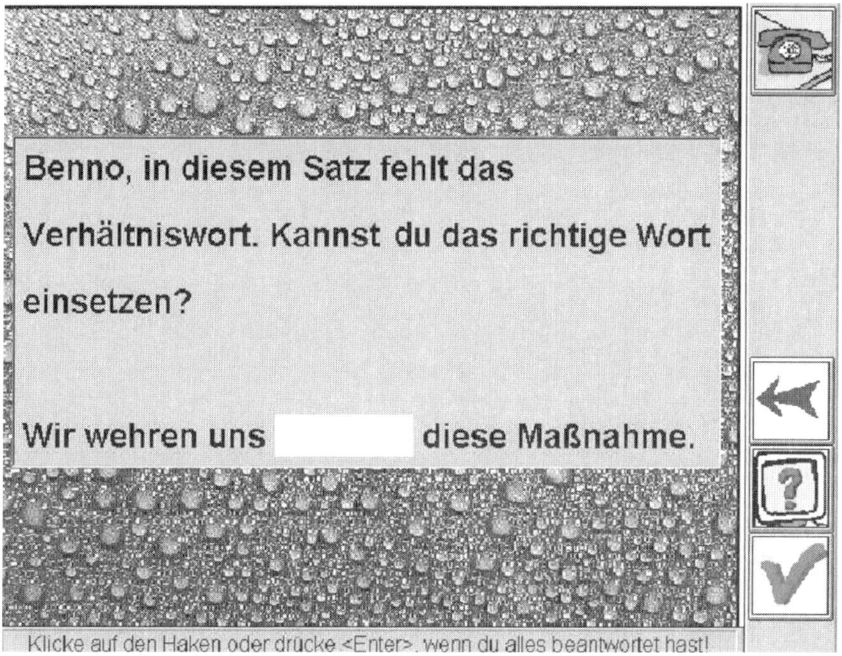


*Abb. 2: Alfons Deutsch*

***Unterrichtsphase***

Um die jeweiligen Wissensdefizite, aber auch das bereits erworbene Regelwissen zu ermitteln, wurde die Unterrichtsphase um einen Vor- und einen Nachtest ergänzt (siehe die Beispiele im Anhang, S. 73/74). Der Test umfasste diejenigen Bereiche der Rechtschreibung, die auf Grund der Vorbesprechungen mit dem Klassenlehrer und anhand des Lehrplans als relevant ermittelt worden waren, und bestand aus einer Reizwortgeschichte sowie Arbeitsblättern zur Kommasetzung, zur Bestimmung von Satzgefügen, zur Kasusbestimmung und zum Gebrauch von Präpositionen. Der Vortest wurde in der Klasse durchgeführt, wobei die Schülerinnen und Schüler nicht wussten, dass er bereits Bestandteil des Projektes war.

In der ersten Stunde im Computersprachlernzentrum wurden den Schülerinnen und Schülern keine Vorgaben hinsichtlich der zu bearbeitenden Aufgaben gemacht. Nach einer kurzen Einführung in die Arbeit mit *Alfons* durften sie sich selbst den jeweiligen Lernstoff auswählen und bearbeiten. Anhand der vom Programm erstellten Arbeitsprotokolle und der Auswertung des Vortests wurde anschließend für jedes einzelne Kind ein individueller Unterrichtsplan entworfen. Dabei nahmen die Aufgaben, in denen sich deutliche Defizite gezeigt hatten, den größten Raum ein. Die anfangs je nach Arbeitstempo der Kinder ausgewählten 15 bis 25 Übungen konnten in der Reihenfolge ihrer Bearbeitung frei gewählt werden. Als abgeschlossen wurde eine Übung erst dann gewertet, wenn sie mindestens einmal fehlerfrei

oder mit maximal einem Fehler bearbeitet wurde, was anhand der Protokolle leicht zu überprüfen war. Im Verlauf des Projekts wurde eine solche Überprüfung im Anschluss an jede einzelne Unterrichtsstunde durchgeführt, wobei alle beteiligten Studentinnen und Studenten einschließlich des Seminarleiters sich jeweils mit ein bis zwei Schülerinnen und Schülern besonders beschäftigten und für diese hinsichtlich der Aufgabenstellung und -bearbeitung verantwortlich waren. Im Verlauf des Projektes wurde die Übungsliste bei einer Reihe von Kindern regelmäßig erweitert.
→ *Abb. 2*

Nach Ablauf der Unterrichtsphase im Computersprachlernzentrum wurde ein Nachtest durchgeführt. Dieser Nachtest orientierte sich einerseits an den anfangs ermittelten allgemeinen Problembereichen und den spezifischen Arbeitsleistungen der Schülerinnen und Schüler. In zwei Gruppen erhielten sie jeweils zehn Übungen aus *Alfons*, wobei auf die Spielsequenz verzichtet wurde. Dabei wurden für alle Schülerinnen und Schüler sechs identische und vier individuelle Aufgaben ausgesucht. Der zweite Teil bestand wieder aus einem „traditionellen" Prüfungsverfahren. Innerhalb eines vorgegebenen Sachtextes sollten Kommas gesetzt und die Kasus einzelner, unterstrichener Nomina bestimmt werden. Weiterhin musste auf einem Arbeitsblatt ein Kreuzworträtsel gelöst werden, dessen Wörter in Anlehnung an die Reizwortgeschichte des Vortests und besondere Rechtschreibschwierigkeiten innerhalb der Klasse ausgewählt wurden. Zu berücksichtigen war dabei, dass durch die spezifische Form des Kreuzworträtsels nicht die zu überprüfenden Schreibungen vorgegeben werden durften, so z.B. wenn die Auslautverhärtung zugleich Bestandteil eines weiteren Wortes ist und damit auch auf diesem Wege in ihrer Schreibung ermittelt werden kann.

### *Auswertungsphase*

Wie nicht anders zu erwarten, erwies sich die Auswertung des gesamten Versuchs als recht schwierig. Dabei kamen die Beteiligten zwar insgesamt zu einer sehr einheitlichen, positiv-kritischen Einschätzung des Projekts und speziell der Arbeit mit *Alfons*, allerdings gab es zu einzelnen Fragen durchaus kontroverse Meinungen. Für die konkrete Unterrichtspraxis zeigte sich, dass eine solche Auswertung zuverlässig und aussagekräftig jeweils nur für einzelne Kinder unternommen werden kann. Dies liegt hauptsächlich in der Art der Software begründet. *Alfons* – dies gilt jedoch generell – ist für den individuell ausgerichteten Förderunterricht geeignet, für den Unterricht im Klassenverband jedoch nur bedingt. Dennoch soll versucht werden, einige wichtige Ergebnisse zu verallgemeinern und damit Hinweise für die Arbeit mit *Alfons*, aber auch mit anderen vergleichbaren Programmen, in der Schule zu geben.

### Diskussion der Ergebnisse

Lernerfolge zeigten sich nur dann, wenn gezielt und kontinuierlich an den eigenen Schwächen gearbeitet wurde. Dies war bei einzelnen Schülerinnen und Schülern der Fall, die dementsprechend im Nachtest deutlich Verbesserungen gegenüber dem Vortest aufweisen konnten. In diesen Fällen wurde *Alfons*, was sich auch in den Unterrichtsstunden deutlich zeigte, als Chance zur Verbesserung der eigenen Leistung gesehen. Dabei nutzten die Kinder jedoch nicht nur die Lernsoftware, sondern vor allem die Möglichkeit, miteinander und

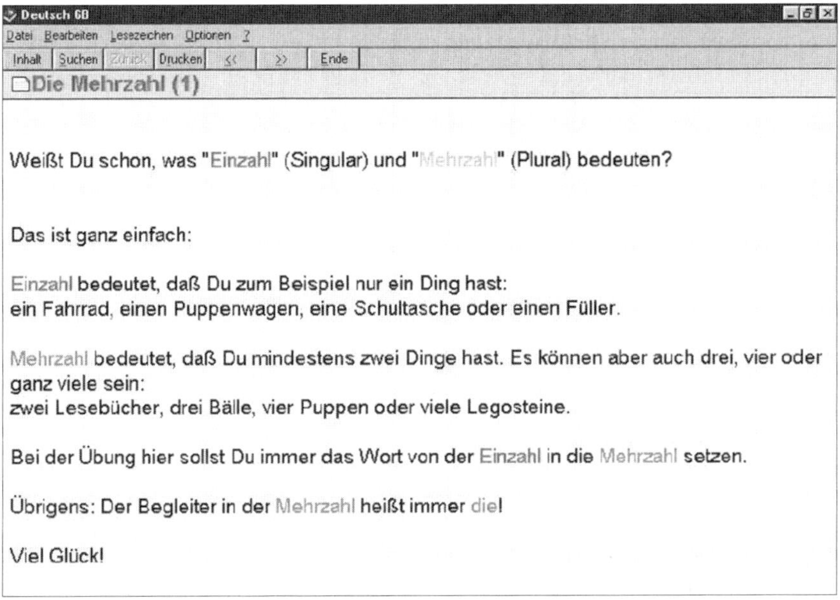


*Abb. 3: Hilfetext in Alfons*

mit den Studentinnen und Studenten ihre grammatischen und orthographischen Probleme anhand einzelner Aufgaben zu besprechen. Andere Schülerinnen und Schüler hingegen versuchten, ihre eigenen Schwächen möglichst lange zu umgehen, indem sie zuerst vermeintlich oder offensichtlich leichtere Übungen absolvierten und die schwierigeren bis kurz vor Ende der Unterrichtsphase zurückstellten. Von Seiten der Betreuer wurde nicht eingegriffen, da die verschiedenen Lern- und Arbeitsstrategien von außen möglichst wenig beeinflusst werden sollten. In diesen Fällen zeigte sich im Nachtest keinerlei Verbesserung. Der Einsatz eines solchen Programms gibt - bei entsprechender Fehlerauswertung durch Programm und Lehrende - über die Wissensdefizite hinaus wichtige Hinweise auf die individuellen Lern- und Arbeitsstrategien.

Während der Arbeit mit *Alfons* wurde immer wieder deutlich, dass die Schülerinnen und Schüler zwar regelmäßig die Möglichkeit der Regelhinweise nutzten, in vielen Fällen diese aber nicht effektiv zur Lösung des jeweiligen Problems beitrugen. Dies liegt vor allem daran, dass diese Regeln oft sehr allgemein gehalten sind oder aus linguistischer Sicht unzureichend oder fehlerhaft formuliert und prinzipiell nicht auf den konkreten Fehler und das individuelle Schüler-Problem abgestimmt sind.

Die Analyse des individuellen Schreibfehlers und die Anwendung der jeweiligen zugehörigen Regel auf dieses Problem stellt jedoch einen wichtigen Schritt zum Erwerb der orthographischen Kompetenz dar. Beide Seiten, Schüler und Lehrer, müssen zuerst erkennen, welcher Fehler warum gemacht wurde, um hieraus die richtigen

Konsequenzen für das weitere Vorgehen ziehen zu können. Im Idealfall können Lehrerinnen und Lehrer dann auf Grund dieser Analyse entscheiden, mittels welcher didaktisch-methodischer Mittel und welcher Aufgaben und Übungen das Kind welche Lernschritte durchlaufen soll. Während des Projektes konnte dies mit großem Erfolg durch die tutorielle Betreuung (Fehleranalyse, Erläuterung der Regel, Diskussion) und die individuell abgestimmte Auswahl der Übungen in hohem Maße realisiert werden. Kein computergesteuertes Lernprogramm kann dies leisten.
Stattdessen gleicht die Arbeit mit den vom Programm gegebenen Erläuterungen in vielerlei Hinsicht der unbetreuten Arbeit mit Sprachbuch und/oder Grammatik. Und um manche der teilweise recht umfangreichen Regeln und Hinweise für die konkrete Problemlösung nutzen zu können, müssen Schülerinnen und Schüler im Grunde genommen schon wissen, was sie eigentlich falsch machen. Sinnvoller – auch aus lerntheoretischer Sicht – scheint der begleitende Einsatz von hypertextuell aufbereiteten Lerneinheiten zu den einzelnen Problemfeldern zu sein (*van Lück* 1999). Während diese Möglichkeiten auf dem sog. „Edutainment"-Sektor und in wissenschaftlich orientierter Software ebenso wie bei einigen Internetangeboten genutzt wird, ist dies bei Lernsoftware zum Grammatik- und Rechtschreibunterricht kaum der Fall.[9]
Hypertextuelle und hypermediale Darstellungsformen ermöglichen nicht nur eine „bessere" Präsentation des Lernstoffs, sie nutzen auch stärker die Möglichkeiten assoziativen Lernens. So könnten Schülerinnen und Schüler bei entsprechender Verlinkung (also einer Verbindungsmöglichkeit zu anderen Internetseiten, die auf diesem Wege automatisch geladen werden können) im Programm z. B. mit einer Grammatik, einem Regelwerk, Anschauungsmaterial, weiteren Übungen, einem Glossar usw. sich selbst die jeweiligen grammatischen Teilgebiete aufrufen und sich diese gegebenenfalls (noch einmal) erarbeiten, anstatt immer wieder denselben Merksatz oder dieselbe allgemeine Regel zu lesen zu bekommen. Notwendig wäre dann jedoch auch eine offenere Arbeitsform, die nicht so stark auf das „Abarbeiten von Aufgabenpäckchen", sondern vielmehr modular ausgerichtet ist.

Die Arbeit mit *Alfons* erwies sich anfangs – wie vermutet – als sehr motivierend, wobei sich der gefürchtete Motivationsknick schließlich bei den meisten Kindern nach vier bis sechs Wochen einstellte. Die stets gleiche Präsentation der Aufgaben erleichtert die Arbeit im Programm, führt nach einer Weile jedoch zu spürbarem Motivationsverlust. Auch aus fachwissenschaftlicher Sicht muss gefragt werden, ob einzelne Grammatik- und Rechtschreibbereiche nicht sinnvoller durch andere Arbeits- und Übungsformen erarbeitet werden können. Dieser Motivationsverlust trat auch unabhängig davon ein, ob die spielerischen Elemente von *Alfons* genutzt wurden oder nicht. Die Kinder hatten nach einiger Zeit die Wahl, selbstständig über die Wahl des jeweiligen „Pausenfüllers" zu entscheiden. Dabei zeigte sich überraschenderweise, dass mehrere Schülerinnen und Schüler von nun an konsequent auf jedes spielerische Element verzichteten, wobei es sich keineswegs um diejenigen handelte, die bislang in der Klasse als besonders leistungsorientiert auffielen.

## Lernprogramme als Diagnostikinstrumentarium

Im Laufe des Projekts wurde deutlich, dass Lernprogramme sich (unter bestimmten Voraussetzungen) hervorragend dazu eignen, als Diagnostikinstrumentarium eingesetzt zu werden, eine bislang interessanterweise fast völlig vernachlässigte Möglichkeit. Voraussetzungen dafür sind die exakte Protokollierung der einzelnen Arbeitsschritte inklusive der Aufzeichnung der gemachten Fehler und der Bearbeitungszeit sowie idealerweise ein Lehrer-PC mit Zugriffsmöglichkeiten auf die einzelnen Arbeitsrechner. In drei Bereichen sind auf diesem Wege unterrichtsrelevante Aussagen möglich:

- hinsichtlich der individuellen Wissensdefizite der einzelnen Schülerinnen und Schüler,
- hinsichtlich der Vorgehensweise bei einzelnen Aufgaben, Fragen, Problemen,
- hinsichtlich individueller Arbeits- und Lernstrategien.

Die individuelle Aufgabenstellung einschließlich der Protokollierung erwies sich als ausgezeichnetes Diagnoseinstrument hinsichtlich der Grammatik- und Rechtschreibkenntnisse einzelner Schülerinnen und Schüler. Fehler beim Lösen der Übungsaufgaben erlauben in der Zusammenschau – unter Berücksichtigung linguistischer Kenntnisse – zuverlässige Rückschlüsse über die Art fehler- oder mangelhafter Grammatik- und Rechtschreibbeherrschung. In diesem Fall stellt *Alfons* meines Erachtens in erster Linie weniger ein Übungsprogramm, sondern vor allem ein Mittel zur Erkenntnis der weiteren Förderungsnotwendigkeiten einzelner Kinder dar, auch wenn dies vielleicht gar nicht die ursprüngliche Intention der Programmautoren war. Dies hat für den Einsatz im Unterricht und speziell im Förderunterricht weitreichende Konsequenzen: Das Programm erhielte dann eine spezifische Aufgabe mit dem Ziel, ein individuell zugeschnittenes Lernprogramm unter Einsatz vielfältiger Lernmittel zu erstellen. Allerdings müssten hierzu die Autoren zielgerichtete Hinweise im beiliegenden Material geben.

Interessante Einblicke in individuelle Vorgehensweisen erlaubte der Einsatz eines Master-PCs. So war es möglich, die Vorgehensweise bei der Aufgabenbearbeitung für die Schülerinnen und Schüler unbemerkt am Bildschirm zu verfolgen. Die Mausspur, die bei Schwierigkeiten mit der Aufgabenstellung quasi „suchend" über den Monitor wanderte, wurde auf diese Weise zu einem „Fenster zum kognitiven Verarbeitungsbereich". Ähnliches gilt auch für die mit der Tastatur eingegebenen Buchstabensequenzen, ihre Fehler und ihre Korrekturen durch die Schülerinnen und Schüler. Aufzeichnungen dieser Arbeitsprozesse sind heute technisch kein Problem mehr, sie waren aber im Rahmen unseres Projektes nicht möglich, sodass diese Bemerkungen stark hypothetischen Charakter haben, was jedoch keine Einschränkung hinsichtlich ihrer Richtigkeit beinhaltet. Gerade in Schulen mit der entsprechenden technischen Ausrüstung (z. B. wenn sie über ein Sprachlabor oder ähnliches verfügen) sollte diese Möglichkeit genutzt werden.

Die im Laufe des Projekts eingesetzte Beta-Version des *Alfons Diagnostikprogramms Deutsch* zeigte die sinnvolle Verbindung beider Module. So gibt beson-

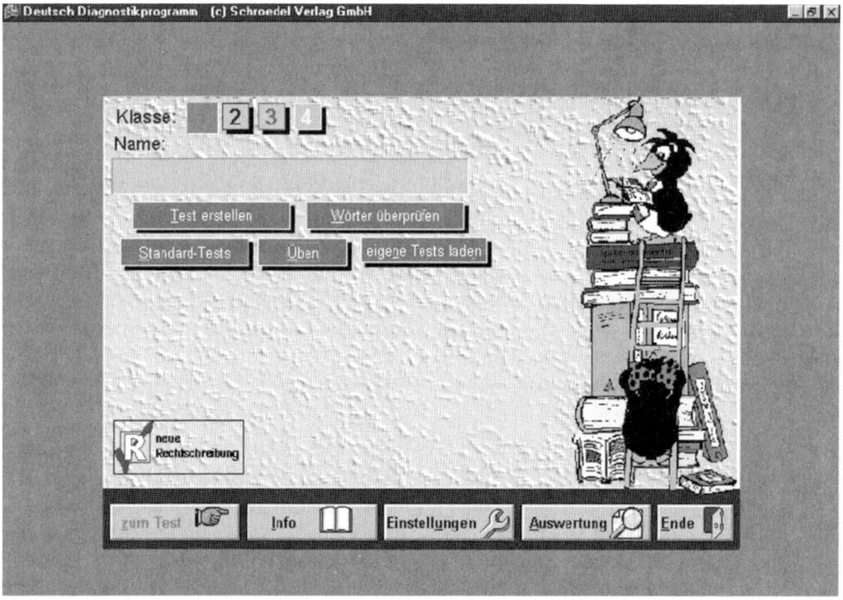


*Abb. 4: Alfons Diagnostik Deutsch*

ders die Fehlerklassifizierung wichtige Hinweise für die weitere Arbeit im Deutschunterricht. Allerdings sollte nicht übersehen werden, dass eine solche Diagnostik sehr hohe Anforderungen an die linguistische Kompetenz der Lehrerinnen und Lehrer stellt. Erfahrungen im Schulalltag zeigen jedoch, dass spezifische Kenntnisse zu Phonetik, Phonologie, Morphologie und (linguistischer) Systematik der deutschen Orthographie vielfach nicht in ausreichendem Maße vorhanden sind. Auch innerhalb des Projektes wurde sehr schnell deutlich, dass zumindest weiterführende Hinweise für die Arbeit und den gezielten Einsatz der Programme sowie Literaturhinweise notwendig und wünschenswert wären. Sinnvoller wäre besonders hier eine Weiterqualifizierung für die Arbeit mit dem Diagnostikprogramm.

Zu einem späteren Zeitpunkt wurde das Diagnostikprogramm noch einmal bei Kindern einer 3. bzw. 4. Klasse eingesetzt. Die zwei im Anhang (S.73/74) abgedruckten Protokolle dokumentieren diese Untersuchung.[10]

Das erste Kind, Philipp, war zum Untersuchungszeitpunkt Schüler der 4. Klasse und muss als eher rechtschreibschwach eingeschätzt werden. Er unternahm den Test freiwillig, brach aber schließlich nach 23 von insgesamt 42 Aufgaben ab. Die Auswertung ergab 5 richtige und 18 falsche Schreibungen.[11] Das Programm führt nach Abschluss bzw. Abbruch des Tests eine Auswertung durch, die bereits eine erste Klassifikation der Fehler enthält.

Die dabei vorgenommene Grobklassifizierung in Wahrnehmungs-, Regel- und weitere Fehler ist sinnvoll, wobei die letztendliche Zuordnung des einzelnen Fehlers durchaus umstritten sein kann.[12] Grundsätzlich gilt auch hier, dass diese Klassifizierung Lehrerinnen und Lehrern allenfalls erste Hinweise auf mögliche Fehlerursachen geben kann, diese aber keinesfalls schon selbstständig ermittelt. So werden reine Tippfehler nicht als solche erkannt,[13] ein grundsätzliches Problem computergestützter Fehleranalyse, da hier nur ein Vergleich verschiedener Wörter und ihrer Schreibungen Aufschluss darüber geben kann, ob das Kind die jeweilige Schreibung prinzipiell beherrscht oder nicht. Zudem spielt hier die Übung im Umgang mit der Tastatur eine wichtige Rolle, da ungeübte Tastaturschreiber in Testsituationen deutlich mehr (und andere) Tippfehler produzieren als geübte. Unberücksichtigt bleibt bei der automatischen Analyse auch die „Qualität" der Fehler. So kennt die Rechtschreibdidaktik heute „kluge Fehler" (z. B. *Vieluf/Vieluf* 1981, *Menzel* 1993, S. 150–154, *Thomé* 1999), die dann entstehen, wenn Schülerinnen und Schüler bei ihnen unbekannten Wörtern auf ein bereits vorhandenes Regelwissen zurückgreifen, welches allerdings für diesen konkreten Fall nicht oder nur bedingt anwendbar ist. Und außerdem sind es vor allem die (eigenen) Fehler, aus denen Schüler lernen – vorausgesetzt diese Fehler werden nicht als etwas Schlimmes, Negatives oder gar Schreckliches verstanden (*Erichson* 1987, *Struck* 1998, S. 55).

Die automatisierte Fehleranalyse für Philipp zeigt zutreffend, dass dieses Kind vor allem im Bereich des Regelwissens starke Defizite aufweist. *Werme, bliess* und *emfielt* sind Belege dafür, dass ein Wissen um das morphologische Prinzip[14] der Rechtschreibung und – was vor allem didaktisch wichtig ist – seine Anwendung bei konkreten Rechtschreibproblemen offensichtlich noch nicht ausreichend vorhanden ist. Die Schreibungen *Werme* und *Seule* weisen darauf hin, dass die Orientierung an der Lautung und Schreibung bekannter analog lautender Wörter (*Kerne, Ferne, Beule, Eule* usw.) noch eine große Rolle spielt. Die Korrektschreibung von *erschrak* stützt die Annahme, dass es sich bei diesem Kind eher um einen „lexikalischen Lernertyp" (*Thomé* 1999, S. 252) handelt, der die jeweilige Schreibung stark am Schriftbild anderer, bereits bekannter Wörter orientiert. Ebenso scheinen v. a. die zugegebenermaßen auf den ersten Blick komplizierten Distributionsverhältnisse bei den Dehnungszeichen große Probleme zu bereiten, was bei Schulkindern häufig zur spontanen Bildung „eigener" Regeln führt, um dadurch eine „Richtschnur" für weitere Problemfälle zu gewinnen (*Maas* 1994, S. 173). Eine weitergehende Fehleranalyse legt den Schluss nahe, dass dieses Kind hinsichtlich seines orthographischen Regelwissens einer intensiven Förderung bedarf, soll nicht Rechtschreibung zu einem generellen Problem seiner schulischen Laufbahn werden. „Kunstwörter-Tests"[15], wie der von *Thomé* (1999) in 3. und 4. Klassen durchgeführte, können wichtige Informationen über die der Verschriftlichung einzelner Wörter zu Grunde liegenden Schreibstrategien liefern und zusammen mit dem *Alfons*-Test die Auswahl entsprechender Aufgaben und Übungen erleichtern.

Das zweite Kind, Florian, konnte zum Untersuchungszeitpunkt bereits als ausgesprochen rechtschreibsicherer Schüler charakterisiert werden und absolvierte den Test vollständig mit 13 Fehlern bei insgesamt 42 Wörtern.[16] Hierbei muss angemerkt werden, dass Florian Schüler der 3. Klasse war und die verschiedenen Tests für seine Altersstufe prak-

tisch fehlerfrei absolvierte. Zwar mögen 13 Fehler viel erscheinen, eine genauere Analyse zeigt jedoch, dass Florians Schreibungen im Gegensatz zu Philipps keine Hinweise auf ernsthafte Rechtschreibprobleme geben. So handelt es sich bei den Fehlern vor allem um schwierige und ungewöhnliche Wörter (*Kaputzen* <ital.>, *Karrotten* <niederl.>, *Jagt*), bei denen die Schreibung für jedes Wort einzeln erlernt werden muss. Regelwissen hilft hier nicht weiter.[17]
Andere Fehler zeugen dagegen - vor allem im Vergleich mit den korrekten Schreibungen - von vorhandenem Regelwissen und dem Versuch, dieses anzuwenden, was auf einen „generalisierenden Lernertyp" hinweist (*Thomé* 1999, S. 252). So wird *Gerichtsverhandelung* hyperkorrekt in Analogie zu *verhandeln* gebildet, *Karrotten* analog zu *Karren, harren* und *Barren*. Noch nicht vollständig beherrscht wird dagegen die Distribution von *s, ss* und *ß*. Florian kannte offensichtlich (noch) nicht die Regel, dass nach einem Diphthong (*-ei-*) grundsätzlich nicht *ss* folgen kann. Die Fehler bei der Groß- und Kleinschreibung können als Konzentrationsfehler betrachtet werden, da Florian im anschließenden Gespräch sofort den Fehler erkannte und auch die Regel für die (korrekte) Großschreibung angeben konnte. Die durch das Programm vorgenommene Grobklassifizierung liefert denn auch keine weitergehenden Erkenntnisse, diese gewinnt man erst im Vergleich von Korrekt- und Falschschreibungen sowie im individuellen Gespräch über einzelne Schreibungen und deren Begründung. Dass dies selbst beste Software nicht leisten kann, liegt auf der Hand.

Der Vergleich der beiden Fehlerprotokolle zeigt, wie wichtig eine weiterführende Analyse ist. So haben beide Schüler einige identische (*Kaputzen, emfielt, aussteuern*) oder vergleichbare Fehler (*zerreissprobe, Zereissprobe, unentberliches, unendberliches*) gemacht, dennoch sind die orthographischen Kenntnisse grundsätzlich unterschiedlich zu bewerten. Selbst wenn man den Klassenunterschied (3. vs. 4. Klasse) unberücksichtigt lässt, muss Philipp als tendenziell rechtschreibschwach, Florian dagegen als rechtschreibsicher eingestuft werden. Um dies erkennen und die damit verbundenen Konsequenzen für eine weitergehende Förderung ziehen zu können, bedarf es jedoch einer über die vom Programm erstellte hinausgehende Analyse der Fehler. Als wichtig hat sich in diesem Zusammenhang das Gespräch mit den Schülern über die jeweiligen Gründe für einzelne Schreibungen erwiesen. Dadurch wird im jeweiligen Fall deutlich, welche Strategien Schülerinnen und Schüler bei der Schreibung schwieriger oder unbekannter Wörter verfolgen. Solche qualitativen Analysen können weder Eltern noch interessierte Laien leisten, vielfach sind auch Studierende (noch) nicht dazu in der Lage. Mitunter gilt dies ebenso für Lehrerinnen und Lehrer, die sicher mehrheitlich über entsprechende Hilfestellungen seitens qualifizierter Linguistinnen und Linguisten dankbar wären.

## Resümee und Konsequenzen

Die konkrete Arbeit mit Lernsoftware während des Projektes bewies, dass die Integration solcher Formen computergestützten Unterrichts in die universitäre Lehrerausbildung sinnvoll und notwendig ist. Der eigenverantwortliche Umgang mit neuen Medien und deren Erprobung im Unterricht bedarf in je-

dem Fall der theoretischen Reflexion und begleitenden Diskussion z. B. in Form von Projektseminaren (wie im dargestellten Fall), wobei gerade die praktische Erprobung diese Reflexionsfähigkeit und damit die Medienkompetenz angehender Lehrerinnen und Lehrer verbessert.
Sollen Kinder und Jugendliche anstelle einer unkritischen „Medieneuphorie" zum autonomen und bewussten Umgang mit modernen Medien angeleitet werden (*Meister/Sander* 1999b, S. 45), so setzt dieses Bildungsziel genau diese Fähigkeit seitens ihrer (zukünftigen) Lehrer voraus. Allerdings sollte der Einsatz von Lernsoftware stets nur als ein weiteres Medium im Konzert der anderen Unterrichts- und Lernmedien verstanden werden. Die anfängliche Motivation für die Arbeit am Computer erlahmt nur allzu rasch und reine „Computerstunden" werden schnell ähnlich langweilig wie andere vergleichbar „monotone" Lern- und Arbeitssituationen. Vielmehr erscheint eine vom Thema her begründete Verbindung mit Frontalunterricht, Gruppen- und Einzel- sowie Freiarbeit unter Einsatz verschiedener Materialien und Präsentationsformen innerhalb einer größeren Unterrichtseinheit sinnvoll und erstrebenswert (*Spanhel* 1999, S. 64).

Der Einsatz neuer Medien im Deutschunterricht erfordert auch ein Nachdenken darüber, welche adäquaten Lernumgebungen (*Möller* 1999) den neuen Lern- und Arbeitsbedingungen angemessen sind. Dem entgegen steht jedoch die Tatsache, dass Lernsoftware in der Regel isoliert vertrieben wird, während sog. Paketlösungen, d. h. der Verkauf von Software zusammen mit didaktischem Material, angemessener wären. Die methodischen Hinweise, die Programme wie *Alfons* oder *Addy* (Coktel), ein anderes beliebtes und kommerziell erfolgreiches Lernprogramm, in entsprechenden Beiheften enthalten, sind prinzipiell zu begrüßen, reichen aber allenfalls aus, um interessierte Laien, wie es Eltern normalerweise sind, über die Ziele des Arbeitens mit dem jeweiligen Programm zu informieren.
Als Materialien für Lehrerinnen und Lehrer, die sich um eine erfolgreiche Verbindung von Software, Lehrbuch, Arbeitshinweisen, Merkblättern usw. für Unterrichtsvorbereitung und -durchführung bemühen, reichen sie in keiner Weise aus. Hier sind andere und bessere Lösungen gefragt. Gefordert sind in diesem Zusammenhang besonders die Schulbuchverlage und Einrichtungen der Lehrerfortbildung. Statt auf zahlungskräftige und -willige Eltern zu schauen, sollten die Verlage sich stärker um die angesprochenen „Paketlösungen" für Lehrkräfte bemühen. Die derzeit angebotenen „Software-Klassensätze" reichen in ihrem Umfang nur unwesentlich über die jeweiligen Einzelplatzversionen hinaus und beinhalten zumeist nur mehrere (und damit insgesamt verbilligte) Exemplare der Software, im Falle von *Alfons* angereichert um die Möglichkeit, mittels einer Lehrer-CD Arbeitsblätter auszudrucken und – bei vernetzten Rechnern – eine bessere Kontrolle über die Arbeitsabläufe der einzelnen Schülerinnen und Schüler zu erlangen. Ein weitere Möglichkeit bietet hier die Nutzung des Internets zur Betreuung spezieller Lern- und Unterrichtsprojekte, wie es z. B. zur Zeit im Projekt „Neue Technologien im Bildungs- und Sozialwesen" an der Universität Münster (www.uni-muenster.de/Medienpaedago gik/default2.htm) realisiert wird.

Die weitreichendste Konsequenz liegt jedoch in der notwendigen Neuorganisation und Umstrukturierung der für einen erfolgreichen Unterricht erforderlichen Lernsituation, unter Umständen sogar bis zur Auflösung des traditionellen Klassen- und Stufenverbandes gehend (*Spanhel* 1999, S. 64). Die tutorielle Betreuung stellte das eigentliche Kernstück der neuen Unterrichtsform dar. So zeigten diejenigen Schüler, die dieses Angebot für ihre Zwecke zu nutzen verstanden, die besten Lernerfolge. Was im Rahmen von universitären Projektseminaren eher die unterrichtliche Ausnahme darstellt, könnte gerade an Gymnasien in eine breitere Praxis umgesetzt werden. Schülerinnen und Schüler der Sekundarstufe II könnten unter Anleitung von entsprechend qualifizierten Deutschlehrern diese tutoriellen Aufgaben in Klassen der Orientierungs- und Sekundarstufe I übernehmen.

Als ein weiteres wichtiges Ergebnis – speziell für Projektseminare – kann festgehalten werden, dass die Studentinnen und Studenten die Bedeutung eines fundierten linguistischen Wissens gerade für solche eher spröden Lernbereiche wie Grammatik- und Rechtschreibunterricht intensiv erfahren haben. Insbesondere die Vermittlung dieses Wissens erfordert nicht nur neue Wege der Vermittlung, wie es vorbildlich z. B. *Röber-Siekmeyer* (1993) für den Rechtschreibunterricht in der Grundschule demonstriert hat, sondern auch spezifische unterrichtliche Lern- und Arbeitssituationen, wie sie der isolierte Einsatz von Lernsoftware und das unangeleitete Arbeiten allein zuhause auf keinen Fall bieten.

Lernsoftware wie die während des Projekts eingesetzte (und alle anderen ähnlichen Programme, die in der Mehrzahl schlechter zu bewerten sind) kann unterstützend wirken, bleibt aber bislang auf der Ebene von „Drill-and-practice-Programmen“ stehen. Das Fehlen entsprechender Materialien, wie sie in Sprachbüchern und Lehrerexemplaren zumindest ansatzweise enthalten sind, erforderte immer wieder eine intensive Diskussion der linguistischen Grundlagen der entsprechenden Übungen und der für ihre Bewältigung notwendigen Regelkenntnisse. Ein erfolgreicher Grammatikunterricht in der Schule stellt ein Langzeitprojekt dar, welches in der 1. Klasse der Grundschule beginnt und zumindest für die Schulzeit erst mit dem jeweiligen Abschluss endet. Nur wenn dieses Projekt kontinuierlich über die (Schul-) Jahre hinweg verfolgt wird, haben auch diejenigen Schüler eine Chance, sichere Orthographiekenntnisse zu erwerben, die zu Beginn ihrer Schulkarriere eher als rechtschreibschwach bzw. -unsicher eingestuft werden müssen.

Damit die Schere zwischen ihnen und denjenigen, die als – zumindest intuitiv – orthographiesichere Schreiber anzusehen sind, nicht immer weiter auseinander klafft, sollten nicht nur das in den letzten Jahrzehnten immer stärker gewachsene Wissen um die Grundlagen von Grammatik sowie Schrift und Orthographie in die Unterrichtsplanung einbezogen, sondern auch die Möglichkeiten des Einsatzes von Computern und Lernsoftware für die individuelle Lern-Diagnose und -Förderung genutzt werden.

## Anhang
## Fehlerprotokolle aus dem Programm
## *Alfons Diagnostikprogramm Deutsch*

| | | | |
|---|---|---|---|
| **Name:** | Philipp | **Datum:** | 08.03.98 |
| **Test:** | Standardtest | **Klasse:** | 4 |

| | | |
|---|---|---|
| **Anzahl Wörter:** | 23 | |
| **richtig:** | 5 | trampelte, unfassbar, erschrak, eigentlich, prall |
| **falsch:** | 18 | Lehrerinen, bliess, emfielt, entfliht, Verliehrer, unentberliches, entgültig, Zereissprobe, Supfpflanzen, Werme, Seule, winckent, vergass, Wacks, Kaputzen, aussteuern, sosstigem, wollhabensten |

### Fehlerarten

| | | |
|---|---|---|
| **1. Wahrnehmungsfehler:** | **2** | |
| Wahrnehmungsdurchgliederung | 1 | Supfpflanzen |
| Wahrnehmungstrennschärfe | 0 | |
| Wahrnehmungsrichtung | 0 | |
| Buchstabenfehler | 1 | emfielt |
| **2. Regelfehler:** | **17** | |
| Umlautableitung | 2 | Werme, Seule |
| Konsonantenableitung | 2 | entgültig, winckent |
| Konsonantenverdopplung | 7 | Lehrerinen, bliess, Zereissprobe, Zereissprobe, winckent, vergass, Kaputzen |
| Dehnung | 4 | emfielt, entfliht, Verliehrer, unentberliches |
| Gleichklingende Buchstaben | 1 | Wacks |
| Groß- und Kleinschreibung | 1 | aussteuern |
| **3. Weitere Fehler:** | **2** | sosstigem (sonstigem), wollhabensten (wohlhabendsten) |

| | | | |
|---|---|---|---|
| **Name:** | Florian | **Datum:** | 08.03.98 |
| **Test:** | Standardtest | **Klasse:** | 4 |

| | | |
|---|---|---|
| **Anzahl Wörter:** | 43 | |
| **richtig:** | 30 | probieren, ähnliche, genießen, krabbeln, belohnte, künftig, aufwärts, schmerzte, schwitzte, Dummheit, begegneten, missverständlich, schliff, trampelte, Lehrerinnen, unfassbar, blies, erschrak, entflieht, Verlierer, endgültig, Sumpfpflanzen, sonstigem, Wärme, Säule, eigentlich, winkend, vergaß, Wachs, prall |
| **falsch:** | 13 | qengelte, Jagt, uberschwappten, Karrotten, obs, emfielt, wohlhabensten, unendberliches, zerreissprobe, Kaputzen, aussteuern, zerreissprobe, Gerichtsverhandelung |

## Fehlerarten

| | | |
|---|---|---|
| **1. Wahrnehmungsfehler:** | **5** | |
| Wahrnehmungsdurchgliederung | 2 | obs, wohlhabensten |
| Wahrnehmungstrennschärfe | 1 | uberschwappten |
| Wahrnehmungsrichtung | 0 | |
| Buchstabenfehler | 2 | qengelte, emfielt |
| **2. Regelfehler:** | **11** | |
| Umlautableitung | 0 | |
| Konsonantenableitung | 2 | Jagt, unendberliches |
| Konsonantenverdopplung | 3 | Karrotten, zerreissprobe, Kaputzen |
| Dehnung | 2 | emfielt, unendberliches |
| Gleichklingende Buchstaben | 0 | |
| Groß- und Kleinschreibung | 4 | obs, zerreissprobe, aussteuern, zerreissprobe |
| **3. Weitere Fehler:** | 1 | Gerichtsverhandelung |

## Anmerkungen

1 Die aus fachdidaktischer Sicht wichtige Frage, inwieweit die Rechtschreibreform den Orthographieerwerb erleichtert oder erschwert, muss hier ausgeklammert bleiben.
2 Andere Programmtypen wie z.B. Simulationsprogramme spielen im Deutschunterricht bislang keine Rolle und werden deshalb hier auch nicht berücksichtigt.
3 Für die freundliche Unterstützung unseres Versuchs danke ich ganz besonders *Friedrich Schönweiss* und dem Schroedel-Verlag.
4 Die Bezeichnung „technisch veraltet" sagt nichts aus über die inhaltliche und didaktische Qualität des Programms.
5 Es mag zwar merkwürdig anmuten, dass in einer 7. Klasse ein Programm für die Grundschule eingesetzt wird, da die Rechtschreibschwächen einzelner Schülerinnen und Schüler jedoch eklatant waren, konnte es in Einzelfällen benutzt werden - es gab dabei immer noch Fehlerzahlen von 20 und mehr.
6 Mündlichkeit darf hierbei nicht fälschlicherweise mit *parole* verwechselt werden, finden wir doch auch hier Regeln und Strukturen im Sinne der *langue* (*Ong* 1987).
7 *Alfons* kann dabei in vielerlei Hinsicht als exemplarisch angesehen werden, auch wenn andere, vergleichbare Programme im Detail andere Stärken und Schwächen aufweisen. Auf eine Diskussion der Stärken und Schwächen von *Alfons* wird hier verzichtet. Vgl. dazu die ausführliche Bewertung in der SODIS-99/1-Datenbank; weitere Besprechungen bei *Kaatze* 1997, *Reuen* 1997c, sowie die Diskussion in *Reis* 1997. Inzwischen ist eine wesentlich überarbeitete und völlig neugestaltete Version von *Alfons* erhältlich.
8 In einem späteren Praktikum, bei dem in einer 6. Klasse ebenfalls mit dem Programm *Alfons* gearbeitet wurde, standen von Anfang an ergänzende Materialien für Praktikanten und Schüler zur Verfügung. Zudem wurden in diesem Fall gemischte Unterrichtsformen (teilweise unter Einbeziehung des PCs im Computerraum, teilweise in Einzel- und/oder Gruppenarbeit im Klassen- oder im Computerraum) durchgeführt.
9 Für den Bereich der (wissenschaftlichen) Grammatik bzw. der Linguistik sei hier beispielhaft auf das *Grammis*-Projekt des Instituts für deutsche Sprache (IdS) in Mannheim (http://www.ids-mannheim.de/grammis) und den LINguistik Server Essen (LINSE; http://www.linse.uni-essen.de) hingewiesen. Für den Bildungsbereich sei vor allem der Bildungsserver *learn-line* (http://www.learn-line.nrw.de) genannt.
10 Dieser Sprung von einer Hauptschul- zu einer Grundschulklasse mag verwundern, findet aber seine Rechtfertigung darin, dass in diesem Fall der Orthographieerwerbsprozess noch nicht so weit fortgeschritten ist, dementsprechend die Schülerinnen und Schüler sich hinsichtlich vieler Regeln noch in der Phase der Übergeneralisierung bewegen. Dadurch wird meines Erachtens der Stellenwert einer qualitativen Fehleranalyse deutlicher als in einer wesentlich späteren Phase, in der es zudem möglicherweise bei einzelnen Kindern schon zu falscher Regelbildung gekommen ist.
11 Richtig geschrieben waren: *trampelte, unfassbar, erschrak, eigentlich, prall*; falsch geschrieben waren: *Lehrerinen, bliess, emfielt, Verliehrer, unentberliches, entgültig, Zereissprobe, Supfpflanzen, Werme, Seule, winckent, vergass, Wacks, Kaputzen, aussteuern, sosstigem, wollhabensten.*
12 So klassifiziert *Alfons* die Schreibung *entgültig* als fehlerhafte Konsonantenableitung. In diesem Fall liegt wahrscheinlich eine Verwechslung von Derivation ({ent-} als Wortbildungsmorphem/Präfix (wie bei entscheiden) und Komposition ({end} als Kernmorphem (wie bei Endspurt) vor.
13 Als Tippfehler können bei Philipp die Schreibung *sosstigem*, bei Florian *uberschwappten* angesehen werden.
14 Weitgehende morphologische Konstantschreibung bei Wortbildung und Flexion, Rückführung auf Stamm- oder Grundformen, womit „eine deutliche Finalisierung der Schreibung auf ihre Funktion für den *Leser*, der bei der relativ großen morphophonologischen Variation [...] lexikalisch-grammatische Hilfestellung für die Textinterpretation erhält" (*Maas* 1994, S. 172; Herv. im Orig.), erfolgt.
15 „Kunstwörter" sind Wörter, die auf Grund der phonetisch-phonologischen und morphologischen Regeln des Deutschen prinzipiell gebildet werden können. Dabei handelt es sich jedoch nicht um Derivationen von oder Kompositionen mit existierenden Kernmorphemen, bei denen potentielle Lexeme entstehen, deren Bildung bislang (noch) nicht - aus welchen Gründen auch immer – wie z. B. bei *Fehlergewinn* erfolgte, oder deren Bildung wie bei *Stehler* durch ein konkurrierendes Lexem - hier *Dieb* – blockiert ist. Als Kunstwörter können Bildungen wie *prüssen, Frill, Zasser, Lonnen (Thomé* 1999, S. 101) oder *plück, buftig* und *Wämmer* gelten.
16 Richtig geschrieben waren: *probieren, ähnliche, genießen, krabbeln, belohnte, künftig, aufwärts, schmerzte, schwitzte, Dummheit, begegneten, missverständlich, schliff, trampelte, Lehrerinnen, unfassbar, blies, erschrak, entflieht, Verlierer, endgültig, Sumpfpflanzen, sonstigem, Wärme, Säule, eigentlich, winkend, vergaß, Wachs, prall;* falsch geschrieben waren: *qengelte, Jagt, uberschwappten, Karrotten, obs, emfielt, wohlhabensten, unendberliches, zerreissprobe, Kaputzen, aussteuern, zerreisprobe, Gerichtsverhandelung.*
17 Dies gilt auch für den Fall *Jagt*. Auch beim Plural *Jagden* ist es so, dass dieser lautlich als [ja:kten] oder [ja:ktn] realisiert wird. Insofern kann man auch hier von einer Einzelschreibung reden. Zwar

gibt es den Parallelfall *Magd* - ein Wort, welches jedoch allenfalls im passiven Wortschatz eines Achtjährigen enthalten sein dürfte -, in diesem Fall wird der Plural allerdings in der Form *Mägde* gebildet, was auch keine echte Hilfe für das auftretende Problem bietet.

## Literatur


*Arenhövel, Franz* (1997): Der Computereinsatz im Sprachunterricht der Grundschule. Bestandsaufnahme, Irrwege und Perspektiven. In: *Berndt/ Schmitz*, S. 36-51

*Arenhövel, Franz* (1995): Computereinsatz in der Förderung von lese- und rechtschreibschwachen Kindern. In: *Franz Arenhövel, Bernhard Ringbeck* (Hrsg.): Fördern macht Spaß. Ganzheitliche Fördermaßnahmen für Kinder mit Lernschwierigkeiten. Donauwörth, S. 99-109

*Arenhövel, Franz* (1994): Computereinsatz in der Grundschule. Donauwörth

*Baurmann, Jürgen/Brügelmann, Hans* (1994): Computer und Deutschunterricht. In: Praxis Deutsch, 21. Jg, H. 128, S. 14-23

*Becker-Mrotzek, Michael/Meißner, Hartwig* (1995): Kriterien für die Bewertung von Computer-Lernprogrammen. In: Die Grundschule, 27. Jg., H. 10, S. 13-15

*Berndt, Elin-Birgit/Schmitz, Ulrich* (Hrsg.) (1997): Neue Medien im Deutschunterricht (=OBST, Bd. 55). Oldenburg

*Biere, Bernd Ulrich/Diekmannshenke, Hajo* (1999): Sprachdidaktik Deutsch (=Studienbibliographien Sprachwissenschaft, Bd. 29). Heidelberg

*Blatt, Inge* (1996): Der Computer im Deutschunterricht. Eine Bestandsaufnahme. In: Deutschunterricht, 49. Jg., S. 601-607

*Bund-Länder-Kommission* (Hrsg.) (1987): Gesamtkonzept für die informationstechnische Bildung. Materialien zur Bildungsplanung, H. 16, Bonn

*Büttner, Christian/Schwichtenberg, Elke* (Hrsg.) (1997): Computer in der Grundschule. Geräte, didaktische Konzepte, Unterrichtssoftware. Weinheim und Basel

*Degenhardt, Sven* (1997): Fördern - Förderdiagnostik - Differenzieren. Anhängigkeiten und Abgrenzungen. In: Computer und Unterricht, 27. Jg., S. 43-46

*Dichanz, Horst* (1999): Schule und Multimedia - Entwicklungen im internationalen Vergleich. In: *Meister/Sander* (Hrsg.) (1999a), S. 112-126

*Eisenberg, Peter* (1995): Der Buchstabe und die Schriftstruktur des Wortes. In: DUDEN. Grammatik der deutschen Gegenwartssprache, 5., völlig neu bearb. u. erw. Aufl., hrsg. v. *Günther Drosdowski*, Mannheim [usw.], S. 56-84 (= DUDEN, Bd. 5)

*Erichson, Christa* (1987): Aus Fehlern soll man klug werden. Überlegungen zum Lernen aus Fehlern. In: *Heiko Balhorn, Hans Brügelmann*, (Hrsg.): Welten der Schrift in der Erfahrung der Kinder. Konstanz, S. 148-157

*Erlinger, Hans-Dieter* (Hrsg.) (1997): Kinder und der Medienmarkt der 90er Jahre. Aktuelle Trends, Strategien und Perspektiven. Opladen

*Gille, Michaela* (1997): Edutainment-Software: Ein neuer Weg des Lernens. Über Lern- und Lehrprogramme. In: Erlinger, S. 207-216

*Hentig, Hartmut von* (1984): Das allmähliche Verschwinden der Wirklichkeit. Ein Pädagoge ermutigt zum Nachdenken über die neuen Medien. München, Wien

*Hoelscher, Gerald R.* (1994): Kind und Computer. Spielen und Lernen am PC. Berlin usw.

*Hörmann, Hans* (1978): Meinen und Verstehen. Grundzüge einer psychologischen Semantik. Frankfurt/Main

*Hofmann, Werner/Müsseler, Jochen/Adolphs, Heike* (Hrsg.) (1993): Computer und Schriftspracherwerb. Programmentwicklungen, Anwendungen, Lernkonzepte. Opladen

*Hugo, Frauke* (1998): Computer in der Schule. Aufgaben, Möglichkeiten und Grenzen in der (Sonder-) Schule. Hohengehren

*Kaatze, Markus* (1997): Rezension zu: Alfons Lernsoftware. In: http://www.linse. uni-essen.de/rezensionen/software/alfons2.htm

*Keller, Rudi* (1990): Sprachwandel. Von der unsichtbaren Hand in der Sprache. Tübingen und Basel

*Kleinschroth, Robert* (1996): Neues Lernen mit dem Computer. Reinbek

*Kochan, Barbara* (1996): Der Computer als Herausforderung zum Nachdenken über schriftsprachliches Lernen und Schreibkultur in der Grundschule. Argumente und Anregungen für entfaltenden Schreibunterricht. In: *Mitzlaff, Hartmut* (Hrsg.): Handbuch Grundschule und Computer. Vom Tabu zur Alltagspraxis. Weinheim, Basel

*Maas, Utz* (1994): Rechtschreibung und Rechtschreibreform: Sprachwissenschaftliche und didaktische Perspektiven. In: Zeitschrift für Germanistische Linguistik, 22. Jg., S. 152-189

*Maas, Utz* (1992): Grundzüge der deutschen Orthographie. Tübingen

*Maas, Utz* (1991): Die Rechschreibung als wissensbasiertes System. In: OBST, H. 44, S. 13-39

*Meister, Dorothee M./Sander, Uwe* (1999a): Multimedia. Chancen für die Schule. Neuwied, Berlin

*Meister, Dorothee M./Sander, Uwe* (1999b): Multimedia und Kompetenz. In: *Meister/Sander*, S. 35-53

*Mentrup, Wolfgang* (1993): Wo liegt eigentlich der Fehler? Zur Rechtschreibreform und zu ihren Hintergründen. Stuttgart usw.

*Merschenmoser, Helmut* (1997): „Die Kinder haben Spaß beim Lernen mit Computern!" Häufig genannte Argumente kritisch hinterfragt. In: Computer und Unterricht, 27. Jg., S. 39-42

*Mitzlaff, Hartmut* (Hrsg.) (1996): Handbuch Grundschule und Computer. Vom Tabu zur Alltagspraxis. Weinheim

*Möller, Renate* (1999): Lernumgebungen und selbstgesteuertes Lernen. In: *Meister/Sander*, S. 140–154

*Nerius, Dieter/Rahnenführer, Ilse* (1993): Orthographie. (= Studienbibliographien Sprachwissenschaft, Bd. 6) Heidelberg

*Ong, Walter J.* (1987): Oralität und Literalität. Die Technologisierung des Wortes. Opladen

*Papert, Seymour* (1994): Revolutionen des Lernens. Kinder, Computer, Schule in einer digitalen Welt. Hannover

*Reis, Christina* (1997): Möglichkeiten des Einsatzes von Lernsoftware in der Grundschule. Beispiel „Alfons". Koblenz (Typoskript; unveröff. Staatsexamensarbeit)

*Reuen, Sascha* (1997a): Der Computer als Schreibwerkzeug. Theoretische Grundlagen und praktische Erfahrungen aus einer vierten Grundschulklasse. Frankfurt/Main (usw.)

*Reuen, Sascha* (1997b): Der Computer als Schreibwerkzeug im Deutschunterricht. Praxiserfahrungen aus einer vierten Grundschulklasse. In: *Berndt/Schmitz*, S. 90–101

*Reuen, Sascha* (1997c): Rezension zu: Alfons Lernsoftware Deutsch. 1. und 2. Schuljahr (Version 2.0). In: http://www.linse.uni-essen.de/rezensionen/software/alfons.htm

*Röber-Siekmeyer, Christa* (1993): Die Schriftsprache entdecken. Rechtschreiben im offenen Unterricht. Weinheim, Basel

*Schaeder, Burkhard* (Hrsg.) (1999): Neuregelung der deutschen Rechtschreibung. Beiträge zu ihrer Geschichte, Diskussion und Umsetzung. Frankfurt/Main usw.

*Schaible, Herbert* (1995): Deutsch-Programme für schriftsprachschwache Kinder und Jugendliche. In: Praxis Deutsch, 22. Jg., H. 132, S. 7–12

*Schönweiss, Friedrich* (1997): Wenn Kinder „Fehler" machen. Der Beitrag des Computers zur Analyse von Denkleistungen. In: *Berndt/Schmitz*, S. 57–69

*SODIS-Datenbank 99-1* (1999): Hg. vom Landesinstitut für Schule und Weiterbildung. Soest

*Spanhel, Dieter* (1999): Multimedia im Schulalltag – Was müssen Lehrerinnen und Lehrer wissen, um Multimedia einsetzen zu können? In: *Meister/Sander*, S. 54–76

*Stetter, Christian* (Hrsg.) (1990): Zu einer Theorie der Orthographie. Interdisziplinäre Aspekte gegenwärtiger Schrift- und Orthographieforschung. Tübingen

*Struck, Peter* (1998): Netzwerk Schule. Wie Kinder mit dem Computer das Lernen lernen. München

*Tesch, Felicitas* (1995): Computer und Grammatikunterricht. In: *Claus Gnutzmann, Frank G. Königs*, (Hrsg.): Perspektiven des Grammatikunterrichts. Tübingen, S. 111–124

*Thomé, Dorothea* (1992): Lernsoftware für den Deutschunterricht. Welche Problembereiche gilt es zu beachten? In: Diskussion Deutsch, 23. Jg., H. 128, S. 551–561

*Thomé, Dorothea* (1989): Kriterien zur Bewertung von Lernsoftware. Mit einer exemplarischen Beurteilung von Deutsch-Lernprogrammen. Heidelberg

*Thomé, Günther* (1999): Orthographieerwerb. Qualitative Fehleranalysen zum Aufbau der orthographischen Kompetenz. Frankfurt/Main usw.

*Thomé, Günther/Thomé, Dorothea* (1999): Schriftspracherwerb (=Studienbibliographien Sprachwissenschaft, Bd. 28). Heidelberg

*van Lück, Willi* (1999): Lineare versus hypermediale Wissensdarstellung. In: *Meister/Sander*, S. 155–172

*Vieluf, Jochen/Vieluf, Ulrich* (1981): Kluge fehler mit geschichte – zum unterricht über rechtschreibung. In: *Heiko Balhorn, Peter Conrady, Hans Josef Tymister, Wulf Wallrabenstein* (Hrsg.): Sprachunterricht 2–4. München, Wien, Baltimore, S. 168–183

Günther Thomé

# Experimente mit dem Computer im Grammatikunterricht der Sekundarstufe

## Einstieg

In diesem Beitrag soll es darum gehen, für Schülerinnen und Schüler mithilfe des Computers einen neuen Zugang zu grammatischen Fragestellungen zu eröffnen: „Junge Menschen sollen an der Aufstellung der grammatischen Kategorien beteiligt werden - und nicht nur immer den Resultaten dieser Prozesse begegnen“ (*Eisenberg/Menzel* 1995, S. 17). Es werden Möglichkeiten diskutiert, die ein Experimentieren mit der Sprache und ein entdeckendes Arbeiten im Grammatikunterricht unterstützen. Schüler (und Studenten) könnten in einer Simulationsumgebung experimentieren, eigene Gedanken und Kategorien entwickeln und die Grammatik für sich selbst entdecken.

## Probleme des Grammatikunterrichts

Der Deutschunterricht gliedert sich in die beiden Hauptbestandteile Sprach- und Literaturunterricht. Die Anteile verschieben sich normalerweise in den höheren Klassen zu mehr Literaturunterricht und immer weniger Sprachunterricht. Von den drei Hauptkomponenten des Sprachunterrichts - Aufsatz-, Grammatik- und Rechtschreibunterricht - bleibt nur noch der Aufsatzunterricht übrig. Grammatikunterricht und noch mehr der Rechtschreibunterricht werden unter einem dienenden Aspekt gesehen, indem sie die Grundlagen für den Aufsatzunterricht schaffen sollen. Da man in den oberen Klassen das Texteverfassen überwiegend unter formalen, inhaltlichen und stilistischen Fragen behandelt, werden bei den Schülerinnen und Schülern entsprechende grammatische und orthographische Kenntnisse vorausgesetzt. Aus diesem Grund wird für einen weiterführenden Grammatikunterricht in der Regel ab der 8. oder 9. Klasse kein Bedarf mehr gesehen. Bemerkenswert an der Diskussion um den Grammatikunterricht ist, dass diesem offenbar nur in seiner Hilfsfunktion für andere schulische Bereiche eine Berechtigung zugesprochen wird.

Ich denke aber, forschendes Fragen nach sprachlichen Strukturen, Zusammenhängen und geschichtlichen Entwicklungen ohne unmittelbares Verwertungsinteresse an den Ergebnissen, aus reinem Erkenntnisinteresse, sollte auch ein Inhalt des Deutschunterrichts sein. *Wolfgang Eichler* formuliert zur Rolle des Grammatikunterrichts eine Position, die man nur unterstreichen kann: „Grammatik hat einen eigenen Bildungswert ..., was nicht ausschließt, dass der Grammatikunterricht für andere Lernbereiche und Fächer Hilfsdienste bringt“ (*Eichler* 1993, S. 105).

Die Notwendigkeit der Grammatik als Hilfe und Voraussetzung für andere Lernbereiche einerseits und der eigenständige kulturelle Wert grammatischer Betrachtungen andererseits bilden seit langem das Spannungsverhältnis in der Diskussion um den Stellenwert des Grammatikunterrichts in der Schule und besonders in der Sekundarstufe.

Neben der oft grundsätzlich geführten Diskussion um seine Bedeutung oder seine Berechtigung im Lehrplan, wird dem Grammatikunterricht auch von den Schülerinnen und Schülern meist nur geringes oder gar kein Interesse entgegengebracht. Woran kann das liegen? Möglicherweise ist die immer noch verbreitete Art des primär deduktiven Lehrens von grammatischen Einheiten und Kategorien kein didaktisch günstiger Einstieg in die Beschäftigung mit der Sprache. Geben wir hier nicht den Schülern Antworten, bevor sie eigene Fragen formuliert haben? Aber wie kann man Grammatikunterricht spannender machen und Schüler zu eigenem Fragen anregen, und wie sollen die Schüler Fragen zur Grammatik einer Sprache stellen, die sie als Muttersprache sprechen und weitgehend beherrschen? Wie können wir es ihnen ermöglichen, sich einem Lerngegenstand forschend zu nähern und dadurch zu ganz individuellen Einsichten zu kommen? Über einen Gegenstand, von dem wir bisher geglaubt haben, wir würden alle Zugänge zu diesem kennen und diese seien die einzig sinnvollen und gangbaren Wege, sich der Sache zu nähern. Ja, wir halten diese Wege oft für den Gegenstand selbst.

## Die Bedeutung des Experiments für das Lernen

Experimente sollen Antworten geben auf die Frage: Was wäre, wenn...? Jedes Kleinkind kommt im Laufe seiner Entwicklung dazu, dass es Bauklötze aufeinander stapelt und sie dann wieder umstößt. Auf den ersten Blick sieht das für uns nach Mutwillen aus. Das ist es aber ganz und gar nicht, es handelt sich vielmehr um ein frühes, sehr wichtiges physikalisches Experimentieren der Kleinkinder über das Verhalten von Körpern in Bezug auf ihre Statik, Dynamik, Optik, Akustik usw. Durch Experimente können für alle Lebensbereiche Erfahrungen gesammelt werden, die in andere Situationen transferierbar und somit verallgemeinerbar sind, z. B. „Alles, was oben ist und nicht ganz sicher steht, kann herunterfallen“.
In noch früherem Alter experimentieren Kleinkinder schon mit der Sprache. In der sog. Lallphase probieren sie aus, welches akustische Ereignis sie mit ihren Ohren wahrnehmen können, wenn sie mit ihren Sprechorganen (Lunge, Stimmbänder, Zunge, Lippen) bestimmte Aktionen ausführen. In der wissenschaftlichen Forschung wird die Güte eines Experiments auch an seiner Reproduzierbarkeit gemessen, also dem wiederholten Auftreten der gleichen Effekte im Zusammenhang mit gleichen Aktionen. Auch die Kinder sagen in der Lallphase nicht nur „la“ oder „ba“, sondern „lalalala“ und „babababa“. Das ist echtes Experimentieren in und mit der Sprache!

Wie sieht es mit dem Experimentieren in der Schule aus? Im Fach Naturlehre hatte schon um die Jahrhundertwende der „Versuch“ durchaus seinen didaktisch anerkannten Platz, meist aus Gründen der Veranschaulichung. Bis auf die heute übliche Bezeichnung „Experiment“ hat sich in vielen Fällen für den naturwissenschaftlichen Unterricht nichts geändert. Warum gibt es solche Experimente im Deutschunterricht nicht? Vielleicht

*Abb. 1: Karikatur von Roland Bühs*[1]

liegt hier ein grundsätzliches Problem. Für den Sprachunterricht existieren so gut wie keine Anschauungsmaterialien, geschweige denn komplexere Modelle, an denen die Schüler einige Funktionen der Sprache erfahren könnten. Das mag daran liegen, dass viele Aspekte der Sprache – und vielleicht die spannendsten – keine materielle Existenzweise besitzen. Alles, was wir in Bezug auf die Grammatik denken, sind theoretische Modelle.

Jedes Modell ist ein Ausschnitt aus der Wirklichkeit. Das Modell bildet die Wirklichkeit immer nur in ausgewählten Aspekten ab, nie alle, sonst wäre es ja die Wirklichkeit selbst. Diese Reduzierung auf einige Aspekte der Wirklichkeit im Modell ist in vielen Fällen kein Nachteil, denn oft wird der Blick auf bestimmte Eigenschaften durch die Vielfalt der Erscheinungen in der Wirklichkeit verstellt. Modelle, die zusätzlich auch dynamische Aspekte abbilden, nennen wir *Simulationen*. Körperhafte Modelle, wie wir sie aus den Biologie- und Chemiesälen kennen, auch wenn sie noch so flexibel gestaltet und auseinander zu bauen sind, bezeichnen wir dagegen nicht als Simulationen, denn es fehlen ihnen dynamische Eigenschaften.

Simulationen geben eine anschauliche Antwort auf Fragen vom Typ „Was wäre, wenn...?" Besonders spannend ist das Simulieren von Umständen, unter denen etwas schief oder zu Bruch geht. Nehmen wir einen Flugsimulator als einen typischen Vertreter von Simulationen. Dort geht bei einem Absturz normalerweise das Flugzeug zu Bruch; ein Ereignis, das man als Pilot im wirklichen Leben wahrscheinlich kaum aus reinem Erkenntnisinteresse herbeiführen wird. Wie knapp über dem Boden, mit welcher Geschwindigkeit, mit oder ohne Landeklappen gelingt es vielleicht doch noch, das Flugzeug abzufangen und es wieder in die Luft zu bringen? Und ab wann und warum ist dieses nicht mehr möglich? Jeder Absturz im Flugsimulator wird bewusst oder unbewusst auf seine Ursachen und Begleiterscheinungen analysiert. Dieses ist ein enorm wichtiger Bestandteil des Lernprozesses. Abstürze gehören – zumindest im Flugsimulator – unbedingt zum Lernen dazu und werden im Laufe der Zeit immer seltener. In der industriellen Produktion sind Crash-Tests, Worst-Case-Simulationen, Zerreißproben etc. seit langem wichtige Bestandteile der Produktentwicklung und Qualitätsverbesserung. Dort, wo etwas zu Bruch geht oder nicht funktioniert, man könnte es auch einen Fehler nennen, kann man sehr viel über den Gegenstand, sein Verhalten und seine Funktionen lernen.

Auch für die Schülerinnen und Schüler ist das Experimentieren mit gewagten Schreibungen während eines echten Diktates riskant. Simulationen ermöglichen dagegen ein gefahrloses Ausloten des Bedingungsfeldes bis zum „Crash", das bedeutet in der Sprachproduktion auch die Möglichkeit der bewussten Fehlerproduktion. Auch dieses ist kein Unfug der Schüler, sondern ernsthaftes Experimentieren. Bei einem Fehler ist ein Experiment noch lange nicht zu Ende, der fruchtbarste Teil beginnt erst. Es ergeben sich Fragen wie:

- Wie viele Fehler resultieren überhaupt aus unseren gewagten Vorgaben?
- Was ist sogar unerwartet richtig?
- Welche Fehler sind es, die verstärkt auftreten?
- In welcher Beziehung steht die Fehlerart zu unseren Vorgaben und zu den vermuteten Strukturen des Gegenstandes?

## Simulationen mit Computern

In der psycholinguistischen Forschung hat das Experimentieren an sprachlichen Modellen, die mit Hilfe von Computern simuliert werden, mittlerweile einen festen Platz eingenommen: „Mit maschinellen Versuchssystemen können Experimente durchgeführt werden, was als *maschinelle Empirie* bezeichnet werden könnte. (...) Die Verbindung der Methoden maschineller und menschlicher Empirie, die zueinander in einem Verhältnis der Simulation stehen, bezeichnen wir als die *experimentell-simulative* Methode der Kognitiven Wissenschaft." (*Rickheit/Strohner* 1993, S. 12; Hervorh. im Original, Anm. d. Verf.)

Das entdeckende und forschende Fragenlernen ist trotz aller bestehender Unterschiede verwandt mit dem Vorgehen wissenschaftlichen Forschens. *Rolf Schulmeister* teilt die Lernprozesse beim Arbeiten mit Simulationen in vier typische Phasen ein:

die *Analyse*, die *Hypothesengenerierung*, das *Hypothesentesten* und die *Evaluation der Ergebnisse*. Er führt dazu aus: „Der Wechsel von Hypothesengenerierung und Hypothesentesten scheint sich als Form entdeckenden Lernens geradezu anzubieten. Deshalb gelten Simulationen ähnlich wie Hypertextsysteme als Lernformen, in denen vorwiegend exploratives Lernen stattfinden kann, in denen der Lerner seine eigene Wissensbasis aktiv selbst konstruieren kann. Simulationen fordern eine Begründung durch kognitionspsychologische und konstruktivistische Theorien geradezu heraus, obwohl ... hier die Unterscheidung zwischen wissenschaftlicher Methodologie und psychologischen Denkprozessen beachtet werden muss." (*Schulmeister* 1997, S. 379)

Die dem Konstruktivismus zuzuordnende Sichtweise des entdeckenden Lernens integriert die Perspektive des eigenaktiven, vielfach sich selbst steuernden Lernens. *Dorothee Meister* und *Uwe Sander* weisen auf diesen Aspekt hin: „*Simulationsprogramme* bilden hingegen komplexe Zusammenhänge in meist realistischer Form ab und ermöglichen es den Lernenden, Dinge auszuprobieren und dadurch Strukturen des simulierten Systems zu erkennen. Durch die hypothesengeleitete Veränderung von Parametern können Strukturen erkannt und der Aufbau eines internen Denkmodells unterstützt werden durch ein entdeckendes und forschendes Lernen. Durch die hohe Realitätsnähe und in der sofortigen Reaktion des Systems auf die Aktionen des Lernenden ist ihr motivationaler Gehalt sehr hoch." (*Meister/Sander* 1999, S. 12; Hervorh. im Original, Anm. d. Verf.)

## Klassifizierung neuer Medien für den Deutschunterricht

Man unterscheidet heute acht Softwaretypen, wobei es sich um Idealtypen handelt, die in vielfältigen Mischformen auftreten können. Daneben sind die Haupttypen auch im Laufe der Zeit deutlichen Veränderungen unterworfen:
„Ende der sechziger Jahre wurde in Übungsprogramme (drill and practice), tutorielle Programme, Simulationen, interaktives Programmieren und lernergesteuerte Programme unterschieden. Heute wird im Zusammenhang mit der Datenbank SODIS dieses Gliederungsschema erweitert auf Typen, die früher nicht vorhanden waren. Beispielsweise werden Werkzeuge zum Schreiben, Rechnen, Recherchieren oder Kommunizieren sowie themenbezogene Datenbanken oder explorative Arbeitsumgebungen hinzugenommen." (*Künkel/Peschke* 1997, S. 86)

Um den Typus der Simulationen im Verhältnis zu den anderen besser einschätzen zu können, werden im Folgenden die zu unterscheidenden Typen kurz vorgestellt. Ich orientiere mich dabei an der „Klassifizierung Neuer Medien für den Unterricht" des nordrhein-westfälischen *Landesinstituts für Schule und Weiterbildung* (1998, S. 23 ff.; s. a. *Meister/Sander* 1999, S. 11 ff.; *Schulmeister* 1997, S. 65 ff.; *Süßenbacher* 1997, S. 39 ff.; *van Lück* 1997, S. 244 ff.). Die in der Abbildung 2 grafisch dargestellten Softwaretypen sind:

- Lern- und Übeprogramme,
- „Intelligente" tutorielle Systeme,
- Simulations- und Experimentierumgebungen,
- Erlebnisumgebungen,
- Themenbezogene Datenbestände,
- Kommunikations- und Kooperationsumgebungen,
- Werkzeuge zum Schreiben, Rechnen, Gestalten, Kommunizieren und
- Programmierumgebungen.

**Lern- und Übeprogramme**

Diesem Softwaretyp gehören immer noch die meisten Programme für den Aus- und Weiterbildungs- sowie den Nachmittagsbereich an. Als typischen Vertreter kann man sich einen Rechtschreibtrainer vorstellen, der einen Lückentext präsentiert, die einzusetzenden Wörter entweder einblendet oder vorspricht, die eingegebenen Schreibungen auf richtig oder falsch prüft und dann eine meist nur quantitative Bewertung des Geschriebenen ausgibt. Zur Motivation und Belohnung sind häufig Spielsequenzen (Stichwort *Edutainment*) enthalten. Die Art dieser Drill- oder Pauksoftware (drill und practice) erinnert an den früheren Programmierten Unterricht. *Schulmeister* (1997, S. 115 ff.) kritisiert an diesem Design die Restriktionen im Wissensbereich und die Reduktion der didaktischen Methoden und des Lernbegriffs. Der Wert einer (auch) übenden Lernform soll damit nicht prinzipiell in Frage gestellt werden.

- Arbeits- und Lernphasen:
  Üben – Können
- Typische Einsatzgebiete im Fach Deutsch:
  Orthographie und Grammatik

**„Intelligente" tutorielle Systeme**
Im Gegensatz zu den Lern- und Übeprogrammen beinhaltet dieser Softwaretyp eine einführende Lehrsequenz, danach bearbeiten die Schülerinnen und Schüler die gestellten Aufgaben und werden je nach Leistungsniveau – zum nächsten Instruktionsteil geführt. Der Lerninhalt, die Wahlmöglichkeiten und das Verzweigungsnetz sind mehr oder minder umfangreich und komplex. Problematisch an diesem Softwaretyp sind die zu einfachen Lerner- und Lehrer-(Tutor) Modelle.

- Arbeits- und Lernphasen:
  Lehren – Üben – Können
- Typische Einsatzgebiete im Fach Deutsch: Grammatik, Orthographie, tutorielle Einführungen zur Textverarbeitung, zum Brainstorming, Strukturieren, Überarbeiten usw.

**Simulations- und Experimentierumgebungen**
In diesen Umgebungen, um die es in meinem Beitrag geht, können Schülerinnen und Schüler weitgehend interessengeleitet mit oder an einem Gegenstand experimentieren (mit einer festgelegten Anzahl von Parametern oder in freien Systemen, in denen man ohne programmtechnisch festgelegte Wege eigene Modelle simulieren kann).

- Arbeits- und Lernphasen:
  Experimentieren – Ergebnisse auswerten – Verallgemeinern
- Für den Deutschunterricht gibt es bislang noch keine Simulationsprogramme, denkbar sind Grammatik- und Orthographiesimulationen.

**Erlebnisumgebungen**
Dieser Programmtyp bietet Modelle künstlicher Welten, die durch ihre historische, zukünftige oder extraterrestrische Orientierung in deutlichem (gewolltem) Kontrast zum Hier und Jetzt stehen. In diesen künstlichen Welten können Spielfiguren gesteuert werden, die vorgegebene oder freie Aufgaben lösen können. Diese als Adventure, Strategie- und Jump-and-Run-Spiele bezeichneten Programme sind nicht zuletzt durch ihre grafisch und multimedial aufwendige Gestaltung bei vielen Schülern zwar sehr beliebt, andererseits aber schwer mit unterrichtlich sinnvollen Inhalten – zumal im Fach Deutsch – zu verbinden.

- Arbeits- und Lernphasen: Agieren – Reagieren – Verändern der Settings
- Typische Einsatzgebiete im Fach Deutsch: meist nur indirekt als Motivation zum Schreiben oder als Belohnungselemente in Übeprogrammen

**Themenbezogene Datenbestände**
Themenbezogene Datenbestände sind umfangreiche Sammlungen zu einem Thema, z. B. über Leben und Werk einzelner Schriftsteller, die meistens in Form einer Datenbank (online oder offline) mit mehr oder weniger hyper- und multimedialen Verknüpfungsmöglichkeiten benutzt werden können.

- Arbeits- und Lernphasen:
  Informationen suchen – Auswählen – Verarbeiten
- Typische Einsatzgebiete im Fach Deutsch: Wörterbücher, Enzyklopädien, Literatursammlungen benutzen und darin recherchieren

**Kommunikations- und Kooperationsumgebungen**
Dieser Typus wird an Bedeutung gewinnen. Man denke an die großen Kommunikationsnetze und den im stetigen Wachsen begriffenen Bereich des Telelearnings oder Teleteachings über das Internet.

- Arbeits- und Lernphasen: Kommunikation herstellen – Kommunizieren und Kooperieren
- Typische Einsatzgebiete im Fach Deutsch: Erproben neuer Kommunikationsformen (E-Mail, Chatten usw.)

**Werkzeuge zum Schreiben, Rechnen, Gestalten, Kommunizieren**
Zur Gruppe der Werkzeuge zählt man Programme, die für das Erstellen, Überarbeiten, Gestalten und Herausgeben von Texten – mittlerweile auch Hypertexten – neue Möglichkeiten eröffnen und diese Arbeiten erleichtern. Die Herstellung eigener Produkte (Texte, Bilder, Filme, Internetseiten o. Ä.) sollte einfach, komfortabel, zuverlässig und vielseitig sein.

- Arbeits- und Lernphasen: Einsatz des Werkzeugs – Bearbeitung - Erstellung eines Produkts
- Typische Einsatzgebiete im Fach Deutsch: Textverarbeitung, zum Kommunizieren oder Publizieren, z. B. Veröffentlichen im Internet

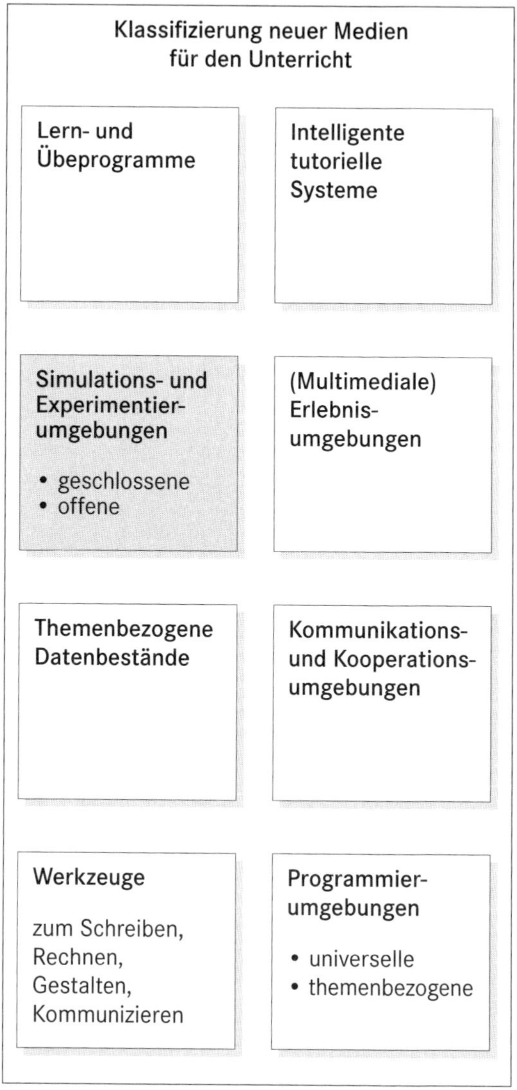


*Abb. 2: Simulations- und Experimentierumgebungen neben anderen Typen neuer Medien[2]*

**Programmierumgebungen**
Programmierumgebungen spielen für unseren Bereich nur mittelbar eine Rolle und werden nicht weiter ausgeführt.

## Grammatikexperimente mit Simulationen im Deutschunterricht

Das Angebot an Computerprogrammen für den Grammatikunterricht besteht fast ausschließlich aus Lern- und Übesowie tutoriellen Programmen. Simulations- oder Experimentierumgebungen (*s. Abb. 2*) als Angebote für den Grammatikunterricht gibt es meines Wissens bislang nicht. Die Einsatzmöglichkeiten des Computers für den Deutschunterricht als geistiges Werkzeug oder „Denkzeug" (*Papert* 1985) zum Experimentieren in Simulationen werden so gut wie nicht diskutiert. Eine der wenigen und frühen Ausnahmen stellen Überlegungen dar, das Simulationspotential von Computern im Grammatikunterricht zu nutzen, die *Frank Schindler* schon 1986 formuliert hat, und die wegen ihrer Bedeutung mit einem längeren Zitat wiedergegeben werden sollen.

„Es ist allerdings bei manchen Aufgaben des Deutschunterrichts faszinierend und vielleicht auch fruchtbar ... zu versuchen, Sprache und sprachliches Verhalten auf dem Computer zu simulieren. Die Schüler können dabei auf sehr anschauliche Weise selbst handelnd Einsichten in Gesetzmäßigkeiten von Sprache und Verständigung gewinnen. Sie können aber vor allem angesichts der z. T. grotesken Beschränktheit der tatsächlichen Leistungen des Computers Einblick gewinnen in die komplexe Natur der Verständigungs- und der Verstehensprozesse zwischen Menschen. Im Bereich Reflexion über Sprache lassen sich durch Simulation auf allen Ebenen des sprachlichen Zeichensystems Einsichten gewinnen und überprüfen, z. B.

- Lautaufbau der Silbe, z. B. anhand von Trennungsfehlern von Textverarbeitungssystemen,
- Phänomene der Wortbildung und Wortbedeutung, z. B. durch automatische Erzeugung von Ableitungen und Komposita,
- Phänomene der Morphologie, z. B. bei der Anpassung von Normbriefen je nach Geschlecht und Anzahl der Adressaten,
- Syntaktische Phänomene, z. B. in Dialogprogrammen wie in Weizenbaums ELIZA,
- Phänomene von Textkohärenz und Deixis, z. B. bei der Montage von Textbausteinen, ...

In den Bereichen Umgang mit Texten sowie Sprechen und Schreiben ...

- lassen sich ‚experimentelle' Texte automatisch produzieren und z. B. metaphorische Wirkungen erzeugen und untersuchen." (*Schindler* 1986, S. 123)

Da inzwischen mehrere Jahre vergangen sind, müssen wir fragen, ob die damals richtige Einschätzung der „z. T. grotesken Beschränktheit der tatsächlichen Leistungen des Computers" immer noch zutrifft. Eine Reihe der Hemmnisse liegt heute nicht mehr vor, z. B. gehört die Sprachein- und -ausgabe inzwischen zur Standardausstattung von Computern und die grafischen Benutzeroberflächen erleichtern die Bedienung erheblich. Die Kapazität und Performance der Hard- und Software sind größer und aufwendiger geworden, der Computer „kann" mehr (Multi-, Hypermedium, Telematik), der Kontrast zur menschlichen Kommunikation ist allerdings immer noch erheblich. Wie könnte man sich unter den verbesserten Rahmenbedingungen eine Simulation vorstellen, in der man mit grammatischen Elementen und Produktionsregeln experimentieren kann?

Die Schülerinnen und Schüler könnten beispielsweise in die Lage von „Computerexperten" versetzt werden, die ein

Programm entwerfen, das gesprochene Sprache in orthographisch korrekten Text umwandelt (*Thomé* 1999)[3]. Im Rahmen einer entsprechenden Simulation geben die Schüler eigene Verschriftungsregeln ein, mit denen das Programm dann vorliegende Lautsequenzen in geschriebene Sprache umwandelt. Die Regeln, die die Schüler konstruieren und die – normalerweise orthographisch nicht ganz korrekten – schriftlichen Produkte, die vom Computer daraus generiert werden, führen zu Überlegungen und Diskussionen der Schüler über Einheiten und Kategorien der gesprochenen und geschriebenen Sprache und so mitten hinein in eine grammatische Reflexion. Hier liegt ein Hauptziel solcher Experimente.

Die Arbeit an einem „Verschriftungs-Programm" kann zu einem weiteren grammatisch-sprachwissenschaftlichen Themenbereich führen, nämlich zur Frage, welche Rolle die Orthographie im Verhältnis von gesprochener und geschriebener Sprache spielt.

- Ist das Geschriebene eine einfache und regelmäßige Umsetzung von lautlichen Einheiten in schriftliche Einheiten? Wenn nicht, warum nicht?
- Ist jede Abweichung von lautgetreuer Verschriftung ein Mangel, oder gibt es sprachsystematische Gründe, die diese größere Komplexität in der Schreibung für sinnvoll erscheinen lassen? (Hierauf versucht man seit über 300 Jahren mit den „Prinzipien der Orthographie" Antworten zu geben.)
- Welche Elemente sind das? Wie können wir sie benennen und klassifizieren?

Wenn die Schülerinnen und Schüler, besonders der oberen Klassen, auf Grund von Experimenten solche Fragen äußern und versuchen eigene Antworten zu finden, sind sie genau da, wo wir sie im Grammatikunterricht haben wollen. Sie stellen selbstständig Fragen nach sprachlichen Einheiten und Geregeltheiten und begeben sich damit in einen Prozess grammatischer Theoriebildung. Auf diese Weise könnten Experimente mit der Grammatik in einer computergestützten Simulationsumgebung eine konkrete Möglichkeit eröffnen, dass „junge Menschen an der Aufstellung grammatischer Kategorien beteiligt werden – und nicht nur immer den Resultaten dieser Prozesse begegnen". Dieses am Anfang des Beitrages zitierte Postulat von *Peter Eisenberg* und *Wolfgang Menzel* lautet weiter: „Prozesse sind im Deutschunterricht bisher stets stiefmütterlich behandelt oder ganz und gar ausgespart, übersehen worden: Hypothesenbildungsprozesse im Schriftspracherwerb und Rechtschreibunterricht, Schreibprozesse im Aufsatzunterricht, Interpretationsprozesse im Literaturunterricht – und eben auch Kategorienbildungsprozesse im Grammatikunterricht. Immer haben wir unsere Aufmerksamkeit mehr auf Ergebnisse gerichtet: auf die Rechtschreibnormen und -fehler, auf die vorliegenden Texte, auf die fixierten Interpretationen, auf die vorliegende Grammatik." (*Eisenberg/Menzel* 1995, S. 17)

## Anmerkungen

1 Karikatur von *R. Bühs.* Aus: *Landesinstitut für Schule und Weiterbildung* 1986, S. 203.
2 Simulations- und Experimentierumgebungen neben anderen Typen neuer Medien. Aus: *Landesinstitut für Schule und Weiterbildung* 1998, S. 23.
3 Der Verfasser entwickelt z. Z. eine entsprechende Simulation zum Experimentieren mit Grammatik und Rechtschreibung.

## Literatur

*Eichler, Wolfgang* (1993): Grammatik und Reflexion über Sprache zwischen systematischem und situativem Ansatz: Neun Thesen zu einer Theorie der pädagogisch-didaktischen Grammatik für den Deutschunterricht. In: Pragmatik in Sprache und Literatur. Festschrift zur Emeritierung von D. C. Kochan. Hg. von *E. K. Paefgen, G. Wolff.* Tübingen: Narr, S. 105–109

*Eisenberg, Peter/Menzel, Wolfgang* (1995): Grammatik-Werkstatt. In: Praxis Deutsch 22, H. 129, S. 14–23

*Künkel, Knut/Peschke, Rudolf* (1997): Software für die Grundschule – Schritte zu einer Positivliste. In: *Chr. Büttner, E. Schwichtenberg* (Hrsg.): Computer in der Grundschule. Weinheim, Basel: Beltz, S. 86–95

*Landesinstitut für Schule und Weiterbildung* (Hrsg.) (1986): Schule und Software. (= Neue Informations- und Kommunikationstechnologien. 2). Soest: Landesinstitut für Schule und Weiterbildung

*Landesinstitut für Schule und Weiterbildung* (Hrsg.) (1998): Lernen mit Neuen Medien: Grundlagen und Verfahren der Prüfung Neuer Medien. 3. erw. und überarb. Aufl. Bönen: Verlag für Schule und Weiterbildung

*Papert, Seymour* (1985): Mindstorms – Gedankenblitze: Kinder, Computer und neues Lernen. Reinbek bei Hamburg: Rowohlt

*Meister, Dorothee M./Sander, Uwe* (1999): Multimedia in der Schule – eine Einführung. In: *D. M. Meister, U. Sander* (Hrsg.): Multimedia: Chancen für die Schule. Neuwied, Berlin: Luchterhand, S. 7–17

*Rickheit, Gert/Strohner, Hans* (1993): Grundlagen der kognitiven Sprachverarbeitung: Modelle, Methoden, Ergebnisse. (= Uni-Taschenbücher. 1735). Tübingen, Basel: Francke

*Schindler, Frank* (1986): Computer im Deutschunterricht? In: *Landesinstitut für Schule und Weiterbildung* (Hrsg.): Schule und Software. Soest: Landesinstitut für Schule und Weiterbildung, S. 119–127.

*Schulmeister, Rolf* (1997): Grundlagen hypermedialer Lernsysteme. Theorie – Didaktik – Design. 2., akt. Aufl. München, Wien: Oldenbourg

*Thomé, Günther* (1999): Experimente zur Rechtschreibung am Computer: Einige Denkanstöße für multimediale Orthographiesimulationen im Deutschunterricht. In: *I. Büchner* (Hrsg.): Lust und Last und Leistung. Rechtschreibung und Grammatik in der Grundschule und Sekundarstufe I. DGLS (Dte. Gesellschaft für Lesen und Schreiben), PLUS (Projekt Lesen und Schreiben für Alle). Hamburg: PLUS, Institut für Lehrerfortbildung, S. 188–195

*van Lück, Willi* (1997): „Multimedia und Telekommunikation" – Lehren und Lernen offline und online. In: *H. Brinkmöller-Becker* (Hrsg.): Die Fundgrube für Medienerziehung in der Sekundarstufe I und II. Berlin: Cornelsen Scriptor, S. 240–261

Martin Plieninger

# Schreiben – Überarbeiten – Veröffentlichen

## Aspekte einer computergestützten Schreibdidaktik

Schreiben ist wieder „in". Zweifler und Zweiflerinnen können das selbst auf eine einfache Weise überprüfen, indem sie in die Internet-Ecke eines großen Kaufhauses oder in die Computerräume von (Hoch-)Schulen gehen, in welchen (Hoch-)Schülerinnen und Schüler frei arbeiten können: Auf der überwiegenden Anzahl der Computer laufen E-Mail- oder Chat-Programme (s. u.) und die davor sitzenden Personen schreiben mit einer Begeisterung, die man noch vor wenigen Jahren für nicht vorstellbar gehalten hätte. Versucht man, diese Schreibmotivation zu ergründen, kommt man auf folgende Punkte:

- Im Unterschied zur Schule besteht ein kommunikatives Interesse am Schreiben, denn schulisches Schreiben funktioniert leider immer noch zu oft nach dem Motto: Der Schüler schreibt etwas, von dem er weiß, dass es sein Lehrer schon weiß, nur damit der Lehrer weiß, dass es der Schüler auch weiß ... [1]
- Die Schreibenden schreiben authentisch, was sie bewegt und interessiert. Sie bearbeiten keine Themen, die ihnen von außen vorgegeben werden.
- Sie schreiben adressaten- und nicht notenbezogen, indem sie sich sehr konkret an eine bestimmte Person via E-Mail oder an eine durch den Chatroom definierte Gruppe wenden.

Interessant und für das Thema methodisch hinweisgebend ist die Tatsache, dass der Computer dabei lediglich dienenden Werkzeugcharakter besitzt. Er ist zwingend notwendig, um E-Mails zu schreiben und chatten zu können. Die Beschäftigung mit ihm ist aber kein Selbstzweck. Diese Grundüberzeugung soll nicht nur für die folgenden Ausführungen erkenntnisleitend sein, sondern ist zugleich eine unterrichtsmethodische Prämisse, die in den ersten Jahren des Computereinsatzes an Schulen nur allzu oft übersehen wurde.

### Schreiben und Überarbeiten

In der schreibdidaktischen Diskussion der vergangenen Jahre hat sich eine bemerkenswerte Wandlung vollzogen. Schülertexte sind zunehmend weniger ein „fertiges Produkt", sie sind vielmehr Annäherungen an eine Schreibidee, an einen Schreibimpuls der Schülerin oder des Schülers. Die Initiierung und Förderung dieses Schreibprozesses[2] wird heute vermehrt als ein zentrales Element der *Textbildungsfähigkeit* angesehen. Die Textbildungsfähigkeit wiederum stellt ein Kernelement eines jeden modernen Deutschunterrichts dar. Ein prozessuales Textverständnis eröffnet vielfältige methodische Möglichkeiten. So kann der komplexe Schreibprozess in Teilprozesse zerlegt werden, die unterrichtlich jeweils gesondert trainiert werden, Sportlerinnen oder Musikerinnen vergleichbar, die einzelne Aufschlagtechniken oder spezielle Fingerfolgen separat üben und nicht immer und immer wieder – einem „ganzen Aufsatz“ vergleichbar – ein vollständiges Match oder eine ganzes Musikstück spielen. *Jürgen Baurmann* hat darauf schon 1990[3] hingewiesen. Er gliedert den Schreibprozess in folgende Teilprozesse, die in einem wechselseitigen Abhängigkeitsverhältnis zueinander stehen:

1. **Konzeptionelle Prozesse**
   (Zielsetzung, gedankliche Konzeption, Bildung eines Schreibplans)
2. **Innersprachliche Prozesse**
   (Textbildung, Satzbildung, Orientierung an den Konventionen geschriebener Sprache)
3. **Redigierende Tätigkeiten**
   (Nachträge, Korrekturen, Verbesserungen, Umsetzungen, Neufassungen)
4. **Motorische Prozesse**
   (Bildung eines Bewegungsprogramms, Ausführungen)

Bevor überlegt werden soll, inwieweit der Einsatz des Computers diese Teilprozesse stützen kann, ein paar Gedanken zum Schreiben mit dem Computer in der Schule: Schreiben in der Schule erfolgt heute in aller Regel noch von Hand. Organisatorische und inhaltliche Gründe sprechen dafür. Zwar wurde in den meisten Schulen in den letzten Jahren ein Computerraum eingerichtet, der allerdings für den Pflichtbereich der informations- und kommunikationstechnischen Grundbildung weitgehend belegt ist. Es ist für einen Lehrenden kaum möglich, spontan in den Computerraum zu gehen, um mit seinen Schülerinnen und Schülern im Regelunterricht an Texten arbeiten zu können. Erst neueste Netzwerkplanungen sehen vor, neben einem zentralen Computerraum für die Basisausbildung der Schüler auch Bereiche für selbstständiges Arbeiten einzurichten, bzw. Netzwerke so zu konzipieren, dass in einzelnen Klassenräumen Anschlussmöglichkeiten vorgesehen werden, um kurzfristig, dem aktuellen Bedarf folgend, Geräte anschließen zu können. Es gibt Überlegungen und Modellprojekte, Schulen mit Notebooks auszustatten bzw. spezielle Notebooks für Schulen fertigen zu lassen, die diesen Gedanken Rechnung tragen. Letztlich werden aber Finanzierungsprobleme die großflächige Realisierung solcher Pläne noch für geraume Zeit erschweren.

Inhaltlich kann gegen das Schreiben mit dem Computer vorgebracht werden, dass die wenigsten Schülerinnen und Schüler die Zehnfinger-Schreibmethode beherrschen, sondern ein mehr oder weniger ausgeprägtes und zeitaufwendiges „Adler-Suchsystem“ verwenden. Dafür spricht – den Bereich der Textüberarbeitung außer Acht lassend –, dass viele und auch gerade schwächere Schülerinnen und Schüler mit einer Schreibmotivation am Computer sitzen, die beim Schreiben von Hand so nicht denkbar wäre. Die Verzögerung des Schreibflusses ist dabei für schwächere Rechtschreiber eher von Vorteil, da sie die zu schreibenden Wörter einzeln synthetisieren müssen, um die jeweiligen Tasten zu finden. Schreiben mit dem Computer macht demzufolge (Recht)-Schreibung bewusster und ist deshalb weniger fehleranfällig, als dies durch das oft automatisierte Schreiben von Hand geschieht.

**Konzeptionelle Prozesse**

Seit *Gabriele Rico* 1984 versprochen hat „garantiert schreiben zu lernen “[4], sind

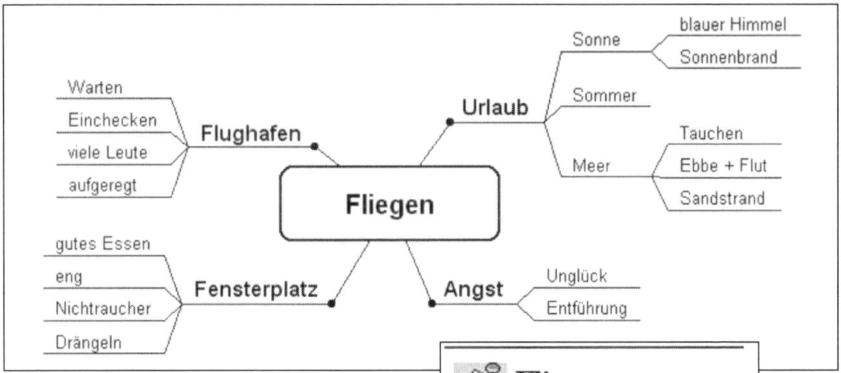


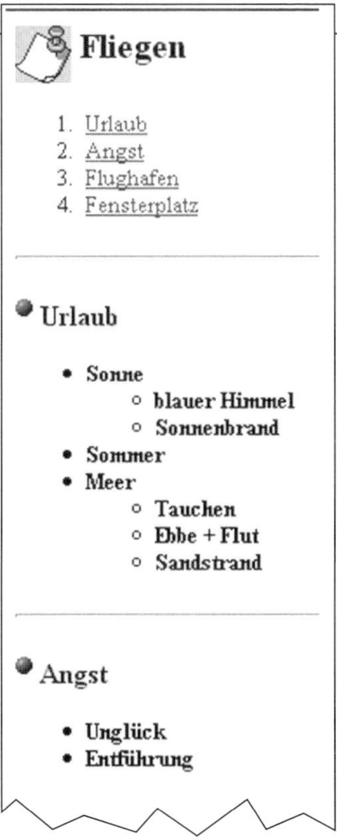


*Abb. 1: Darstellungsoptionen von Mindmap zum Thema „Fliegen“*

konzeptionelle Prozesse beim Schreiben stärker als bislang in das methodische Interesse geraten. Kaum ein Sprachbuch, das auf sich hält, verzichtet heute auf Cluster oder Mindmaps zur Ideenfindung bzw. Strukturierung von Gedanken. Nichtlineare Verfahren zur Ideenfindung und Strukturierung von Texten scheinen nicht nur Schülerinnen und Schüler leichter zu fallen, als die hierarchische Gliederung in Haupt- und Unterpunkte. Auch Studierende berichten übereinstimmend, dass sie mit dieser Arbeitsmethode gute Erfahrungen machen und sie einer „traditionellen“ Gliederung vorziehen.

Worum geht es? Eine Kernaussage dieses Ansatzes ist es, Blockaden der rechten Gehirnhemisphäre zu lösen, indem zu Beginn des Ideenfindungsprozesses um einen zentralen Kernbegriff nichtlineare Assoziationsketten aufgeschrieben werden, ungeachtet der Tatsache, ob sie im Moment mehr oder weniger sinnvoll erscheinen werden. Eine „Idee des Textes“, so *Rico,* stellt sich dann mit einem gewissen Training ganz von alleine ein.

Das Programm *Mindman*[5] erlaubt, Mindmaps am Computer zu erstellen und die Ergebnisse als Grafik über die Zwischenablage in jedes beliebige Anwendungsprogramm zu kopieren. Es ist intuitiv leicht bedienbar und erfor-

dert keinen großen Einarbeitungsaufwand.
*Abb. 1* zeigt ein kleines Mindmap zum Thema „Fliegen“, das mit dem Programm *Mindman* erstellt wurde. Zusätzlich bietet *Mindman* die Möglichkeit, ein Mindmap als HTML-Datei für das Internet abzuspeichern, wie die Teilgrafik darunter zeigt.
Nicht nur, dass die Seite grafisch gestaltet und für die Präsentation im Internet mit Querbezügen (Links) versehen wird, diese Methode eignet sich auch dafür, aus nichtlinearen Assoziationsketten eine lineare Gliederung oder ein Inhaltsverzeichnis zu erstellen. Sie verbindet somit ältere und neuere Ansätze der gedanklichen Strukturierung von Aufsätzen.

In den vergangenen Jahren hat sich die *Moderationsmethode* zu einem wichtigen Element der Gesprächsführung entwickelt. Auch wenn sie unterschiedlich konsequent angewendet wird, bietet sie doch eine gute Möglichkeit, vielfältige und unterschiedliche Meinungen zu strukturieren und zu präsentieren. Das Programm *PinKing*[6] überträgt diesen Ansatz auf den PC. Es eignet sich wie *Abb. 2* zeigt zum Ersten in hervorragender Weise, Gedanken nichtlinear auf Kärtchen aufzuschreiben und später dann zu ordnen. Zum Zweiten bietet es für schulische Präsentationen vielfältige Möglichkeiten, da man es gut für Wandzeitungen und ähnliche Publikationsformen verwenden kann.

Welche Vorteile bieten *Mindman* und *PinKing* im Vergleich zu einer klassischen Stoffsammlung? Zum Ersten zwingen beide nichtlineare Verfahren die Schülerinnen und Schüler zu freien Assoziationen bzw. Assoziationsketten, die sie in einem zweiten Schritt ordnen

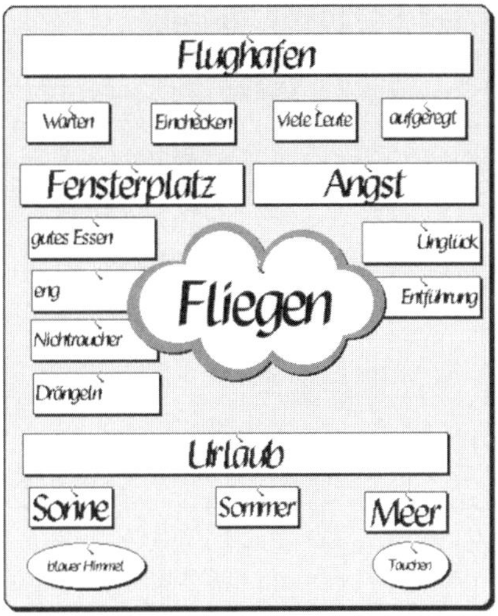


*Abb. 2: Beispielmoderation „Fliegen“ mit PinKing*

und gliedern müssen. Zum Zweiten besitzen beide Programme einen höheren Aufforderungscharakter, als ein leeres Papier dies vermag. Die Visualisierung von Lehr-/Lernprozessen ermöglicht Lehrkräften wie Schülern eine stärkere optische Wahrnehmung und ganzheitliche Betrachtungsweise[7]. Zum Dritten bringen sie die jeweiligen Planungsergebnisse quasi automatisch in eine präsentable Form. Wenn das Veröffentlichen eines Textes, ganz im Sinne von *Freinet*, Teil des Selbstverständnisses des Schreibprozesses sein soll, ist es hilfreich, mit diesen Programmen einen „ordnenden Rahmen“ zur Verfügung zu haben, der Planungsprozesse und Veröffentlichungsprozesse in unterschiedlicher Weise miteinander verbindet: Während *Mindman* sich an den Publikationsmöglichkeiten des Internet orientiert, sieht *PinKing* seine Stärken eher in der PC-gerechten Umsetzung von Wandzeitungen, Stellwänden und Flipcharts.

**Innersprachliche Prozesse und redigierende Tätigkeiten**

Es gibt keinen Text, der nicht überarbeitet wird. Selbst wenn ein Lehrer in einem Brief an den Autor monierte, seine Schüler würden unter Überarbeiten lediglich verstehen, einen Text ordentlich abzuschreiben, finden Überarbeitungen auf der orthographischen und darstellenden Ebene statt. Dieser Brief bezeugt gleichzeitig das unterrichtliche Defizit an vielen Schulen, dass Lehrerinnen und Lehrer unter „Überarbeiten" die kritische Auseinandersetzung mit einem Text verstehen, gleichzeitig die dazu notwendigen Überarbeitungsstrategien aber immer noch zu wenig gelehrt, gelernt und vor allem in der schreibenden Praxis angewendet werden.

Warum ist das Überarbeiten so schwer? Als Schreibender hat man eine Idee vom Text, einen Schreibplan im Kopf, den man realisieren möchte. Das Überarbeiten von Texten heißt nun vor allem, einen Perspektivewechsel vorzunehmen, vom Schreibenden zum kritisch Lesenden, der seinen eigenen Text gleichzeitig mit fremden Augen liest als ihn auch hinsichtlich des Grades der Annäherung an sein geplantes Schreibziel kritisch überprüft und Verbesserungsstrategien entwirft. Dabei gibt es Revisionen auf der Ebene der einfachen Korrektur von Zeichensetzung, Orthographie, Syntax und der Semantik von Wörtern. Es gibt stilistische Verbesserungen und eine mehr oder weniger komplexe Änderung an der Struktur des Textes.[8] Welche Faktoren erschweren für die Schülerinnen und Schüler das Überarbeiten von Texten?

- Ein wesentlicher Faktor hat primär schulorganisatorische Ursachen, er weist aber auf das letztlich immer noch bestehende produktionsorientierte Selbstverständnis eines Schreibunterrichts hin: Überarbeiten benötigt eine zeitliche Distanz, denn in der zeitlichen Distanz gelingt der notwendige Perspektivewechsel wesentlich leichter, als wenn Schreiben und Überarbeiten unmittelbar aufeinander folgen. Üblicherweise überschläft man wichtige Briefe vor dem Verschicken eine Nacht, um in der zeitlichen Distanz des nächsten Tages leichter entscheiden zu können, ob der Brief auch genau das ausdrückt, was man ausdrücken möchte und ob er vielleicht inhaltlich stimmt, aber schärfer oder weniger scharf formuliert sein sollte. Wenn Schülerinnen und Schüler unter dem Zeitdruck von 90 Minuten eine Textidee entwickeln, sie ausformulieren, überarbeiten und ins Reine schreiben sollen, kann das nicht funktionieren. Die meisten Schüler können sich heute kaum mehr 90 Minuten lang konzentrieren und auf eine Sache einlassen. Schon deshalb ist eine Pause nach der Erstfassung eines Textes notwendig, um ein paar Tage später in einem neuen Ansatz das bereits Geschriebene zu überarbeiten. Die Erfahrung zeigt, dass die Bereitschaft der Schülerinnen und Schüler, sich auf ihre Texte einzulassen und tiefer greifende Überarbeitungen vorzunehmen nach dieser Pause merklich zunimmt, auch und gerade bei schwächeren Schülern.
- Viele Schülerinnen und Schüler haben motorische Schwierigkeiten, über längere Zeit einen Stift zu führen und ein ansprechendes Schriftbild zu produzieren. Die Bereitschaft, aber auch die Fähigkeit, einen Text in 90 Minuten womöglich mehrfach ab- bzw. umzuschreiben, sinkt deshalb rapide.
- Schreiben und Lesen hängen eng miteinander zusammen. Viele Schülerin-

nen und Schüler haben Defizite im Bereich der Informationsentnahme und -bewertung von Texten. Die Fähigkeit, sich auf die Überarbeitung der eigenen Texte einzulassen, sinkt entsprechend.

Der Computer unterstützt die Schülerinnen und Schüler bei der Überarbeitung ihrer Texte in dreifacher Hinsicht:

***1. Verfremdung des Schriftbildes***

In einer ersten Sichtweise fördert er den notwendigen Perspektivewechsel durch eine Verfremdung des Schriftbildes im Vergleich zur eigenen Handschrift. Die schulische Praxis zeigt, dass dieser Aspekt in seiner Wertigkeit nicht zu unterschätzen ist. Schülerinnen und Schüler mit entsprechend schlechtem Schriftbild, aber auch Schüler mit Schwierigkeiten beim Lesen, tun sich am Bildschirm bzw. am Computerausdruck wesentlich leichter, als an einem handschriftlich verfassten Text.

Eher aus der Grundschule bekannte, aber allmählich auch in der Sekundarstufe I Fuß fassende Überarbeitungsverfahren wie die „Autorenkonferenz“ oder die „Textlupe“, deren reformpädagogische Herkunft unverkennbar ist, lassen sich mit Computerausdrucken für alle beteiligten Schüler wesentlich effektiver organisieren, als wenn lediglich ein handgeschriebener Text zur Verfügung steht. Für die gemeinsame Überarbeitung mit anderen Mitschülern empfiehlt es sich im Übrigen, die Zeilen der Ersttexte zu nummerieren und sie für die Überarbeitung mit einem mindestens zweizeiligen Abstand und überbreitem Rand auszudrucken. Zum Ersten erleichtert der größere Durchschuss das Lesen, zum Zweiten können die handschriftlichen Korrekturen der Schülerinnen und Schüler kontextnah eingefügt werden.

***2. Hilfen bei Textkorrekturen***

Auf der Ebene der Textkorrekturen und der richtigen Wortwahl bietet der Computer diverse Hilfen: Professionelle Systeme kennzeichnen Wörter, die nicht im benutzten Rechtschreiblexikon bzw. in der Autokorrektur enthalten sind z. B. mit einer roten Wellenlinie (→ auch *Abb. 7*). Da eigene Lexika leicht herstell- und integrierbar sind und man die Autokorrektur problemlos erweitern kann, ist es ohne weiteres möglich, einen klassenbezogenen (Grund-)Wortschatz zu definieren und in das Textverarbeitungsprogramm des Computers zu implementieren. Dieser Wortschatz steht dann den Schülerinnen und Schülern automatisch zur Verfügung, überprüft die wichtigen Wörter und signalisiert: „Hier könnte was falsch sein, schau mal nach!“

Heute besitzen alle professionellen Textverarbeitungsprogramme einen *Thesaurus* mit Synonym- und teilweise auch Antonymwörterbüchern. Diese Thesauri werden in der schulischen Praxis viel zu wenig benutzt. Man weiß aus der Schreibforschung, dass schwächere Schülerinnen und Schüler, die Deutsch als Zweitsprache lernen, gerne semantisch unspezifische „Allerweltswörter“ wie *schön* oder *machen* verwenden, um sich schriftsprachlich auszudrücken. Hier kann es durchaus sinnvoll sein, die Schüler anzuleiten, einen Thesaurus zu benützen (→ *Abb. 3* und *Abb. 4*).

Dagegen ist von der Verwendung eines in manchen Textverarbeitungsprogrammen integrierten Grammatikmoduls eher abzuraten. Grammatische Fragen im engeren Sinn und Stilfragen werden oft munter gemischt. Die Mehrzahl der Schülerinnen und Schüler wird eher verunsichert, als dass sie einen Nutzen aus der Verwendung dieses Bausteins zieht.

*Abb. 3: „schön“ im Thesaurus von WORD 97*

*Abb. 4: „machen“ im Thesaurus von WORD 97*

Für weitergehende Ansprüche bieten sich z. B. auch die verschiedenen DUDEN-Lexika an, die es inzwischen auf Diskette bzw. CD-ROM gibt. Sie sind leicht zu benützen, erlauben eine fehlertolerante Eingabe, und man kann mit einer Eingabe ein Wort gleichzeitig in allen auf dem PC verfügbaren Lexika recherchieren. Ein Problem ist, dass sie für den breiten schulischen Einsatz noch zu teuer sind. (→ *Abb. 5* und *Abb. 5*)

### *3. Überarbeitungsstrukturen nachvollziehen*

In der computergestützten Schreibpraxis hat es sich bewährt, die einzelnen Versionen der Texterfassung und -überarbeitung fortlaufend zu nummerieren und in verschiedenen Dateien abzuspeichern, also text01, text02, text03 ... Das Verfahren bietet zwei Vorteile: Einmal ermöglicht es, auf verworfene Passagen zurückgreifen zu können, nach dem Motto: „Was ich gestern geschrieben habe, war doch besser!“

Darüber hinaus kann nach der Fertigstellung eines Textes der Prozessverlauf des Schreibens und Überarbeitens mit den Schülerinnen und Schüler zusammen reflektiert werden. Indem die einzelnen Textfassungen ausgedruckt, synoptisch nebeneinander gehängt und die Entwicklung einzelner Passagen farblich markiert werden, schafft man als Lehrender die Voraussetzung, dass die Schüler Überarbeitungsstrukturen in hervorragender Art und Weise nachvollziehen können. Vielleicht ist diese Vorgehensweise auch ein Weg, für die Sekundarstufe I angemessene Methoden einer selbstständigen Überarbeitungskompetenz der Schülerinnen und Schüler zu entwickeln. Warum nicht aus der Grundschulmethodik[9] den Vorlesekreis von *Sennlaub*[10] aufgreifen, mit Autorenkonferenzen und der Textlupe arbeiten? Dies alles aber auf einer reflektierteren Basis. Wenn das PC-ge-

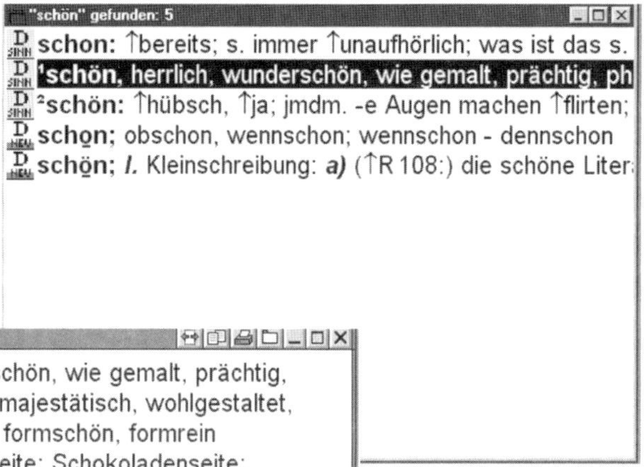


*Abb. 5: „schön" im elektronischen Synonymwörterbuch und Rechtschreiblexikon der DUDEN-Redaktion*

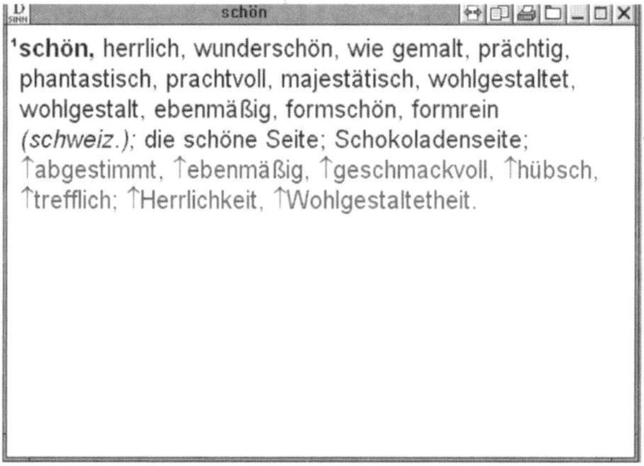


*Abb. 6: Weiterführende Informationen zu „schön" im Synonymwörterbuch des DUDEN. Die zwei unteren Zeilen enthalten Wörter mit weiteren Querverweisen.*

stützte Schreiben und Überarbeiten dabei helfen kann, die Schüler zu kritischeren Lesern der eigenen Texte zu erziehen und sie ermutigt, sich aktiv mit ihren eigenen Texten auseinander zu setzen, ist seine methodische Berechtigung fraglos gegeben.

Einige Textverarbeitungssysteme bieten eine Option an, mit deren Hilfe man Änderungen in einem Text verfolgen kann (→ *Abb. 7*).

Von der unterrichtspraktischen Anwendung dieser Option ist eher abzuraten.

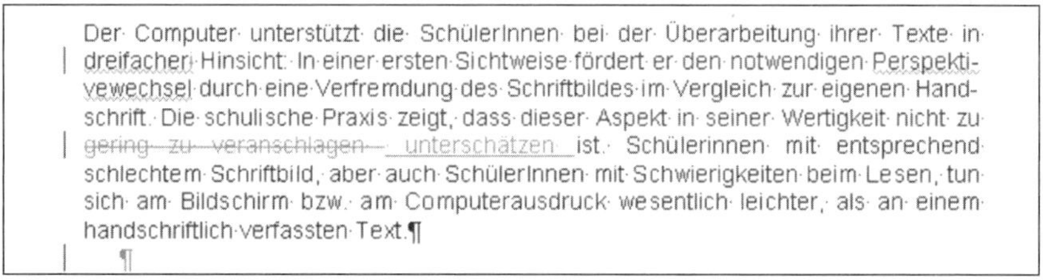
Der Computer unterstützt die SchülerInnen bei der Überarbeitung ihrer Texte in dreifacher Hinsicht: In einer ersten Sichtweise fördert er den notwendigen Perspektivewechsel durch eine Verfremdung des Schriftbildes im Vergleich zur eigenen Handschrift. Die schulische Praxis zeigt, dass dieser Aspekt in seiner Wertigkeit nicht zu ~~gering zu veranschlagen~~ unterschätzen ist. SchülerInnen mit entsprechend schlechtem Schriftbild, aber auch SchülerInnen mit Schwierigkeiten beim Lesen, tun sich am Bildschirm bzw. am Computerausdruck wesentlich leichter, als an einem handschriftlich verfassten Text.¶

¶

*Abb. 7: „Änderungen verfolgen": Gestrichene Passagen werden durchgestrichen, neu eingefügte Passagen werden unterstrichen. In beiden Fällen werden die Änderungen in roter Schrift ausgezeichnet und die jeweilige Zeile wird am Rand durch einen senkrechten Strich markiert.*

Erstens werden mehrfache Überarbeitungen optisch nicht differenzierend hervorgehoben, sodass ein mehrstufiger Überarbeitungsprozess nicht nachvollzogen werden kann. Zweitens ist die optische Wirkung des Textes auf dem Bildschirm bei intensiven Änderungen sehr unruhig und für die Schülerinnen und Schüler eher verwirrend.

Was leistet der Computer für das Überarbeiten von Texten? Verschiedene Grafikprogramme erleichtern die Textfindung durch die Visualisierung von Gedankengängen. Der Computer fördert das Überarbeiten, indem er den notwendigen Perspektivewechsel der Schüler unterstützt und ihnen über verschiedene Lexika vielfältige Unterstützung anbietet. Rechtschreib- und motorisch schwachen Schülern bietet er durch das Monitorbild und die Tastatur Hilfen beim Vermeiden von Fehlern und ermuntert sie durch das ansprechende Schriftbild, sich mit ihren Texten auseinander zu setzen.

Um das Überarbeiten von Texten zu optimieren und keine aufwendigen Layoutkorrekturen durchführen zu müssen, ist es dringend zu empfehlen, ein paar *Regeln zum Schreiben von Texten* mit den Schülerinnen und Schülern zu vereinbaren und als Lehrender darauf zu achten, dass diese auch eingehalten werden. Selbst Studierende schreiben gerne „drauf los“ und verwenden schon während des Schreibens viel zu viel Zeit auf die Auszeichnung und Formatierung ihres Textes. Es ist wesentlich ökonomischer, seinen Text zuerst zu erfassen, um ihm dann, wenn er endgültig „steht“, in einem zweiten Arbeitsgang das gewünschte Lay-out zu geben. *Abb. 8* enthält deshalb als Merkblatt die wichtigsten Regeln, die mit den Schülerinnen und Schülern erarbeitet und vereinbart werden sollten.

## Exkurs: Das Schreiben von Gebrauchstexten

Den meisten Textverarbeitungsprogrammen sind heute vielfältige „Wizzards“ und mehr oder weniger intelligente Assistenten beigefügt, welche die Benutzerinnen und Benutzer in den unterschiedlichsten Schreibsituationen in Form und Stilfragen beratend unterstützen sollen. Zwei sich ergänzende Gründe werden hierfür verantwortlich sein. Es gibt eine lange Tradition von Briefstellern[11] auf dem Buchmarkt: Da liegt es nahe, Textverarbeitungsprogramme durch „digitale Briefsteller“ zu erweitern. Es ist aber auch zu vermuten, dass ein relativ großer Prozentsatz der Benutzer auf der inhaltlichen Ebene Formulierungs- und Layoutprobleme hat und auf der Ebene der Gerätebedienung nicht weiß, wie anspruchsvollere Schriftstücke zu erstellen sind.

In den letzten Klassen der Haupt- und Realschule spielt im Rahmen des Berufsfindungsprozesses das Verfassen von *Lebenslauf* und *Bewerbungsschreiben* eine große Rolle. Die Lehrerinnen und Lehrer betonen die Wichtigkeit der formalen und inhaltlichen Korrektheit dieser Schreiben. Die formale Korrektheit ist grundsätzlich in DIN 5008[12] durch die Regeln für den geschäftlichen Briefverkehr definiert. Viele Lehrer haben aber teilweise sehr private Vorstellungen davon, wie ein formal korrekter Brief auszusehen hat und vermitteln diese (leider) auch an ihre Schüler.

## Vor Beginn des Schreibens

| | |
|---|---|
| 1. Ränder | Verwende bei einfachen Texten die Standardeinstellungen für den Seitenrand. Überlege dir bei besonderen Schriftstücken vor dem Schreiben die Randeinstellungen deines Textes. Nachträgliche Änderungen sind mühsam. |
| 2. Schriften | Überlege dir vor dem Schreiben mit welcher Grundschrift du arbeiten willst. Lege die Schriftart und Schriftgröße für den Fließtext und die Überschriften fest. Bleibe dann dabei! |
| 3. Ausrichtung | Entscheide dich, ob du deinen Text linksbündig und als Flattersatz oder lieber als Blocksatz schreiben möchtest: |

| **Flattersatz:** | **Blocksatz:** |
|---|---|
| ☺ kleine Zeilenlänge und mehrspaltiger Text | ☺ große Zeilenlänge |
| ☺ gleichmäßiger Wortabstand | ☺ geschlossenes Aussehen |
| ☺ weniger Trennungen | ☺ wirkt professionell |
| ☺ weniger Nacharbeit | ☹ viele Trennungen hemmen den Lesefluss |
| ☹ kein geschlossenes Aussehen | ☹ unter Umständen Nacharbeit notwendig, um Zeilen auszugleichen |
| ☹ wirkt weniger professionel | |

## Während des Schreibens

| | |
|---|---|
| 4. Abkürzungen | Vermeide Abkürzungen! Es zwingt dich niemand „z. B." oder „Kl. 7a" zu schreiben. Dein Text ist lesefreundlicher, wenn du „zum Beispiel" oder „Klasse 7a" ausschreibst. |
| 5. Leertaste/ Tabulator | Verwende nie die Leertaste, um Zahlen oder Wörter spaltengenau untereinander zu schreiben. Benutze dafür die Tabulatortaste. |
| 6. Seitenumbruch | Vermeide während des Schreibens harte Seitenumbrüche. Sie stören beim Überarbeiten von Texten. Deshalb: Erst den Text endgültig fertigstellen, dann ungünstige Seitenumbrüche des Computers durch „harte Seitenumbrüche" ersetzen. |
| 7. Auszeichnung | ☺ Gehe sparsam mit Auszeichnungen um. Unterstreichen ist verpönt! **Fett** oder *kursiv* sind geeignete Auszeichnungen.<br>☺ Du kannst ein einzelnes Wort auch besonders groß oder besonders klein schreiben. Dann muss der Unterschied aber auch sichtbar sein, also drei Punkte größer oder kleiner! |

## Nach Fertigstellung des Textes

| | |
|---|---|
| | ☹ Vermeide es, Wörter oder Sätze in GROSSBUCHSTABEN ZU SCHREIBEN. Großbuchstaben sind sehr mühsam zu lesen! |
| 8. Rechtschreibkontrolle | Kontrolliere den Text mit der Rechtschreibkontrolle des Textverarbeitungssystems. Arbeite danach den Text nochmals durch, da ein Computer nicht alle Rechtschreibfehler erkennt. |
| 9. Trennung | Benütze die Silbentrennung des Textverarbeitungsprogrammes. |

*Abb. 8: Regeln zum Schreiben von Texten*

**Textkonstituenten im Bewerbungsschreiben** (B = Bereich)

| | | | |
|---|---|---|---|
| B01 | Betreff | B07 | Derzeitige Tätigkeit |
| B02 | Anrede | B08 | Hobbys, Freizeit |
| B03 | Bezug | B09 | Vorstellungsgespräch |
| B04 | Bewerbungsformel | B10 | Verweis auf beigelegte Unterlagen |
| B05 | Praktika, Betriebserkundungen | B11 | Grußformel |
| B06 | Begründung des Berufswunsches | B12 | Anlagenvermerk |

*Abb. 9: Textkonstituenten im Bewerbungsschreiben*

Da die beigefügten Assistenten nicht für den Schulbetrieb hergestellt wurden, kann man die wenigsten direkt übernehmen. Methodisch ist diese Vorgehensweise zumindest fragwürdig. Der Lerneffekt ist wesentlich höher, mit den Schülern gemeinsam eine Musterdatei zu erstellen, die den formalen Kriterien von 5008 entspricht, diese dann als Formatvorlage abzuspeichern und allgemein zur Verfügung zu stellen. Für den meist eingeforderten tabellarischen Lebenslauf ist dieses Verfahren auch ohne weiteres realisierbar.
„Große“ Textverarbeitungsprogramme verfügen heute über eine „Autotext-Funktion“, welche, über Kürzel aufgerufen, die Schreibenden durch das Einfügen vordefinierter Textpassagen entlasten soll.[13] Man kann diese Funktion benützen, um die Arbeit mit Textbausteinen zu simulieren, einem Verfahren, das in Industrie und Verwaltung Standard ist. Neben den berufskundli-

**Texthandbuch Bewerbung (Ausschnitte)**

**Betreff**

B011 Bewerbung um einen Ausbildungsplatz als <Beruf>

B012 Bewerbung um die ausgeschriebene Ausbildungsstelle als <Beruf>

**Bezug und Bewerbungsformel**

B041 auf Ihre Anzeige in der <Zeitung> vom <Datum> bewerbe ich mich um eine Ausbildungsstelle als <Beruf> in Ihrer Firma.

B042 auf Empfehlung meine<s/r> zuständigen Berufsberater<s/in>, <Anrede> <Name>, bewerbe ich mich um eine Ausbildungsstelle als <Beruf> in Ihrer Firma.

B043 hiermit bewerbe ich mich um einen Ausbildungsplatz als <Beruf> in Ihrer Firma.

B044 unserem Gespräch vom <Datum> entsprechend, bewerbe ich mich um eine Ausbildungsstelle als <Beruf> in Ihrer Firma.

*Abb. 10: Texthandbuch Bewerbungsschreiben (Ausschnitt)*

chen Aspekten wie dem Anlegen bzw. Benutzen eines Texthandbuches und dem Training komplexerer Funktionen eines Textverarbeitungsprogramms lässt sich die Arbeit mit der Autotext-Funktion auch aus unterrichtsmethodischen Gründen des Faches Deutsch rechtfertigen. Da die einzelnen Textkonstituenten vorgegeben sind und nur wenig Raum für eine persönliche Entfaltung und stilistische Kreativität lassen, sieht man Lebenslauf und Bewerbungsschreiben als zwei idealtypische Beispiele gesellschaftlich genau definierter Gebrauchstexte an. Neben dem beabsichtigten Effekt der Produktion des eigenen Lebenslaufes und der eigenen Bewerbungsschreiben, ergeben sich für den Unterricht folgende Möglichkeiten:

- Kennenlernen der typischen Textkonstituenten von Lebenslauf und Bewerbungsschreiben an veröffentlichten Beispielen in Schulbüchern und Schriften der Berufskunde. Beim Bewerbungsschreiben werden die Schülerinnen und Schüler auf 12 Bereiche in der typischen Reihenfolge von *Abb. 9* kommen[14]:
- Erarbeitung verschiedener Textalternativen als Bestandteil des zu erstellenden Texthandbuches,
- Erstellung eines Texthandbuches zum Thema Bewerbungschreiben (→ *Abb.10*),
- Einbinden der einzelnen Textbausteine in die Autotext-Funktion des Textverarbeitungsprogramms,
- Produktion verschiedener Bewerbungsschreiben, die formal (Formatvorlage nach DIN 5008) und inhaltlich (Textbausteine) korrekt sind,
- Überarbeitung dieser Schreiben, um durch eine persönliche Note eine größere Wirkung zu erzielen.

## Schreiben und Veröffentlichen

Sprechen und Schreiben unterscheiden sich nicht nur medial hinsichtlich ihrer Äußerungsdimension, sie unterscheiden sich auch konzeptionell in verschiedenen Bereichen. Dennoch sind die meisten schriftsprachlichen Äußerungen dialogisch auf einen Partner hin ausgerichtet. Wir kommunizieren, getrennt durch Raum und Zeit. Diese Grundeigenheit des Schreibprozesses fehlt beim schulischen (Aufsatz-) Schreiben fast völlig. Der Schreibprozess ist dadurch um zentrale kommunikative Elemente reduziert. Dieses Fehlen ist sicher ein Grund für Schreibprobleme in der Schule. Schon *Freinet* hat mit seiner Schuldruckerei und seinen Klassenpatenschaften einen Lösungsweg aufgezeigt, der heute aktueller ist denn je. Zwar hat sich das Medium geändert, die Grundidee, das Ergebnis des Schreibprozesses einer konstruktiv-kritischen Öffentlichkeit zu präsentieren und daraus Motivation und Engagement für den eigenen Schreibprozess selbst zu schöpfen, sind sicherlich unverändert aktuell geblieben.

### Präsentationsprogramme

Noch relativ nahe an einem traditionellen Textverarbeitungsprogramm sind Präsentationsprogramme, die heute Bestandteil jeder professionellen Standardsoftware sind. Diese Programme sind zwar oft schon in Schulen anzutreffen, werden aber zur Dokumentation und Präsentation unterrichtlicher Projekte von den Schülerinnen und Schülern noch kaum verwendet. Die Grundeinheit dieser Programme ist die einzelne Seite, manchmal in Anlehnung an die Verwendung eines Tageslichtprojektors auch Folie genannt. Über ein Masterlay-out lassen sich Basisdefinitionen für Schriften,

grafische Elemente und Lay-out definieren, die für alle Folien gleichermaßen gelten. Die Focussierung auf einzelne Seiten ist für verschiedene Veröffentlichungszwecke wie Ausstellungen, Wandzeitungen, Dokumentationen o. Ä. äußerst hilfreich. Sie zwingt die Schüler, sich in ihren Äußerungen zu beschränken, diese zu präzisieren und „auf den Punkt" zu bringen.
Die Bedeutung der Visualisierung von Lehr-/Lernprozessen umsetzend verfügen diese Programme über diverse Schnittstellen zur Einbindung von Grafiken und Bildern zur optischen Gestaltung der einzelnen Seiten. Vorgefertige Muster, die als Grundlage eigener Ideen verwendet werden können, verhindern die gröbsten Layoutfehler, da sie in der Seitenaufteilung, im Einsatz grafischer Elemente und in der Auswahl der Schriftarten und Punktgrößen praktikable Lösungsalternativen anbieten. Zum Selbstverständnis dieser Programmart gehört auch der multifunktionale Einsatz der jeweils erstellten Präsentationen. Sie lassen sich ausdrucken, auf Folien ziehen, über Beamer projizieren und sogar als fertige Präsentation im Internet veröffentlichen. Da jede Folie als Grafik im Internet geladen werden muss, erfordert die letztgenannte Option allerdings einiges an Nacharbeit um akzeptable Ladezeiten zu erhalten. Verschiedene Möglichkeiten Hand-outs zu erstellen, komplettieren den Funktionsumfang dieser Programme.
Im professionellen Vortrags- und Weiterbildungsbereich haben sich diese Programme in den letzten Jahren zum Standard entwickelt. In dem Maße, wie sich Schule öffnet, wie handlungsorientierte Lernprozesse und fächerübergreifende Projekte in den Schulalltag Einzug halten, werden Fragen der Dokumentation und Präsentation von Lernprozessen originärer Teil des Unterrichts werden. In gleichem Maße werden Schüler wie Lehrer erkennen, dass Textverarbeitungsprogramme im engeren Sinn hier sehr schnell an programmtechnische Grenzen stoßen. Deshalb ist es an der Zeit, Präsentationsprogramme hinsichtlich ihrer didaktischen Relevanz und methodischen Verwendung im Unterricht auszuprobieren und zu hinterfragen.

**E-Mail-Dienste**

Mit 77 % ist das Versenden und Empfangen von E-Mails laut ARD/ZDF-Online-Studie 1999[15] der wichtigste Dienst im Internet. Was macht das Schreiben von E-Mails so attraktiv, dass auch viele Jugendliche und Erwachsene, die eher schriftfern leben, mit so großer Begeisterung (s. o.) schreiben? Und wie lässt sich diese Begeisterung schulisch nützen?
Die Tatsache, dass E-Mails dem subjektiven Empfinden nach sehr billig sind, da die einzelne E-Mail scheinbar nichts kostet und man zusätzlich beliebige Computerdateien mitschicken kann – das Ganze bei sofortiger Zustellung weltweit – ist für den einzelnen Benutzer zwar richtig, in einer strukturellen Sichtweise aber zumindest nicht vollständig. E-Mails sind medial schriftsprachliche Äußerungen, konzeptionell aber eher gesprochener Sprache zuzuordnen. Oder anders ausgedrückt: Mit E-Mails kann man sich „schriftlich unterhalten". Folgende Gründe sprechen für diese Sichtweise:

- E-Mails sind meistens Gebrauchstexte, schnell geschrieben und zur schnellen Beantwortung gedacht. Mündlichen Sprachäußerungen entsprechend, sind sie, eher situationskonkret als abstrakt und situationsentbunden, ein Kennzeichen schriftsprachlicher Äußerungen.

- Noch vor nicht allzu langer Zeit war es in E-Mail-Kreisen üblich, sich mit „du“ anzureden und teilweise in seiner E-Mail-Adresse auch nur den Vornamen anzugeben. Ein vorwiegend junges Publikum hatte es nicht nötig, schriftsprachliche Konventionen zu beachten. Erst die Verbreitung des Internets und die Durchdringung in weite Bereiche des öffentlichen und gesellschaftlichen Lebens hat hier zu einer Veränderung der Gepflogenheiten geführt, Reste sind (vor allem in Newsgroups) immer noch sichtbar.
- Der Situationsentbundenheit schriftsprachlicher Äußerungen versuchte die „E-Mail-Gemeinde“ in den Anfängen durch die Verwendung sogenannter Emoticons (Wortschöpfung aus *emotional* und *icons*) zu begegnen.

| Emoticons | |
|---|---|
| :-) | einfaches Lachen |
| :-x | Kuss |
| :´-( | weinen |
| :-´) | Erkältung |
| :-o | schockierend |
| =:-) | Punker |

*Abb. 11: Beispiele für Emoticons. Zum Ansehen das Blatt um 90 Grad nach rechts drehen.*

Natürlich spielten auch knapper Speicherplatz und langsame Übertragungswege eine Rolle. Wesentliches Element scheint aber das Bedürfnis zu sein, prosodische und metasprachliche Elemente wie Mimik, Gestik, Stimmführung in die Mails einbeziehen zu wollen, um Defizite schriftsprachlicher Äußerungen im Vergleich zu mündlicher Kommunikation wenigstens teilweise aufheben zu können. In Schüler- und Studierendenkreisen werden auch heute noch Emoticons gerne verwendet – ein Zeichen struktureller Mündlichkeit. Und der Leiter von Sat 1-Online bestätigt es indirekt, wenn er die Zuschauer-E-Mails als spontaner im Vergleich zur üblichen Post beschreibt.[16]

Unterrichtsmethodisch lässt sich dieses Schreibpotential nützen, indem zum Ersten schriftferne Jugendliche (wieder) an das Schreiben herangeführt werden. Schwellenängste werden überwunden, die eigene Handschrift spielt keine Rolle und die Lehrerinnen und Lehrer kontrollieren auch noch nicht! Schreiben in konkreter Mündlichkeit fällt leichter als Schreiben zu vorgegebenen Aufsatzthemen. Zum Zweiten lässt sich über entfernte Einzel- oder Klassenpatenschaften der reformpädagogische Ansatz des Schreibens und Veröffentlichens in einer Art und Weise umsetzen, die noch vor wenigen Jahren undenkbar gewesen wäre. Allerdings sind zumindest zwei schulorganisatorische Maßnahmen zu treffen: Die Schülerinnen und Schüler brauchen auch außerhalb des Computerraums räumlich und zeitlich freien Zugang zu Computern, um ihre E-Mails lesen und schreiben zu können. Schulen müssen dazu übergehen, personalisierte E-Mail-Adressen zu vergeben bzw. die Benützung privater E-Mail-Adressen zu gestatten. E-Mail-Adressen an Arbeitsplätze bzw. Lerngruppen zu binden, ist auf Dauer kontraproduktiv.

**Chatten**

Alle für die E-Mail-Korrespondenz genannten Punkte gelten in verstärktem Maße auch für das „Chatten“, dem Plaudern via Tastatur. Über einen frei definierten Spitznamen, kann man über die Tastatur in einem virtuellen Raum sich mit all den Personen unterhalten, die sich zur gleichen Zeit in diesem Raum befinden. Das visualisierte Geplauder aller ist dann in verschrifteter Form auf dem Monitor zu sehen. Vor allem Zeitschriften und Fernsehanstalten benützen dieses Medium zur Kundenbindung und Marktanalyse.

ten, mit finnischen Partnerschülern zu „plaudern“. Im Unterschied zur E-Mail-Kommunikation findet keine – wenn auch nur kurz zeitversetzte – 1:1-Relation statt, sondern in einer zeitgleichen 1:n-Relation können sich viele Schüler – wie auf dem Pausenhof – miteinander unterhalten, nur eben schriftlich.

Rainhard Fendrich betritt den Raum[17]

| | |
|---|---|
| Dina schreit: | RAINI *INOHNMACHTFALL* |
| (Jani32) | hey billie – hier ist alles voller promis |
| (Dina) | Wolferl *nochmalkurzausderOhnmachterwach* |
| (Dina) | huhu Ihr Drei viele Gruesse aus New Jersey *ueberdengrossenTeichwink* |
| Mausibärli schreit: | WAS HAB ICH DA GEHÖRT??? MEINE ABSOLUTEN LIEBLINGE SIND DA????? |

*Abb. 12: Chatten bei Focus-Online*

Im vorstehenden Beispiel betritt der Sänger *Rainhard Fendrich* einen virtuellen Chat-Raum. Um seinen Gefühlen schriftsprachlich Ausdruck verleihen zu können, gibt es beim Chatten weitergehende Vereinbarungen. So gilt Großschreibung als Schreien (Mausibärli [Spitzname eines Benutzers] schreit). Wie im üblichen Leben auch wird Schreien als besonderer Ausdruck innerer Erregung angesehen. Wenn jemand aber ständig schreit (= großschreibt), wird dies gesellschaftlich sanktioniert. Beim Chatten wird er aus dem Chat-Raum entfernt. Zwischen Sternchen gesetzte Aneinanderschreibungen (*ueberdengrossenTeichwink*) werden ganz bewusst als metasprachliche Zeichen gesehen, um Stimmungen und Gefühle auszudrücken.

Didaktische Forschung findet in diesem Bereich erst in Ansätzen statt, es gibt aber bereits Schulen, die Chatrooms ganz bewusst benützen. Schülerinnen und Schüler einer Realschule in Schwäbisch Gmünd wird z.B. die Möglichkeit gebo-

Es gibt auch bereits erste Erfahrungen über Projektarbeit mittels Chatrooms: Zwei räumlich entfernte Projektgruppen arbeiten gemeinsam an einem Projekt. Dabei werden über das Internet Daten gemeinsam bearbeitet und konkrete Probleme via E-Mail gelöst. Offene oder themenbezogene Diskussionsrunden werden in „didaktischen Chatrooms“[18] geführt. Im Unterschied zu „normalen“ Chatrooms wird der Gesprächsverlauf protokolliert und abgespeichert, damit er der späteren Analyse zur Verfügung steht.

**Hypertexte im Unterricht oder Wir bauen Lesestraßen**

Was sind Hypertexte[19]? Wer sich schon einmal der jeweiligen Assoziation folgend im Internet bewegte und intuitiv von Link zu Link „hüpfte“, benutzte – vielleicht ohne es zu merken – diese Art der Wissenspräsentation. Damit ist auch schon eine zentrale Eigenschaft von Hypertexten angesprochen: Ein Hy-

pertext besteht aus verschiedenen Bausteinen, die in aller Regel nicht linear aufgebaut sind, sondern dem vermuteten Leseinteresse folgend, verschiedenartige Querverbindungen zulassen.
In der Regel bauen wir Texte der thematischen Entwicklung folgend linear auf und gliedern sie gerne fortlaufend in Einzelbereiche wie „Einleitung“, „Hauptteil“ und „Schluss“ bzw. hierarchisch z. B. in Form einer Dezimalklassifikation von „Punkt 1.1“ bis „Punkt 7.3.5“. Schreib- und Leserichtung sind vordefiniert, da das Leseverhalten vom Schreibenden weitestgehend vorherbestimmt wird. Der Lesende hat kaum Einflussmöglichkeiten. Mit Erlebniserzählungen aber auch mit sämtlichen Berichtsformen trainieren wir diese Vorgehensweise in der Schule. Für wissenschaftliche Texte aber auch für größere Lexika oder gut aufbereitete Betriebsanleitungen wird dieses Linearitätsprinzip schon lange als nicht ausreichend empfunden. Fußnoten, Querverweise, Vor- und Rückbezüge und diverse Arten von Indizes erlauben differenzierte Lesestrategien, den Interessen des jeweiligen Lesers folgend.
Dieses Mehr an Information, welches letztlich einen guten von einem weniger guten Text unterscheidet, muss aber vom Schreibenden planend vorausgedacht werden. Er muss sich überlegen, welche Querbezüge interessant, welche Verzeichnisse nutzbringend und welche Fußnoten notwendig sind. Er muss bildlich gesprochen ein Straßennetz erstellen, welches seinen Text möglichst sinnvoll strukturiert. Dabei kann es „Schnellstraßen“, aber auch informative Umleitungen und Verbindungen zu anderen Regionen geben. Dieses Straßennetz muss er als „Straßenkarte“ dem Lesenden zur Verfügung stellen, damit dieser den Text nach seinen Bedürfnissen optimal erschließen kann. Der Adressatenbezug als ein wichtiges Kriterium beim Schreiben von Aufsätzen erhält so ein ganz neues Gewicht und ist vielleicht zum ersten Mal den Schülerinnen und Schüler auch sehr direkt zu vermitteln. Da verschiedene Straßennetze und -karten eines Textes erstellt werden können, kann das vermutete Leseinteresse auch unterschiedlicher Adressatengruppen vorausplanend verwirklicht und parallel zur Verfügung gestellt werden (→ *Abb. 13*).

Hypertexte realisieren das *Modularitätsprinzip* in einer sehr grundsätzlichen Art und Weise. Sie erheben nichtlineare Gestaltungs- und Strukturmittel zum zentralen Punkt ihres Selbstverständnisses. Grundgedanke ist die radikale Aufhebung der Linearität zu Gunsten eines modularen Konzeptes von einzelnen Bausteinen.
Diese Bausteine können (und sollen) im Computerzeitalter neben textuellen Elementen auch alle anderen durch Computer realisierbaren Möglichkeiten wie Grafiken, Töne, Animationen, Videoclips etc. enthalten. Dadurch erweitern sich die Präsentations- und Rezeptionsmöglichkeiten von Texten nicht nur quantitativ. Vor allem qualitativ lassen sich Informationen visualisieren und hörbar machen, wie es bislang nicht möglich war. Gleichzeitig ändert sich das Rezeptionsmedium. Während Papier immer noch das zentrale Rezeptionsmedium war und ist, erschließen sich Hypertexte in ihrer ganzen Funktionalität nur über die Möglichkeiten des Computers. Dabei können die verschiedenen Bausteine eines Hypertextes auf einem einzelnen Computer, einem lokalen Netzwerk oder weltweit über das Internet miteinander verbunden (= verlinkt) sein. Vielleicht entwickelt sich hier eine

**linear**

In einer linearen Struktur dienen Links zur Herstellung einer traditonellen Informationsstruktur. Jeder Abschnitt geht in der vom Autor festgelegten Reihenfolge zum nächsten über.

**indiziert**

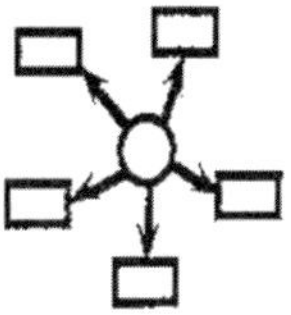

Es gibt meist eine zentrale Homepage, die auf weitere Abschnitte verweist. Jeder beliebige dieser Abschnitte kann angesteuert werden, aber danach muss der Leser zum zentralen Index zurück.

**verzweigt**

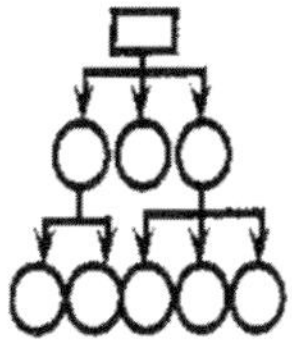

Die verzweigte Struktur bietet dem Leser auf jeder Ebene eine Auswahl an, die von den vorher getroffenen Entscheidungen abhängt. Der Leser bleibt dabei so lange von allen Details abgeschirmt bis er sie wirklich braucht.

**hyper**

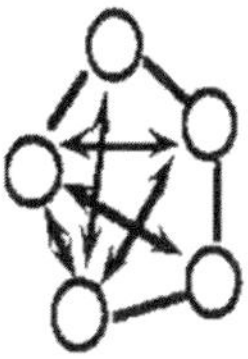

Die Hypermedienstrukturen geben dem Leser die Möglichkeit, jederzeit überall hinspringen zu können: In diesem System werden hierarchische Strukturen vermieden; stattdessen wird immer das ganze Auswahlspektrum angeboten.

*Abb. 13: Navigationsstrukturen in Hypertextsystemen*

didaktische Chance, neue Zugänge zum Lesen und Schreiben zu entwickeln, die losgelöst vom Papier und erweitert um multimediale Präsentationsformen die speziellen Fähigkeiten des Computers nutzen und es zum ersten Mal sinnvoll erscheinen lassen, Texte nicht mehr auf dem Papier, sondern in erweiteter Funktionalität am Bildschirm zu lesen.[20]

Der Verfasser eines Hypertextes muss für seine potenziellen Leser „Lesestraßen“ bzw. Navigationsstrukturen anlegen. Diese „Lesestraßen“ müssen einerseits der jeweiligen Textsorte gerecht werden, als auch womöglich unterschiedliche Lesebedürfnisse befriedigen. Es lassen sich (vgl. *Abb. 13*) grundsätzlich vier verschiedene „Lesestraßen“ bzw. Navigationsstrukturen unterscheiden[21]:
In den Überlegungen, wie die Navigationsstrukturen eines Hypertextsystems geplant werden, liegt ein großes methodisches Potential, textlinguistische Elemente gemeinsam mit Schülern zu erarbeiten. Die einzelnen Module und Modularten (Text, Bild, Ton) eines Textes können nicht nach Belieben angeordnet werden, sie müssen sich an den Gegebenheiten der jeweiligen Textsorte bzw. des jeweiligen Textes orientieren. Die Arbeit an Hypertexten ist somit immer auch Arbeit mit Textsorten. Dabei gibt es geeignete und weniger geeignete Textsorten.(→ *Abb. 14*)

Gleichzeitig üben die Schülerinnen und Schüler das Überarbeiten von Texten, sowohl auf der Planungs- als auch auf der Revisionsebene. Sei es, dass sie einen bereits bestehenden Text „entlinearisieren“ und in sinnvolle Einzelbausteine zerlegen, sei es, dass sie einen neuen Text gleich in Modulen planen, die vielleicht unterschiedlichen Lesestraßen folgend, dennoch sinnvoll zusammenpas-

**Geeignete Textsorten sind:**

☺ klar strukturierte Texte.
☺ Texte, die sich leicht in einzelne Informationseinheiten aufgliedern lassen.
☺ Texte, mit einer klaren sachlogischen Struktur, wodurch eine Aufteilung in Einzelbausteine erleichtert wird.
☺ Texte, deren wesentliche Struktur und Inhalt nicht mehr verändert werden muss.
☺ Texte, die durch Bilder, Töne und Animationen besser verständlich werden.

**Weniger geeignete Textsorten sind:**

☹ Texte, die schwer in einzelne Textbausteine zu gliedern sind.
☹ Texte, die nicht „abgeschlossen" sind, sondern sich ständig ändern.
☹ Texte, die eine gewisse kritische Größe überschritten haben.

*Abb. 14*

sen müssen. Beide Vorgehensweisen können ergänzt werden, indem der Basistext durch zusätzliche Erklärungen, Bilder und Töne erweitert wird, die das Lesen erleichtern bzw. das Textverständnis vertiefen können. Hypertexte müssen einen „informationellen Mehrwert"[22] im Vergleich zu traditionell linearen Texten besitzen, um ihren Mehraufwand zu rechtfertigen. Dass dabei unterschiedliche Komplexitätsgrade der „Verdichtung" entstehen können, ist offensichtlich.

Bevor ein eigenes Hypertextprojekt in Angriff genommen wird, ist es empfehlenswert, Schüler intuitiv Vorerfahrungen sammeln zu lassen. Dazu bietet sich zum einen das Internet mit seinen vielfältigen Querverbindungen (= Links) an. Dort gibt es auch fertige Hypertextmodelle unterschiedlicher Qualität und Komplexität, die von den Schülerinnen und Schülern selbstständig ausprobiert werden können.[23] Eine andere Möglichkeit Ersterfahrungen zu sammeln, bieten Enzyklopädien auf CD-ROM, wie die *Encarta* der Fa. Microsoft oder *Discovery* der Fa. Bertelsmann. Da diese Lexika keinen Internetzugang voraussetzen, sind sie universeller einsetzbar.

In Ansätzen problematisch ist die Frage, mit welchem Werkzeug gearbeitet werden soll, da der Frage geeigneter HTML-Editoren[24] eine große Bedeutung zukommt. Die „Internetfähigkeit" traditioneller Textverarbeitungssysteme ist bisher nur unzureichend verwirklicht. In naher Zukunft wird dieses Problem überwunden sein, da die Entwicklung eindeutig das Zusammenwachsen beider Welten andeutet. Und für die Übergangszeit gibt es bestimmt engagierte Kolleginnen und Kollegen vor Ort, die weiterhelfen ...

Schreiben, Überarbeiten, Veröffentlichen: dieser Dreischritt der Textproduktion ist durch die Möglichkeiten des Internet aktueller denn je. Gleichzeitig finden viele Jugendliche durch die Möglichkeiten von E-Mail und Chat zum Schreiben zurück. Wenn es die Schule schafft, diese Ansätze behutsam in einen handlungs- und prozessorientierten Schreibunterricht zu integrieren, bieten sich Chancen, die weit über den klassischen Aufsatzunterricht hinausgehen und in vielfältiger Weise in andere Fächer hineinwirken.

## Anmerkungen

1 s. *Fritzsche, Joachim* (1980): Aufsatzdidaktik – Kritische und systematische Untersuchungen zu den Funktionen schriftlicher Texte von Schülern. Stuttgart u. a.: Kohlhammer. *Fritzsche* hat in dieser Veröffentlichung schon 1980 auf den genannten Aspekt referentiellen Schreibens hingewiesen.
2 s. z. B. Praxis Deutsch, Heft 137, 23. Jg., Mai 1996, Thema: Schreiben: Texte und Formulierungen überarbeiten
3 s. *Baurmann, Jürgen* (1990): Aufsatzunterricht als schreibunterricht. Für eine neue grundlegung des schreibens in der schule. In: Praxis Deutsch, Heft 104, S. 7–12
4 *Rico, Gabriele* (1984): Garantiert schreiben lernen – Sprachliche Kreativität methodisch entwickeln. Ein Intensivkurs auf der Grundlage der modernen Gehirnforschung. Reinbek: Rowohlt. Persönliche Anmerkung *M. P.*: In der Folgezeit spielten Fragen der Hemisphärendominanz in vielen Teildisziplinen eine Rolle. Ungeachtet dieses wieder abflachenden „Modetrends" beschreibt *Rico* einen interessanten Ansatz und gibt wertvolle Hinweise für einen prozessorientierten Schreibunterricht.
5 Vertrieb über die Fa. PD-Profi Zöttlein, Schulstr. 13, 86666 Burgheim-Wengen, eine lauffähige Demo-Version ist im Internet über die Adresse http://www.mindman.de downloadbar.
6 *Anne Stein* Kreativsoftware, Bezugsquelle: Nitor GmbH, Adlerstraße 44-46, 25454 Rellingen, Tel.: (0 41 01) 3 60 21, Fax: (0 41 01) 3 66 30
7 Die Visualisierung von (Lern-)Prozessen gewinnt auch in der Industrie immer mehr an Bedeutung. So hat z. B. SAP kürzlich knapp 200 „Knowledge Maps" aus den Bereichen Organisation, Produktion, Erlös- und Kostencontrolling, Vetrieb etc. mit dem Mindmanager erstellt.
8 vgl. *Baurmann, Jürgen/Ludwig, Otto* (1985): Texte überarbeiten – Zur Theorie und Praxis von Revisionen. In: *D. Boueke, N. Hopster* (Hrsg.): Schreiben – Schreiben lernen. *Rolf Sanner* zum 65. Geburtstag. Tübingen, S. 257ff.
9 s. Themenheft der Grundschule, 11/1997: Texte wachsen lassen ... und überarbeiten
10 *Sennlaub, Gerhard* (1980): Spaß beim Schreiben oder Aufsatzerziehung? Stuttgart: Kohlhammer
11 Darunter versteht man alle Arten von Publikationen, die helfen sollen, Briefe inhaltlich und formal korrekt zu verfassen, von der Überlegung ausgehend, dass nur inhaltlich wie formal korrekt verfasste Brief die größtmögliche Wirkung beim Empfänger entfalten können.
12 Literaturhinweis: *Manekeller, Frank* (1997): DIN 5008 von A bis Z. Neusäß: Kieser
13 Persönliche Anmerkung *M. P.*: Ich benutze z. B. diese Funktion beim Faxen aus dem PC, indem ich meine Unterschrift eingescannt und mit der üblichen Grußformel versehen habe. Auf Tastendruck wird sie in ein Dokument eingefügt.
14 Eine ausführlichere Darstellung erfolgt in: *Plieninger, Martin* (1991): Computereinsatz im Aufsatzunterricht. Stuttgart: Metzler+Teubner, S. 126ff.
15 Media-Perspektiven, Heft 8/1999, S. 426
16 s. Sonntag aktuell, 21. Jg., Nr. 35 v. 29.08.1999, S. 46
17 Copyright © 1998 by FOCUS Online GmbH
18 Besondere Erfahrung auf diesem Gebiet hat *Dr. Volker Frederking* von der Pädagogischen Hochschule Heidelberg, auch die Pädagogische Hochschule Schwäbisch Gmünd beginnt mit entsprechenden Projekten, vgl. *Blatt*, S. 47ff.
19 Eine ausführliche „Literaturliste zum Thema Hypertext" findet sich im Internet unter der Adresse: http://www.linse.uni-essen.de/literaturl/hyper.htm
20 Interessant hierzu die Seminararbeit von *Dagmar Tiedge*: Rezeption von Text und Hypertext – ein Vergleich. Der Aufsatz ist im Internet über das Angebot des Linguistikservers der Universität GH Essen abrufbar, Adresse:
http://www.linse.uni-essen.de/esel/rez_htext.htm
21 LEU Online-News Nr. 6 (1997): hrsg. vom *Landesinstitut für Erziehung und Unterricht*, Stuttgart (LEU), S. 12, zit. nach *Wilson*: world wide web design guide. München: Markt & Technik 1996. Die Online-News des LEU können unter folgender Adresse aus dem Internet geladen werden:
http://www.leu.bw.schule.de/beruf/projektg/online/
22 In Anlehnung an: ebenda. Die allgemeinen Äußerungen dieses Kapitels beziehen sich mehrfach auf diesen Artikel.
23 Die bereits genannten Online News Nr. 6 des LEU beschäftigen sich speziell mit dem Thema Hypertext. In dieser Ausgabe finden sich zahlreiche Angaben zu Hypertexten im Netz.
Weitere Hypertext-Klassiker im Internet:
19th-Century German Stories Struwwelpeter, Max & Moritz etc.):
http://www.vcu.edu/hasweb/for/menu.html
Hans Huckebein (Wilhelm Busch) mit Audio: http://www.vcu.edu/hasweb/for/huckebein/hans.html
Das Gleichnis vom verlorenen Schaf: http://www.uni-rostock.de/fakult/theofak/projekt/index.htm
24 HTML (Hyper Text Markup Language) ist eine international standardisierte Seitenbeschreibungssprache zur Erstellung von Dokumenten im Internet. Während sie noch vor wenigen Jahren wie eine Programmiersprache angewendet wurde und spezielle Kenntnisse erforderte, gibt es heute leistungsfähige Programme, die einem Textverarbeitungsprogramm vergleichbar angewendet werden können und den Programmcode selbstständig erzeugen.

Matthis Kepser

# Internetliteratur im Deutschunterricht

„Schulen ans Netz!" – dem Aufruf von Politik und Wirtschaft sind inzwischen zahlreiche Bildungseinrichtungen gefolgt. Vielerorts ist nicht mehr die benötigte Technik das Problem: Multimediarechner, Local Area Network (LAN) und ISDN-Anschluss. Vielmehr fragen sich die Lehrerinnen und Lehrer, was denn damit im Sinne der bestehenden Fachlehrpläne Sinnvolles anzufangen sei. Das gilt ganz besonders für das Leitfach Deutsch. Dessen Vertreter sind zwar in fast allen Bundesländern dazu auserkoren, informations- und kommunikationstechnologische Bildung (ITG/ITB) zu vermitteln, scheinen darauf aber kaum vorbereitet zu sein. Bei näherem Hinsehen freilich zeigt sich, dass viele Phänomene der neuen Computerkultur weit eher in den Kompetenzbereich der philologischen, künstlerischen und sozialwissenschaftlichen Fächer fallen als in den von Mathematik, Physik und Informatik. Der Computer als universelle zeichenverarbeitende Maschine hat sich nämlich in den letzten Jahren weg vom Rechenknecht und Schreibautomaten hin zu einem neuen Massenmedium entwickelt (ausführlich *Kepser* 1999, Teil II). Über 40 % aller deutschen Familien mit Kindern besitzen inzwischen einen (oder mehrere) Computer, mit dem sie das entsprechende Angebot nutzen können: Kleinkinder beschäftigen sich mit interaktiven Bilderbüchern (vgl. *Abraham/Kepser* 2000), Schulkinder versinken über Stunden hinweg in einem Adventure-Game oder verwenden den Rechner als attraktiven Nachhilfelehrer und die Eltern informieren sich mit Hilfe einer Multimedia-CD über die Sehenswürdigkeiten ihres nächsten Urlaubsortes. Programmiert wird in diesen Familien dagegen eher selten, denn solche Eigenarbeit ist bei dem breiten Angebot an Software kaum mehr nötig.

Ein Phänomen, das ganz ohne Zweifel in den Zuständigkeitsbereich des Faches Deutsch gehört, ist die Internetliteratur. Der folgende Beitrag versucht, den Begriff zunächst genauer aufzuschlüsseln, denn mit dieser Wortbildung kann sehr Verschiedenes gemeint sein. Es wird weiterhin diskutiert, ob und wie der Deutschunterricht auf Internetliteratur reagieren soll. Dazu werden Unterrichtsvorschläge referiert, die größtenteils auch in der Praxis erprobt worden sind.

## Internetliteratur – was ist das?

Zunächst einmal könnte man unter „Internetliteratur" „Literatur über das Internet" verstehen – und höchstwahrscheinlich würde ein auf „Internetliteratur" angesprochener Buchhändler seinem Kunden eine der zahllosen technischen Einführungen in die Hand drücken. Obwohl auch der Umgang mit Sachtexten eine Aufgabe des Deutschunterrichts ist, soll diese Variante hier keine Rolle spielen. Für eine technische Einführung, die selbst Computerneulingen unter den Pädagogen einen leicht verständlichen

Einstieg verschafft, sei auf das Buch von *Jens Hildebrand* verwiesen, das mittlerweile in der fünften aktualisierten Neuauflage vorliegt (*Hildebrandt* 1999). Ebenfalls werde ich nicht auf jene Sachbücher eingehen, die dem Phänomen „Internet" unter soziologischer, marktwirtschaftlicher oder philosophischer Perspektive nachgehen (vgl. dazu z. B. *Bollmann/Heibach* 1996).

Internetliteratur könnte weiterhin fiktionale Literatur sein, die das Netz der Netze zum Thema und Motiv macht. Mit dem Roman „Neuromancer" des kanadischen Schriftstellers *William Gibson* (1984/1989) ist nicht nur ein recht produktives und literarisch ambitioniertes Subgenre der Sciencefiction entstanden, der sogenannten Cyberpunk (vgl. *Kepser* 1999, Teil II, Kap. 2). *Gibsons* Vision vom „Cyberspace" beflügelte die Fantasie einer ganzen Generation von Computerbegeisterten, sodass behauptet werden kann: Ohne die Literatur des Cyberpunk wäre die Idee von den virtuellen Welten des Internet nicht oder nicht so schnell realisiert und popularisiert worden, ein schönes Beispiel für die Wirkmächtigkeit fiktionaler Entwürfe. Leider eignen sich weder die Cyberpunk-Romane noch die Kinofilme, die der Literatur nachgefolgt sind (zuletzt die viel gelobte *Gibson*-Homage „Matrix" der Brüder *Wachowski*, USA 1999) für eine Behandlung im Deutschunterricht. Düster sind die Welten des Cyberpunk, und Sex und Gewalt bestimmen häufig das Leben der Protagonisten, die in diesen Welten als Außenseiter ihre Individualität retten.
Auch in der Kinder- und Jugendliteratur hat das Internet seit etwa fünf Jahren Hochkonjunktur. Der größte Teil jener Romane ist sicher den eher anspruchslosen, gleichwohl unterhaltenden und viel gelesenen Serienproduktionen zuzurechen, etwa *Colemans* Reihe „Die Internetdetektive" (z. B. 1997) oder die „Computerdetektei Klops und Lücke" von *F. Stieper* (z. B. 1996). Aber auch ambitionierte Jugendbücher sind darunter, die sowohl die gegenwärtigen und zukünftigen technischen Welten als auch die darin aufwachsenden Schülerinnen und Schüler ernst nehmen. Zu nennen wären etwa *Gillian Cross'* „Auf Wiedersehen im Cyberspace" (1996/ 2000) oder *Dietmar Röslers* „Störtebeker im Netz. Eine Science Fiction?" (1997). Nur aus Platzgründen kann darauf nicht weiter eingegangen werden, sodass an dieser Stelle ein Hinweis auf entsprechende, bereits publizierte Unterrichtsmodelle genügen muss (*Kerner* 1998; *Rose* 1997; *Kepser* 1999, Teil II, Kap. 5).

Im Folgenden sollen dagegen unter Internetliteratur solche Texte verstanden werden, bei denen das Netz der Netze zur Produktion, Distribution und/ oder Rezeption tatsächlich benutzt wird. Im Prinzip könnte man behaupten, dass eigentlich alle Internetangebote Internetliteratur darstellen. Denn was da von einem Rechner auf den anderen per Datenleitung übertragen wird, das sind grundsätzlich Zeichen. Einige davon haben zum Ziel, den Rechner zu irgendwelchen Arbeitsschritten zu bewegen: die Programmcodes. Andere realisieren auf dem Umweg über verschiedene Interpretationssoftware (Browser) Bilder, Töne und nicht zuletzt Schriftsprache. Der Anteil schriftsprachlicher Dokumente im Internet ist enorm und dürfte die rein numerischen und programmtechnischen Datentransfers bei weitem überragen. Selbst im jüngsten und inzwischen populärsten Internetdienst, dem multimedialen World Wide Web (WWW) dominiert die natürliche Sprache als Zeichensystem. Wir schränken Internetliteratur weiter auf solche Texte ein, die überwiegend Schriftsprache verwenden und deren Bezugssystem die Fiktion ist.

Ausgespart bleiben also alle informierenden und appellativen Internetdokumente, obwohl beispielsweise „Internetpresse“ und „Internetwerbung“ interessante Gegenstände für den Deutschunterricht darstellen können (vgl. dazu *Kepser* 1999, Teil II, Kap. 1). Auch die immer weiter anwachsende Sekundärliteratur, die man über das Internet erreicht, wird hier nicht Thema sein. Wer auf der Suche nach Informationen zu einem bestimmten Schriftsteller oder einem Werk ist, der benutzt am besten eine der diversen Suchmaschinen für seine Recherche, beispielsweise die empfehlenswerte Metasuchmaschine des regionalen Rechenzentrums Hannover (http://meta.rrzn.uni-hannover.de).
Kommentiert hat viele Internet-Angebote zur Literatur *Reinhard Kaiser* in seinem Buch „Literarische Spaziergänge im Internet“ (1997), wobei die Liste der dort besprochenen Adressen im Internet publiziert und ergänzt worden ist (http://www.eichborn.com/kaiser/). Eine brauchbare Literaturgeschichte, die aus einem Projekt einer 10. Klasse hervorgegangen ist, erreicht man unter der Adresse http://home.snafu.de/mc three/literatur/. Sekundärliteratur besonderer Art bieten die „Referatserver“, auf denen Schülerinnen und Schüler Facharbeiten sowie schriftlich ausformulierte Referate für Altersgenossen abgelegt haben, die in intellektuelle oder temporäre Arbeitsnot geraten sind (z. B.: http://www.referate.de; http:// www.cheatweb.de; http:// www.hausaufgaben.de). Bei auffälligen Leistungen, die weit über dem sonstigen Können eines bestimmten Schülers liegen, sollte man sich als Lehrkraft hier vorsichtshalber umsehen.

Selbst mit diesen Einschränkungen kann man unter Internetliteratur drei verschiedene Phänomene fassen:
Erstens fiktionale Literatur, die über das Internet verbreitet wird und die ansonsten keine intendierten medienspezifischen Besonderheiten aufweist (Literaturarchive, Ezines und Newsgroups).
Zweitens Literatur, die die Möglichkeiten der Seitenbeschreibungssprache HTML und die Programmierwerkzeuge „Java“ bzw. „Java-Script“ ästhetisch nutzt, aber keine Online-Verbindung zur Produktion oder Rezeption voraussetzt (Schein-Internetliteratur).
Und drittens: „echte“ Internetliteratur, die die Ästhetik des neuen Mediums literarisch fruchtbar macht.

### Literaturarchive, Ezines und Newsgroups

Bei dieser ersten Gruppe wird das Internet lediglich als (kostengünstiger) Vertriebsweg genutzt, der Literatur vom Rechner des Anbieters (der gleichzeitig Autor sein kann, aber nicht muss) zum Rechner des potentiellen Rezipienten leitet.
Das Internet als riesiges Archiv für literarische Texte zu verwenden, ein Archiv das von jedem Platz der Welt mit Anschluss an das Internet benutzt werden kann, ist eine Idee, die schon von den US-amerikanischen Internetpionieren erdacht wurde. Seit 1971 wurden und werden Zehntausende von poetischen, philosophischen und religiösen Texten, die nicht mehr dem Urheberrecht unterliegen, im ASCII-Format editiert und in sogenannten FTP-Archiven zum Downloaden bereitgestellt. Der deutschsprachige Ableger des „Projekts Gutenberg“, zunächst in Privatinitiative

entstanden und später vom kommerziellen Online-Dienst AOL übernommen, setzte dagegen schon früh auf den Internetdienst WWW. Unter der Adresse http://gutenberg.aol.de kann man daher deutschsprachige Erzählungen, Romane, Gedichte und Theaterstücke direkt online am Bildschirm lesen. Dabei bleibt es dem Rezipienten unbenommen, den oder die gewünschten Texte auf den eigenen Rechner zu kopieren, um sie von dort aus weiter zu verarbeiten und auszudrucken. Aufbau und Pflege dieses literarischen Archivs liegen weitgehend in der Hand der Nutzer: Jedermann kann einen fehlenden Text beisteuern, solange er damit nicht das deutsche Urheberrecht bricht: Nur Werke, deren Autor bereits 70 Jahre nicht mehr unter den Lebenden weilt, dürfen frei verbreitet werden. Dem Fleiß vieler literarisch Interessierter ist es zu verdanken, dass im Projekt Gutenberg heute eine große Menge klassisch gewordener deutschsprachiger Literatur sowie einige fremdsprachige Autoren in deutscher Übersetzung zur Verfügung stehen. Literaturwissenschaftlichen Ansprüchen genügt diese Online-Bibliothek aber leider nicht. So fehlen fast immer Hinweise zur Edition, aus denen beispielsweise hervorgeht, welche Fassung verwendet worden ist. Es existiert auch kein Herausgeber, der für die Qualität der Beiträge bürgt, sodass man bisweilen auf recht unsauber eingegebene Texte stößt. Schüler und Lehrer, die mit zitierfähigen elektronischen Texten arbeiten wollen, greifen daher besser auf betreute Anthologien zurück, beispielsweise auf die hervorragende CD-ROM „Deutsche Literatur von Lessing bis Kafka" der Digitalen Bibliothek (*DirectMedia* 1997), die für rund hundert Mark fast alle für den Deutschunterricht relevanten Klassiker bereitstellt und mit sehr guten Suchfunktionen, Markierungsmöglichkeiten sowie Kopiereinrichtungen aufwartet.

Trotz dieser Einschränkungen lässt sich aber mit dem Online-Archiv des Projekts Gutenberg durchaus im Unterricht arbeiten. Wird beispielsweise ein

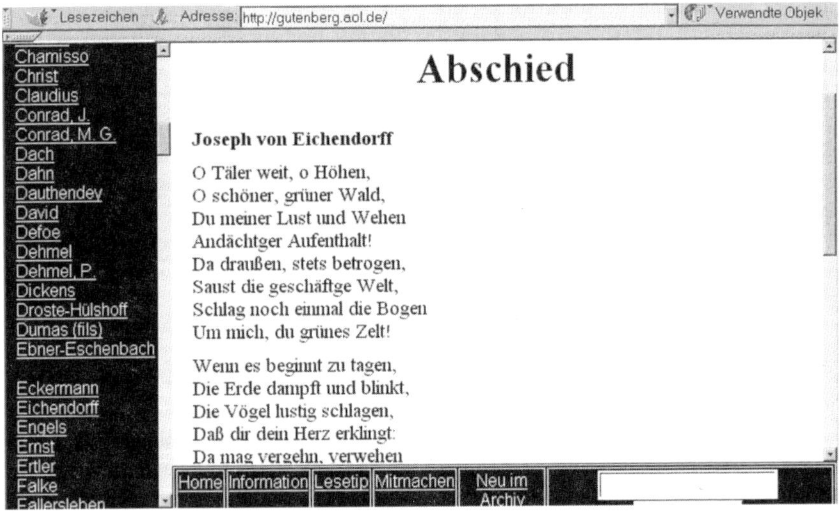

Gedicht besprochen, so kann man den Schülerinnen und Schülern den Auftrag geben, weitere Gedichte desselben Autors im Projekt Gutenberg zu recherchieren. Ein erster subjektiver Zugang zu den Texten könnte in einer „Hitliste" bestehen, in der die fünf Gedichte aufgeführt werden, die den Schülerinnen und Schülern am besten gefallen haben. Wird die Hitliste in der Klasse vorgestellt, so müssen der oder die Kritiker ihre Auswahl aber auch begründen. Analytisch-rezeptive Aufgaben wie formale und inhaltliche Vergleiche lassen sich daran anschließen.

Eine handlungsorientierte Unterrichtseinheit könnte sich zum Ziel setzen, dem Projekt Gutenberg neue Texte zur Verfügung zu stellen. Kleine Teams von zwei bis drei Schülern widmen sich dabei je einem Autor der deutschsprachigen Literatur und vergleichen die im Projekt Gutenberg abgelegten Texte mit denen einer einschlägigen Werkausgabe. Dazu eignen sich besonders solche Autoren, die im Netz noch mit einem relativ schmalen Oeuvre vertreten sind. Möglicherweise werden ihnen dabei Differenzen auffallen, die auf unterschiedliche Fassungen oder mangelhafte Eingabe zurückgeführt werden können. Auf diese Weise leitet man die Schülerinnen und Schüler generell zu einem kritischen Umgang mit Texten an, die im Internet veröffentlicht sind. Denn was für die schöne Literatur gilt, gilt gleichermaßen für alle anderen Online-Publikationen: Die in der Gutenberggalaxie üblichen Kontrollinstanzen wie Herausgeber und Verleger fehlen.
Anschließend sollen die Teams einen weiteren, noch nicht aufgenommenen Text auswählen, wobei die Entscheidung für einen bestimmten Text vor der Klasse begründet werden soll. Ob man dabei eine rein subjektive Argumentation als Lehrer akzeptiert oder weiterreichende Erwägungen verlangt (Abdruck in Lesebüchern für die Schule, Erwähnung in Lektürehilfen oder Literaturgeschichten, Stellenwert des Textes im Gesamtwerk des Autors gemäß Kommentar einer Werkausgabe etc.), wird von der Jahrgangsstufe und Schulart abhängen. Für das Projekt Gutenberg ist jeder neue Text ein Gewinn, sofern er mit Hilfe von Tastatur oder/und Scanner sauber erfasst worden ist. Daher sollten sich die Teams unbedingt am Schluss gegenseitig kontrollieren, bevor sie ihre Beiträge zum Versand fertig machen. Alle gängigen Formate werden akzeptiert, also HTML-Seiten ebenso wie Word-Dateien oder ASCII-Texte. Übermittelt werden sie einfach mit einer E-Mail, sodass eine solche Unterrichtseinheit keine besonderen technischen Kenntnisse auf Seiten der Schüler oder Betreuer verlangt.

Vielfach diskutiert wird in Wissenschaft und Kulturkritik, ob und wie sich die Rezeption von Literatur verändert, wenn man am Bildschirm statt in Büchern liest. Einig ist man sich, dass längere Texte am Monitor ungern verfolgt werden. Ob das lediglich ein Ergebnis unserer bisherigen literarischen Sozialisation ist, wird die Zukunft erweisen müssen. Wie aber steht es mit Kurztexten, beispielsweise Gedichten? Beeinflusst das Medium unsere Einstellung und verändert es dadurch die ästhetische Qualität der Texte?
Folgendes kleines Experiment lässt sich zur Diskussion dieser Frage ohne allzu großen Aufwand mit Schülern durchführen: Ausgewählt wird von der Lehrkraft ein im Projekt Gutenberg veröffentlichtes Gedicht, das noch nicht im Unterricht besprochen worden ist. Be-

sonders gut geeignet sind Gedichte, die eine breite emotionale Gefühlslage evozieren können, beispielsweise Naturgedichte. Am besten wird die entsprechende WWW-Seite gleich auf dem Server der Schule abgespeichert, dann entfallen später keine Online-Gebühren. Zwei Schülergruppen werden nach dem Zufallsprinzip gebildet, von denen eine das Gedicht als Papierausdruck erhält und die andere das Gedicht am Computer liest, ohne dass die Fragestellung des Experiments vorläufig bekannt gegeben wird. Dann beschreiben die Schülerinnen und Schüler ihren Eindruck von dem entsprechenden Gedicht mit Hilfe eines semantischen Differentials. Dieses von dem amerikanischen Psychologen *Osgood* entwickelte Verfahren erlaubt eine objektive Messung ästhetischer Eindrücke (vgl. z. B. *Sarris* 1985, S. 94–110). Die „Probanden" erhalten dazu eine Liste gegensätzlicher Adjektive, zwischen die eine Ratingskala aufgespannt ist.

Indem man für jedes Adjektivpaar den Mittelwert pro Gruppe bildet, wird das Experiment ausgewertet. Für unsere Zwecke genügt das arithmetische Mittel, obwohl streng genommen der Median berechnet werden müsste. Aussagekräftig sind summative Zuschreibungen, die unter 3,0 und über 5,0 im Mittelwert liegen. Unterscheidet sich das semantische Differential beider Gruppen in bestimmten Punkten, so kann dieser Unterschied auf das Medium zurückgeführt werden, mit dem das Gedicht rezipiert worden ist. In meinen Klassen haben sich solche Differenzen immer wieder ergeben, wobei die emotionale Einstellung zum Rechner als kalte und gefühllose Maschine die Rezeptionshaltung beeinflusst zu haben scheint. Die Visionäre am Media-Lab des M.I.T. wollen gerade diesem Problem zu Leibe rücken: Gearbeitet wird dort an einem Buch, das ganz traditionell aus einem Umschlag, einem Buchrücken und Seiten aus Papier besteht, im Verborgenen jedoch modernste Elektronik beherbergt. Diese soll dafür sorgen, dass die Seiten des Buches immer wieder neu beschrieben werden können. Wer also einen Text nicht gern am Bildschirm liest, der lädt ihn sich vom Computer ins digitale Buch, womit das Ende traditioneller Bibliotheken endgültig eingeläutet zu sein scheint (vgl. *Saur/Keifel* 1997).

**Semantisches Differential**

Beurteile deinen Texteindruck für jedes Eigenschaftspaar auf der Skala von 1 bis 7. Lasse dabei bitte kein Paar aus, auch wenn es dir noch so merkwürdig in diesem Zusammenhang vorkommt.

| | | |
|---|---|---|
| verträumt | (1)-(2)-(3)-(**4**)-(5)-(6)-(7) | nüchtern |
| geordnet | (1)-(2)-(3)-(**4**)-(5)-(6)-(7) | verworren |
| laut | (1)-(2)-(3)-(**4**)-(5)-(6)-(7) | leise |
| hell | (1)-(2)-(3)-(**4**)-(5)-(6)-(7) | dunkel |
| naiv | (1)-(2)-(3)-(**4**)-(5)-(6)-(7) | raffiniert |
| passiv | (1)-(2)-(3)-(**4**)-(5)-(6)-(7) | aktiv |
| gefühlvoll | (1)-(2)-(3)-(**4**)-(5)-(6)-(7) | kühl |
| lebhaft | (1)-(2)-(3)-(**4**)-(5)-(6)-(7) | ruhig |
| hart | (1)-(2)-(3)-(**4**)-(5)-(6)-(7) | weich |
| warm | (1)-(2)-(3)-(**4**)-(5)-(6)-(7) | kalt |
| grob | (1)-(2)-(3)-(**4**)-(5)-(6)-(7) | fein |
| sanft | (1)-(2)-(3)-(**4**)-(5)-(6)-(7) | wild |
| abstoßend | (1)-(2)-(3)-(**4**)-(5)-(6)-(7) | anziehend |
| verspielt | (1)-(2)-(3)-(**4**)-(5)-(6)-(7) | ernst |
| streng | (1)-(2)-(3)-(**4**)-(5)-(6)-(7) | mild |
| traurig | (1)-(2)-(3)-(**4**)-(5)-(6)-(7) | heiter |
| stark | (1)-(2)-(3)-(**4**)-(5)-(6)-(7) | schwach |
| gehemmt | (1)-(2)-(3)-(**4**)-(5)-(6)-(7) | enthemmt |

Zusammenfassend kann man Vor- und Nachteile der Literaturarchive in Form einer Erörterung von den Schülerinnen und Schülern diskutieren lassen:

| Sinn und Unsinn literarischer Textarchive im Internet | |
|---|---|
| **Pro** | **Kontra** |
| • Schneller, ortsunabhängiger Zugriff auf eine enorm große Bibliothek<br>• Nahezu kostenfreie Nutzung<br>• Leichte Weiterverarbeitung in elektronischen Schreibumgebungen<br>• Möglichkeit zur stellengenauen Suche nach Schlüsselbegriffen, Orten oder Namen | • Meist keine Hinweise zur Edition<br>• Meist keine hilfreiche Kommentierung<br>• Keine abgesicherte Textfassung<br>• Recherche und Rezeption an ein technisches Medium gebunden<br>• Bei längeren Texten unangenehme Rezeption am Bildschirm |

Eine Bereicherung des literarischen Lebens stellt das Internet ohne Zweifel insofern dar, als unbekannte Autoren das Medium dafür nutzen können, ihre Werke ohne großen finanziellen Aufwand einer breiteren Öffentlichkeit vorzustellen. Plattformen dazu gibt es im Netz der Netze viele. So bietet beispielsweise auch das Projekt Gutenberg die Option an, eigene literarische Beiträge per E-Mail einzusenden, die dann anschließend in Textarchiven unzensiert (mit Ausnahme sexistischer und rechtsradikaler Äußerungen) veröffentlicht werden. Es existiert eine ganze Reihe von elektronischen Zeitschriften, sogenannte *Ezines*, die ihren Lesern eine kostenlose Publikation ihrer Werke ermöglichen. Die Herausgeber dieser Literaturmagazine behalten sich allerdings eine Auswahl vor (z. B. „Der brennende Busch“: http://literatur.lake.de/in/busch/). Unter den Ezines befinden sich wiederum zahlreiche Schülerzeitungen (vgl. das Verzeichnis im Schulweb: http://www.schulweb.de) und viele von ihnen unterhalten eine eigene Rubrik, die dem literarischen Nachwuchs zur Verfügung steht (vgl. z. B. die Schülerzeitung der Kölner Hauptschule an der Borsigstraße: http://www.k.shuttle.de/k/hsborsigst/schulzei.htm).

Ein besonderes Forum ist die Newsgroup *de.alt.geschichten*. Unter einer *Newsgroup* versteht man allgemein ein virtuelles schwarzes Brett, auf dem die Benutzer öffentlich ein bestimmtes Thema diskutieren (Internetdienst „News“). Thema des Bretts *de.alt.geschichten* sind selbstverfasste Gedichte und Geschichten, die von den Hobbyautoren unzensiert angeschlagen werden. Dort warten sie nicht nur auf Leserinnen und Leser, sondern auch auf Kommentare, die die Rezipienten zu den Werken hinterlassen. So kann eine lebhafte Diskussion zwischen Autor und Leserschaft entstehen, die möglicherweise auch dazu führt, dass Geschichten und Gedichte gemeinschaftlich verbessert werden. Wenn man so will, ist *de.alt.geschichten* eine selbstorganisierte, virtuelle Schreibwerkstatt. Wer allerdings kein Publikum findet, dessen Werk wird vom Computersystem nach einigen Tagen unbarmherzig gelöscht. Im abgebildeten Beispiel hat der Newsgroup-Teilnehmer mit dem Kürzel APROZ eine Kurzgeschichte veröffentlicht, auf die zwei Leser geantwortet haben. *Olaf Czekay* lobt die „Kurgeschichte", schlägt dem Autor aber einen neuen Titel vor, wofür sich dieser in einem weiteren Schreiben bedankt.

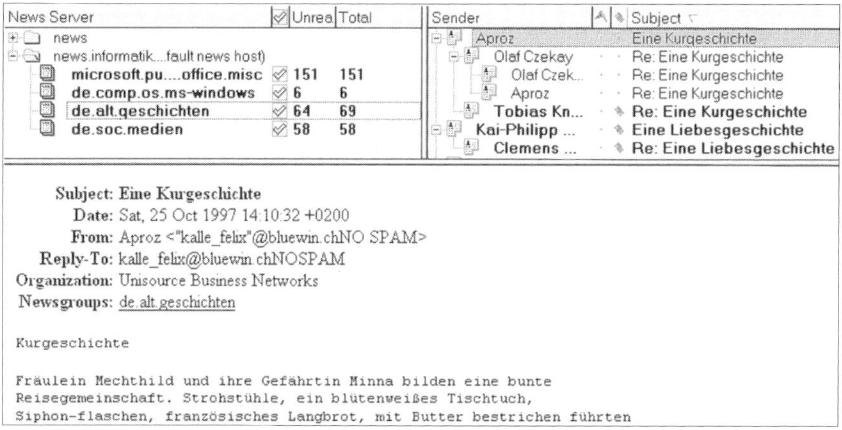


Die didaktischen Möglichkeiten, die sich daraus für den Deutschunterricht ergeben, sind vielfältig: Im Gegensatz zum üblichen Literaturunterricht, in dem sedimentäre Literatur etablierter Autorinnen und Autoren behandelt wird, können Schülerinnen und Schüler (aber auch ihre Lehrerinnen und Lehrer) unbelastet von anerkannten Interpretationen Analyse und Kritik betreiben. Die Ergebnisse müssen dabei nicht im Klassenzimmer verbleiben, sondern lassen sich mühelos per E-Mail an die Autoren weitervermitteln. Im Falle der Newsgroup *de.alt.geschichten* können sie sogar öffentlich diskutiert werden. Für den kreativen Schreib- und Literaturunterricht (vgl. dazu z.B. *Brenner* 1990, *Schuster* 1997) eröffnet sich die Möglichkeit, Schülerarbeiten ohne großen Aufwand zu publizieren. Dass eine Veröffentlichung die Schreibmotivation der Schülerinnen und Schüler ungeheuer erhöht, ist aus der Erfahrung mit Klassenbüchern bekannt. Eine Internetpublikation erweitert nicht nur den potentiellen Rezipientenkreis, sondern auch die Anzahl möglicher kritischer Reaktionen über Eltern, Lehrkraft und Mitschüler hinaus. Da die Texte im „flüssigen" elektronischen Medium vorliegen, können Anregungen von außen leicht aufgegriffen und umgesetzt werden.

## Schein-Internetliteratur

Im Gegensatz zu den gewöhnlichen Textarchiven ergründen hier Autorinnen und Autoren computerspezifische Ausdrucksmittel, um eine neue Art der experimentellen Literatur zu schaffen. Ich bezeichne sie als „Schein-Internetliteratur", ohne damit von vorneherein bereits eine Aussage über deren literarische Qualität machen zu wollen. Die speziellen Möglichkeiten des Internets bleiben aber außen vor; im Prinzip dient das Netz auch hier lediglich als Vertriebsweg. Zahlreiche Varianten lassen sich entdecken: Die Autoren programmierter Bildschirmgedichte setzen die Tradition der Visuellen Poesie fort, indem sie mimetische Textgebilde in Bewegung versetzen. Eine animierte Variante des bekannten Apfelgedichts von *Reinhard*

*Döhl* ist beispielsweise „worm applepie for doehl“ von *Johannes Auer* (http://www.stuttgart.de/stadtbuecherei/tango/s/worm/applepie. htm).

„Transelektrische Verse“ erzeugt online der automatische Gedichtgenerator „DadaData“ von *Hartmut Landwehr* (http://www.hsl.com/dada). Ebenfalls Zufallsgedichte komponiert „Günthers genialer Gedichtgenerator“ „Poetron 4G“ (http: // www.in-chemnitz.de/guenther.gehl/poe tron).

Den weitaus größten Teil von Pseudo-Internetliteratur machen sogenannte *Hyperfictions* aus, worunter man die Anwendung der Hypertextidee auf die Literatur versteht (vgl. *Kepser* 1999, Teil II, Kap 2). Der Rezipient findet am Monitor epische, dramatische oder lyrische Texte vor, bei denen hervorgehobene Schlüsselwörter (keywords, hotwords) auf weitere Texte bzw. Textbausteine verweisen. Hyperfictions bestehen also aus miteinander vernetzten Dokumenten. Statt solche Werke linear von der ersten bis zur letzten Bildschirmseite zu lesen, entscheidet man sich für eine Fortsetzung bzw. Unterbrechung der Lektüre, indem man einem beliebigen Hyperlink folgt. Seit der Entwicklung multimedialer Soft- und Hardware können Hyperfictions neben geschriebener Sprache auch Grafiken, Musik, Geräusche, Animationen und sogar Videosequenzen beinhalten.

Als eine der ersten deutschsprachigen Hyperfictions im Internet gilt *Norman Ohlers* Roman von der Liebe in Zeiten des Cyberspace „Die Quotenmaschine“, der später auch in Buchfassung veröffentlicht worden ist (*Ohler* 1996; ausführliche Analyse bei *Kepser* 1999, Teil II, Kap 2). Im Gegensatz zur vollständigen Fassung (http://www.techno.net/map) und zum Print-Roman, die ein etwas reiferes Publikum voraussetzen, eignet sich die Kompaktfassung durchaus als Anschauungsmaterial für den Unterricht (http://www.icf.de/qm).

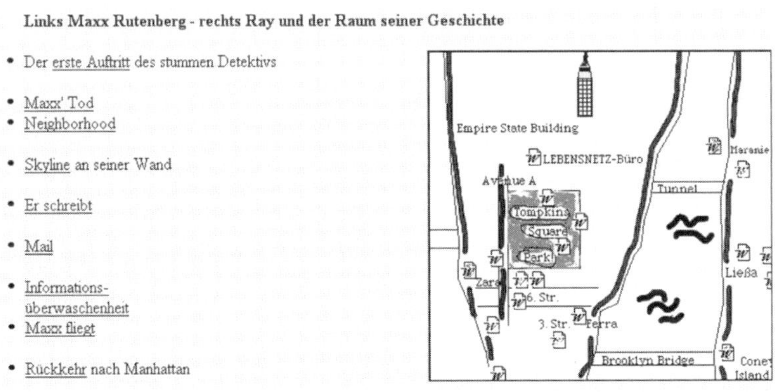

Auf den ersten Blick bekräftigt „Die Quotenmaschine“ die These der Hypertheory, dass Hypertexte eine Raumästhetik entwickeln (vgl. etwa *Schmundt* 1996, S. 55). Zentrale Anlaufstelle dieser Hyperfiction ist nämlich eine stilisierte Karte von New York. Der Leser hat die Wahl, entweder über verschiedene „Einstiegsvarianten“ oder über das Anklicken eines bestimmten Ortes auf der sensitiven Landkarte ins Romangeschehen vorzudringen. Welchen Weg er auch einschlägt, die Hyperdokumente werden ihn später immer wieder zum Ausgangspunkt der Landkarte zurückverweisen. Orte und Personen konstituieren damit vermeintlich weit mehr den Roman als die Zeit. Auf den zweiten Blick erweist sich „Die Quotenmaschine“ aber dann doch als „Zeit“-Geschichte, denn die Hauptbeschäftigung der Protagonisten besteht in der Bewältigung ihrer Vergangenheit.

Enormen Auftrieb hat die Produktion von Hyperfictions in Deutschland durch den Internet-Literaturwettbewerb der Wochenzeitung „Die Zeit“ und IBM erhalten, der seit 1996 jährlich ausgelobt wird. Die meisten Einsendungen gehören eindeutig zur Schein-Internetliteratur vom Typ „Hyperfiction“, wie ein Blick in das Online-Archiv zeigt (erreichbar über http://www.ZEIT.de/tag/surftips/index.html). Auch einige der preisgekrönten Arbeiten zählen dazu, beispielsweise *Martina Kieningers* dadaistisches Bauerntheater „Der Schrank. Die Schranke. 1 Stück Theater für 1 Denker im Denktank“ (vgl. auch *Kieninger* 1996)

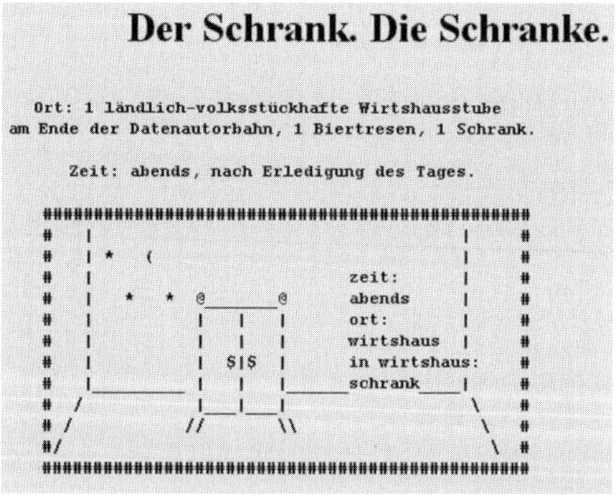


Die Geschichte der Schein-Internetliteratur geht auf Zeiten zurück, in denen das Internet noch keine Rolle im Ensemble der Massenmedien spielte. Visuelle Poesie für den Computer wurde Anfang der 90er Jahre aus der Taufe gehoben, wobei die Pascal- und Basic-Programme auf Disketten vertrieben wurden. Die ersten Generatoren für deutschsprachige Autopoeme entstanden bereits Ende der 50er Jahre als Studienobjekte für die Informatik (vgl. *Kepser* 1999, Teil I, Kap. 3). Das Geburtsjahr literarisch ambitionierter Hyperfictions ist mit 1987 anzugeben, denn in jenem Jahr veröffentlichte der US-amerikanische Schriftsteller und Professor für kreatives Schreiben *Michael Joyce* seinen Computerroman „Afternoon“ auf Diskette. Tatsächlich lässt sich die Idee der vernetzten fiktionalen Textwelten bis ins Jahr 1976 zurückverfolgen, als *Will Crowder* und *Don Woods* das erste Computerspiel der Gattung „Textadventure“ erfanden (vgl. *Kepser* 1999, Teil II, Kap 2.). Die Verwendung von HTML-Code und Java ist also kein ästhetisches Spezifikum dieser Form von Literatur.

In der Deutschdidaktik wurden diese Experimente aufmerksam verfolgt, sodass schon seit längerem sinnvolle Unterrichtsvorschläge dafür vorliegen. Sie können für die Schein-Internetliteratur ohne weiteres übernommen werden. Die Konstruktion eines eigenen Autopoemprogramms gehört dabei sicherlich eher in den Informatikunterricht, wobei beratende fächerübergreifende Zusammenarbeit mit dem Fach Deutsch sinnvoll ist. Als operative Verfahren zum Umgang mit fertigen Autopoemprogrammen wie sie das Internet anbietet, wurden beispielsweise für den Deutschunterricht vorgeschlagen (vgl. zusammenfassend *Kepser* 1999, Teil I, Kap. 3):

- bedeutsam erscheinende Zufallsgedichte auswählen;
- eine adäquate Überschrift finden;
- aus mehreren Computergedichten Textcollagen anfertigen;
- Autopoeme verändern und gegebenenfalls verbessern;
- eine Parodie auf traditionelle Literaturinterpretationen verfassen;
- eine zum Gedicht passende Künstlerbiografie erfinden;
- Computerpoeme aus einer ungeordneten Sammlung von Gedichten mit menschlicher und maschineller Autorenschaft heraussuchen.

Visuelle Poesie auf dem Computer wurde als Projekt aus der Taufe gehoben, um computerbegeisterte Jugendliche an Probleme der Ästhetik heranzuführen. Die Schülerinnen und Schüler sollten zu einem gegebenen oder selbst gewählten Thema eine Gedichtidee entwickeln und diese mit Hilfe einer bekannten Programmierumgebung (Basic, Turbopascal) im fächerübergreifenden Unterricht umsetzen. Tatsächlich sind Anfang der 90er Jahre eine ganze Reihe recht ansehnlicher Schülerarbeiten entstanden (vgl. zusammenfassend *Kepser* 1999, Teil I, Kap. 3). Möglicherweise wird man in einem Oberstufenkurs auch Jungprogrammiererinnen und Jungprogrammierer finden, die solches mit der Programmiersprache „Java“ für das Internet versuchen wollen.

Jüngeren Datums sind Ideen zum Umgang mit Hyperfictions, da deutschsprachige Beispiele erst seit Mitte der 90er Jahre vorliegen. Einen brauchbaren Textfundus, aus dem man als Deutschlehrer und -lehrerin auswählen kann, bietet neben dem bereits erwähnten Archiv des Internet-Literaturwettbewerbs die systematische Liste deutschsprachiger Hyperfictions http://www.update.ch/beluga/hypfic.htm. Um Onlinekosten zu sparen, empfiehlt es sich, die benötigten Internetseiten mit einem entsprechenden Dienstprogramm auf den Server der Schule herunterzuladen (der Systembetreuer wird gern behilflich sein, wenn man dafür technische Unterstützung braucht). Auf diese Weise kann man den Schülerinnen und Schülern auch leicht demonstrieren, dass solche Literatur das Internet als Medium eigentlich nicht benötigt. Hyperfiction lebt u. a. von einer Ästhetik des „Was steckt dahinter?“. Ein guter Einstieg besteht deshalb darin, zunächst nur eine Textseite (die Theoretiker sprechen auch von „Infoid“) mit mehreren Hyperlinks zu präsentieren. Die Schülerinnen und Schüler können dann (ggf. schriftlich) Hypothesen entwickeln, welche Texte sich nach dem Anklicken des Hotwords zeigen werden. Es hat sich in der Praxis nicht bewährt, die Klasse anschließend nach Belieben ohne weitere Aufträge lesen zu lassen (vgl. *Wichert* 1997, S. 126). Hypertexte verführen zu einer flüchtigen Rezeption, denn das bloße Vorhandensein eines Hyperlinks baut Spannung auf, die gerade bei anspruchsvollen Hyperfictions oft größer ist als diejenige, die der gerade aufgerufene Text erzeugt. Deshalb sollten die Schülerinnen und Schüler zu jeder gelesenen Seite eine kurze inhaltliche Notiz anfertigen. Diese Notizen sind Grundlage, um später in einem Gesprächskreis Rezeptionserfahrungen austauschen zu können. Eine interessante Aufgabe besteht darin, Inhaltsangaben anfertigen zu lassen. Bei einer guten Hyperfiction werden sich zwangsläufig ganz verschiedene Zusammenfassungen ergeben, denn jeder Leser wird sich einen individuellen Weg durch das Textnetz bahnen. Die US-amerikanische Hypertheory behauptet deshalb, dass Hyperfiction den Rezipienten in viel höherem Maße an der Entstehung des Kunstereignisses beteiligt als herkömmliche Literatur (vgl. *Kepser* 1999, Teil II, Kap. 2).

Natürlich kann man auch anhand von Hyperfictions analytisch-rezeptive Fertigkeiten für den Umgang mit Literatur trainieren, also beispielsweise Personencharakteristika erstellen, Handlungsorte untersuchen, Satzbau analysieren, Erzählperspektiven bestimmen usf. Für die meisten Schülerinnen und Schüler der Sekundarstufen stellt dies aber eine Überforderung dar, denn die für lineare Texte eingeführten Methoden lassen sich nicht so ohne weiteres auf vernetzte Texte übertragen. Ein tieferer Einstieg in die ästhetische Theorie der Hypertexte würde aber dem didaktischen Prinzip der Exemplarität widersprechen: Hyperfictions sind nun mal eine Randerscheinung im literarischen Leben und ob sich das in Zukunft ändern wird, ist fraglich. Motivierender und didaktisch leichter zu begründen ist die Produktion eigener Hypergeschichten oder -gedichte. Man braucht dazu keineswegs Programmiererfahrung, denn spezielle Software bzw. Softwaremodule machen das Erstellen von Hypertexten so einfach wie etwa das elektronische Verarbeiten von Texten, zumindest solange man sich auf die Grundfunktionen beschränkt: Texteingabe, Formatieren der Texte, ggf. Einbinden von Grafiken und Hintergrundtexturen, Markieren von Textteilen als Hyperlinks, Eingabe der Vernetzungsadressen. In der Vergangenheit hat man an Schulen häufiger das mächtige (und nicht ganz billige) Autorensystem *Toolbook* der Firma Asymetrix eingesetzt, um Hyperfiction mit Schülerinnen und Schülern zu produzieren (vgl. etwa *Zentralstelle für Computer im Unterricht* 1998). Ich empfehle stattdessen, HTML-Editoren zu verwenden, zumal man die in HTML erzeugten Werke auch anschließend leicht ins Internet stellen kann, sofern die Schule eine eigene Homepage unterhält. Die moderneren Versionen der bekannten und weit verbreiteten Textverarbeitungsprogramme bieten inzwischen alle die Option an, HTML-Dokumente zu erzeugen, sodass keine neue Software angeschafft werden muss (z. B. WORD 97). Alle wesentlichen Funktionen sind auch in den gängigen Browsern wie „Internet-Explorer“ und „Netscape Communicator“ integriert, die beide derzeit umsonst verbreitet werden. Noch mehr Gestaltungsspielraum eröffnet beispielsweise der WYSIWYG-Editor AOL-PRESS, der ebenfalls kostenlos über die Homepage von AOL (http://www.aolpress.com) heruntergeladen werden kann. AOL-PRESS bietet zusätzlich recht gute Werkzeuge, um die erstellten Dokumente zu verwalten. Hyperfictions werden nämlich generell sehr schnell unübersichtlich, vor allem dann, wenn man nicht bereits vorher die Vernetzungsstruktur bis ins Detail festgelegt hat.

Ein Klassenprojekt „Hyperfiction“ organisiert man am besten ähnlich wie die Herstellung eines Klassenbuches: Zuerst wird ein gemeinsamer fiktionaler Rahmen festgelegt. Das kann z. B. die Beschreibung eines (fiktiven) Dorfes sein, in dem verschiedene Menschen leben. Ihre gegenseitigen Beziehungen sollen von den Schülerinnen und Schülern in kleinen Geschichten erzählt werden, die später mit Hyperlinks verknüpft werden. Normalerweise bildet man dazu Teams von zwei bis drei Autoren, die an einem Rechner eine fiktive Person in den Mittelpunkt ihres Textes stellen. Damit die Geschichten später nicht auseinander fallen, müssen sie sich mit den Teams absprechen, deren Personen mit der ihren zu tun haben sollen. Es gilt die Regel: Hyperlinks von eigenen Dokumenten auf andere zu legen, ist grundsätzlich erlaubt, nicht aber umgekehrt. Denkbar ist auch, eine (copyrightfreie!) Erzählung eines bekannten Autors zu verwenden, die mit Hilfe von Hyperlinks ausgedeutet wird. Die Schülerinnen und Schüler markieren erweiterbare Textteile der Originalerzählung als Hyperlink und verbinden sie so mit einem eigenen fiktionalen Text. *Adalbert Wichert* hat dazu folgende Vorschläge gemacht:

- Schilderung eines im Text nur erwähnten Raumes,
- Schilderung von Aussehen, Kleidung, Ausstrahlung einer Figur,
- Briefe von einer Figur an eine andere oder an zusätzliche Figuren, die außerhalb des Erzählgeschehens stehen,
- Kommentare des Erzählers,

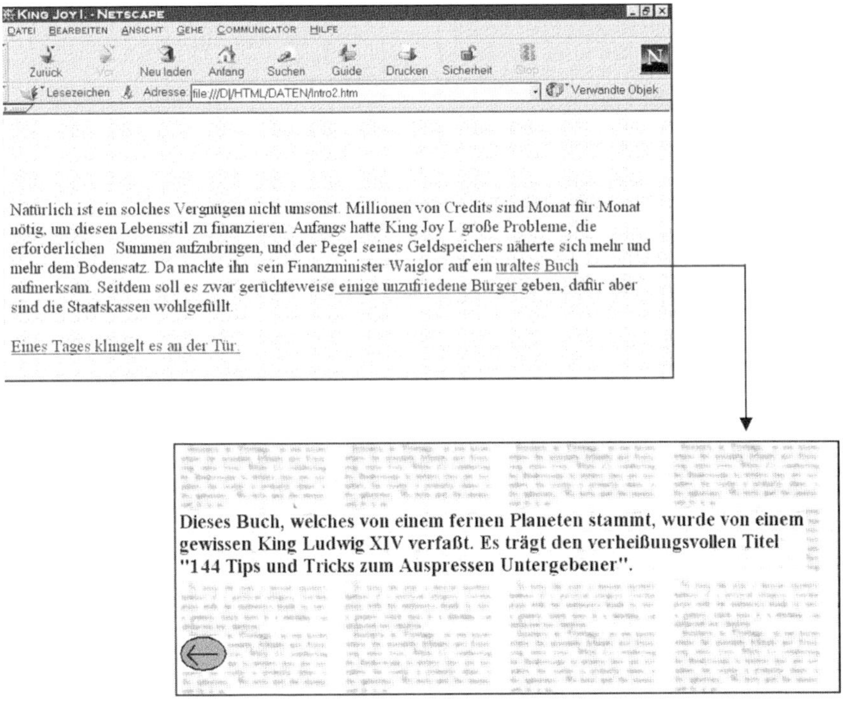

- kleine Nebenepisoden,
- Parallelen zum erzählten Geschehen aus den Perspektiven verschiedener Figuren,
- alternative Schlüsse [...].
  (*Wichert* 1997, S. 127)

Eine weitere Möglichkeit besteht darin, eine bereits vorliegende Geschichte in eine Hyperfiction umzustrukturieren, so wie das beispielsweise zwei meiner ehemaligen Schüler (10. Klasse Gymnasium) an nur einem Wochenende mit einer Novelle von *Stanislaw Lem* getan haben (nachzulesen unter http://www.01019freenet.de/kepser/titel.htm).
➜ *Abb. S. 119*

## „Echte" Internetliteratur

Von „echter" Internetliteratur kann man eigentlich nur dann sprechen, wenn das Kunstereignis an das Medium Internet gebunden ist und nicht ohne Verlust mit einem anderen Medium erzeugt werden kann. Autorinnen und Autoren nutzen also internetspezifische Möglichkeiten, um damit ein literarisches Werk zu realisieren. Neben der Verwendung von HTML als Seitenbeschreibungssprache und ggf. „Java" zur Programmierung sind dies im Wesentlichen:

- die schnelle und beliebig häufige Aktualisierbarkeit des zur Verfügung gestellten Datenbestandes,
- die Möglichkeit, den eigenen Datenbestand mit jedem beliebigen anderen WWW-Dokument einseitig zu vernetzen, das irgendwo auf der Welt gespeichert ist und
- die Zweiseitigkeit des Kommunikationskanals. Das bloße Vorhandensein eines E-Mail-Buttons genügt mir allerdings noch nicht, um eine medienspezifische Ästhetik anzunehmen. Dies ist erst der Fall, wenn die Zweiseitigkeit des Kommunikationskanals auch das Werk in irgendeiner Weise tangiert.

„Work in Progress"-Projekte entwickeln ihren Reiz aus der ersten Option: Der Leser kann dem Dichter quasi über die Schultern schauen und die Entstehung eines Werkes Schritt für Schritt mitverfolgen. Die unmittelbare Nachbarschaft von Produktion und Rezeption führt dabei zu einer ganz eigenen Leseerfahrung. Häufig schreiben die Autoren nicht nur an ihrem Werk, sondern kommentieren auch den Fortgang der Arbeit oder geben Einblick in ihre Ideensammlung. Bisweilen kann man per E-Mail oder Chat (schriftliches Gespräch mehrerer Personen in Echtzeit) den Stand diskutieren, was unter Umständen die Fortentwicklung beeinflusst. „Work in Progress"-Projekte hat beispielsweise das ZDF-Kulturmagazin „Aspekte" in den letzten Jahren mit *Joseph von Westphalen, Illija Trojanov* und *Matthias Politycki* initiiert (aktuell: http://novel.zdf.de), wobei abgeschlossene Arbeiten in Buchform veröffentlicht worden sind. Eine literarische Seifenoper, an deren Fortsetzung die Internetleser beteiligt werden, ist die „Heldenfußallee" (http://win.bda.de/bda/nat/hfa/).
„Collaborative Writing"-Projekte sind mit den „Work in Progress"-Projekten insofern verwandt, als auch hier der Entstehungsprozess ganz wesentlich zur Ästhetik des Werkes dazugehört. Im Gegensatz zu letzteren arbeiten hier aber stets mehrere, mehr oder weniger gleichberechtigte Autoren an einem Gemeinschaftswerk. Unwesentlich ist, ob es sich dabei um eine herkömmliche Erzählung oder um eine offene Hyperfiction handelt. Mitschreibmöglichkeiten

hat beispielsweise die Kölner Gruppe „Global Visions Of Other Natures“, kurz GVOON angeboten (http://www.gvoon.de).

Eine dritte Sorte von echter Internetliteratur sind Hyperfictions, die über ihre eigene Datenbasis hinaus Verbindungen in die Weiten des globalen Netzes enthalten. Zahlreiche thematische Links enthält etwa das literarische Tagebuch „Lon-On-Line“ des Schweizer Schriftstellers *Emil Zopfi*, das er anlässlich eines mehrwöchigen Aufenthalts in Großbritanniens Hauptstadt verfasst hat (http://www.access.ch/zopfi/London/Londons.html). Besonders gut scheint diese Technik für die Gestaltung von Hyper-Kriminalromanen geeignet zu sein: Entsprechende Muster findet man im „Internet-Krimi“ des bekannten Autors *Roger Graf* (http:www.access.ch/rgraf/) und in *Burghard Schröders* Hyperfiction „Das Einstein-Bose-Syndrom“ (http://www. burks.de), die inzwischen auch als lineare Buchfassung erschienen ist (*Schröder* 1997). So führt beispielsweise ein Link bei *Roger Graf* auf die Homepage der Stadt Ravensburg, wo der Leser Informationen findet, die für die spätere Lösung des Falles dienlich sein können.

Eine letzte Form ist zwischen Computerspiel, Echtzeitkommunikation und Literatur anzusiedeln: die „Multiuser Dungeons/Dimensions“, kurz MUDs. Ein MUD kann als virtuelle Welt beschrieben werden, in der sich mehrere hundert Spieler gleichzeitig aufhalten können. Angesiedelt ist die MUD-Welt zumeist im Bereich der Sciencefiction oder Fantasy. Dem jeweiligen Genre entsprechend wird man als neuer Spieler dazu aufgefordert, sich eine passende Identität und ein Pseudonym auszusuchen. Ziel des Spiels ist es, verschiedene Abenteuer erfolgreich zu bestehen, um in der MUD-eigenen Hierarchie

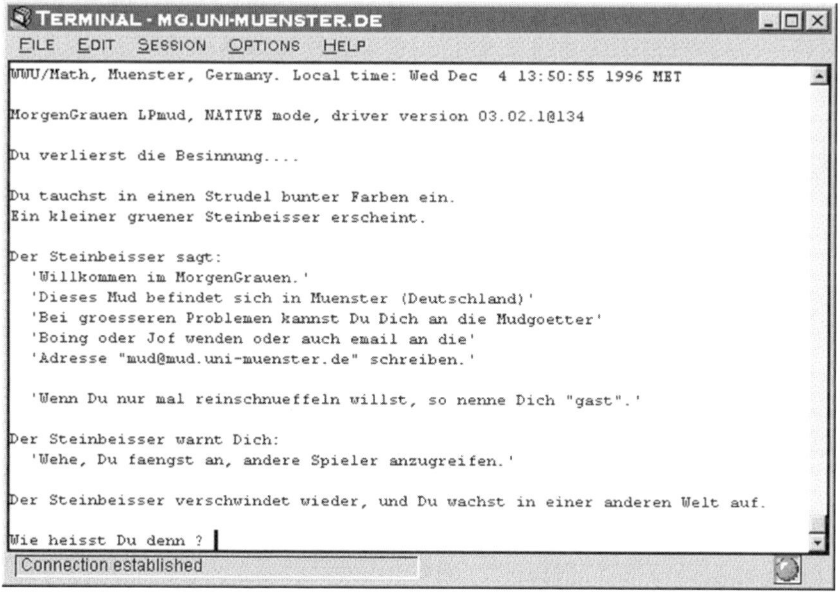

aufzusteigen. Das bringt unter anderem die Freiheit mit sich, dass man eigene Räume und Länder den bereits vorhandenen hinzufügen darf. Auf seinem Weg durch die textbasierten Landschaften und Städte wird man auf zahlreiche Wesen stoßen, von denen manche computergeneriert, andere hingegen Menschen aus Fleisch und Blut sind. Da man mit allen Handlungsträgern in Echtzeit kommunizieren kann, fällt die Unterscheidung aber meist nicht schwer. MUDs gelten als die am weitest fortgeschrittene Stufe virtueller Gemeinschaften. Ihre Mitglieder unterhalten u. a. eigene elektronische Zeitungen und treffen sich auch im richtigen Leben, um miteinander zu feiern. Alle deutschsprachigen MUDs sind unter der Internetadresse http://www. mud.de zu erreichen; abgebildet ist die Einstiegsseite eines der populärsten deutschen MUDs mit dem Namen „MorgenGrauen“. → *Abb. S. 121*

„Work-in-Progress“-Projekte sind für den Deutschunterricht insofern interessant, als hier die Schülerinnen und Schüler die Möglichkeit haben, den Prozess literarischen Schaffens direkt mitzuverfolgen. Da die meisten Autoren nicht regelmäßig schreiben, beauftragt man am besten einen oder zwei Schüler, den aktuellen Stand mitzuverfolgen und die Klasse entsprechend zu informieren. Sofern ein Feedback vorgesehen ist, können die laufenden Arbeiten kommentiert sowie Ideen für Fortsetzungen übermittelt werden. Sehr reizvoll ist es, mit den Schülerinnen und Schülern selbst Fortsetzungen zu schreiben, die gegebenenfalls Ideenmaterial aufgreifen, das der Autor im Netz veröffentlicht hat. Anhand der verschiedenen Fassungen lässt sich u. a. diskutieren, mit welcher Stringenz die Personencharakteristik und die Handlung angelegt sind.

„Work in Progress“-Projekte können auch als Vorbild für eine prozessorientierte Schreibdidaktik dienen, wie sie die Forschung seit längerem einklagt (vgl. etwa *Feilke/Portmann* 1996). Ein noch weitgehend unentdecktes Instrument, das sowohl prozessorientiertes als auch gemeinschaftliches Schreiben im Deutschunterricht hervorragend unterstützt, ist der Basic Support for Cooperative Work (BSCW) der Gesellschaft für mathematische Datenverarbeitung (GMD). Diese Internet-Plattform ist dazu gedacht, in geschlossenen Nutzergruppen Dokumente zu erstellen, die von den Mitgliedern der Gruppe gelesen, schriftlich kommentiert und sogar verändert werden können, ohne dass die Ursprungsfassungen dabei verloren gehen. Nicht

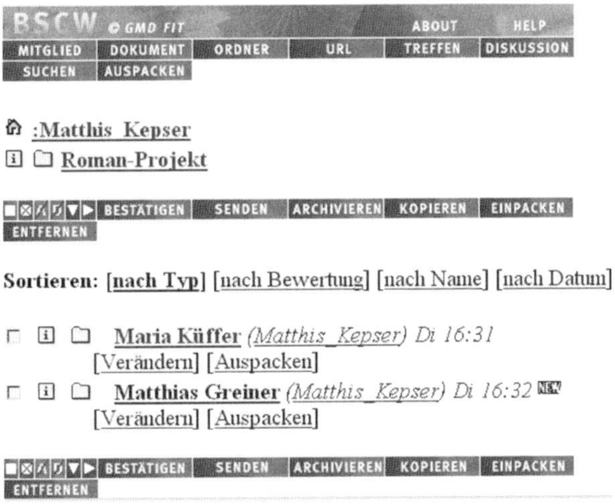

die elektronische Veröffentlichung eines fertigen Textes ist hier das primäre Ziel, sondern die Arbeit am Text. Öffentliche Bildungseinrichtungen dürfen den BSCW-Server kostenlos benutzen (http://bscw.gmd.de). „Work in Progress" braucht Zeit, sodass diese Arbeitsform nicht für das Schreiben eines Hausaufsatzes geeignet ist, der am übernächsten Tag abgegeben werden muss. Man könnte aber beispielsweise einen kleinen Roman in Auftrag geben, der aus mindestens fünf Kapiteln bestehen und innerhalb von sechs Wochen fertiggestellt werden soll. Für jeden beteiligten Schüler wird auf dem BSCW-Server ein Brett eingerichtet, auf dem er seine Ideen unterbreitet und fertige Kapitel zu Diskussion stellt. Wem gerade nichts einfällt, der kann selbstverständlich auch mit einer Notiz oder Mail Hilfe anfordern. Das Verwalten einer BSCW-Arbeitsgruppe ist nicht schwierig; auch relative Computerlaien arbeiten sich in ein bis zwei Stunden ein. Klassenkameraden und die beteiligte Lehrkraft sind dazu angehalten, die Bretter der Beteiligten regelmäßig zu besuchen, den aktuellen Stand zu sichten und Kommentare sowie Verbesserungsvorschläge zu hinterlassen. Schülerinnen, Schüler und Lehrer, die zuhause einen Internetanschluss besitzen (und das werden in den nächsten Jahren immer mehr werden), haben jederzeit die Möglichkeit, den BSCW-Server außerhalb der Schule zu besuchen, um dort zu arbeiten. Ein Password sorgt dafür, dass nur autorisierte Personen sich in das Projekt einklinken können. Wenn zuhause ein Computer ohne Online-Anschluss vorhanden ist, dann kann man immerhin die Texte schon vorbereiten; BSCW akzeptiert alle gängigen Dateiformate wie z. B. WORD-Dokumente. Die Dateien müssen dann in der Schule nur noch von Diskette auf den BSCW-Server übertragen werden. Schülerinnen und Schülern ohne private Rechner ist natürlich ausreichend Gelegenheit zu geben, ihre Arbeiten in der Schule selbst voranzutreiben. Beim prozessorientierten Schreiben wird üblicherweise nicht oder nicht nur das Endergebnis bewertet, sondern die Fähigkeit des Schülers, Vorschläge und Kommentare anderer für sich fruchtbar zu machen. Da BSCW alle Entwicklungsstufen aufhebt, wird ein solches Vorgehen optimal unterstützt.

Bereits im Internet etablierte, offene „Collaborative-Writing"-Projekte haben den Vorteil, dass man sich ihnen im Deutschunterricht ohne großen organisatorischen Aufwand anschließen kann. Einen „Geschichtenwurm" initiierte beispielsweise die Grundschule Schwerte (http://rhs.schwerte.de/projekt/htm). Fortsetzungen durften nicht nur die Schüler aus Schwerte vorschlagen, auch andere Jungautoren konnten ihre Ideen per E-Mail einsenden. Während der „Geschichtenwurm" aus herkömmlichem linearen Text besteht, ist das „Spielzeugland" von *Dietmar Karlowski* und *Lars Zinner* eine offene Hyperfiction. Produzenten und Rezipienten sind überwiegend Schülerinnen und Schüler der Sekundarstufen. Wie beim „Geschichtenwurm" kann man seine Fortsetzungsideen per E-Mail einreichen, wobei natürlich auch angegeben werden muss, an welcher Stelle der Geschichte der Hyperlink gesetzt werden soll, der zu dem neuen Text führt. Die Einbindung erfolgt dann durch die Betreuer des Projekts (http://www-public.rz.uni-duesseldorf.de/~karlowsk/spiel.html).

MUDs sollte man immer dann zum Thema des Deutschunterrichts machen, wenn Schülerinnen und Schüler damit bereits Vorerfahrungen haben. Die Wahrscheinlichkeit, einen oder mehrere MUD-Spieler in einer Mittel- oder

Oberstufenklasse vorzufinden, ist relativ hoch. Während früher hohe Verbindungsgebühren dafür gesorgt haben, dass sich hauptsächlich Studenten mit kostenlosem Internetzugang eine zweite virtuelle Existenz aufgebaut haben, leisten sich heute auch viele Teilnehmer mit privatem Internetanschluss dieses Vergnügen. Zu sprechen wird dann aber nicht nur über literarische Traditionen sein, die sich die MUD-Schöpfer zum Vorbild genommen haben. Von MUDs behaupten die Spieler selbst, dass sie dazu verführen, für Stunden, Tage oder Wochen die literarische Welt der realen vorzuziehen.

## Resümee

Die Qualität der hier vorgestellten fiktionalen Internetliteratur ist umstritten. Den virtuellen Archiven sagt man nicht zu Unrecht nach, willkürliches Ergebnis der Aktivitäten mehr oder weniger sorgfältig arbeitender Hobbygermanisten zu sein. Auf der anderen Seite eignen sie sich hervorragend dazu, um schnell Einsicht in ein Werk zu nehmen, das man zuhause gerade nicht greifbar hat. Auch das Aufsuchen von Textstellen wird durch die Textarchive erleichtert. Von gemeinschaftlich im Internet verfasster Literatur erwarten einige die konsequente Fortführung des Demokratisierungsgedankens, wie ihn beispielsweise *Joseph Beuys* in die Bildende Kunst eingebracht hat. Andere sind der Ansicht, dass gemeinschaftliches Arbeiten zwar bei wissenschaftlichen Texten sinnvoll und erfolgreich sei, sich Kunstwerke aber auch in Zukunft nicht erdiskutieren lassen würden (vgl. *Zimmer* 1997).

Auch die literarische Qualität der derzeit im Netz befindlichen Hyperfiction ist nach Ansicht der meisten Kritiker im Durchschnitt eher mäßig. Symptomatisch dafür ist der 2. Internet-Literaturwettbewerb von ZEIT und IBM Deutschland 1997, bei dem die Jury weder einen ersten noch einen zweiten Platz vergab. *Hermann Rotermund*, Literaturwissenschaftler und Mitjuror, vergleicht die Situation mit der des Hörfunks in Deutschland zwischen 1923 und 1930: Zwar wurde heftig diskutiert, welche Kunstform für dieses neue Medium angemessen sei, bis zur Entwicklung und Akzeptanz einer genuinen Hörspielkunst vergingen aber noch gut 20 Jahre. Ob sich eine anspruchsvolle medienspezifische Kunstform für das Internet überhaupt entwickeln wird, sei zum gegenwärtigen Zeitpunkt nicht vorherzusagen. *Rotermund* verweist auf den Telegrafen und stellt fest, dass nicht jedes neue Medium auch eine originäre Kunstform hervorgebracht habe (*Rotermund* 1997). Grundsätzliche Bedenken erhebt *Dieter E. Zimmer*: Am Bildschirm werde nachgeschlagen, nicht gelesen. Schnelle Informationsaufnahme und nicht meditative Durchdringung kennzeichne den Rezeptionsprozess. Auch sei Linearität aufs engste mit unserer Erfahrungsweise von Welt verknüpft. Zwar habe es durchaus seinen Reiz, die Linearität der Erzählung einmal durch ein hypertextuelles Story-Puzzle zu ersetzen. Das epochale Wunder, das sich manche davon erhoffen, dürfte aber auf sich warten lassen. Dennoch sollte man seiner Ansicht nach Web-Literatur nicht bereits ad acta legen: Hypertext sei ein mächtiges Werkzeug, das durchaus in den Händen eines begabten Autors zu einer eigenständigen Internetkunst führen könne (*Zimmer* 1997). Auf den „Online-Ulysses" (*Rotermund* 1997) zu warten, ist daher keine Liebesmüh, deren Vergeblichkeit a priori feststeht. Immerhin ist mit der Internetliteratur ein poetisches Begehren wiedererwacht, das man in Deutschland seit etwa 15 Jahren für so gut wie tot hielt: der Wille zum literarischen Experiment.

Experimentelle Literatur wird seit den 60er Jahren als Bereich angesehen, der für die Deutschdidaktik besonders fruchtbar ist. Schülerinnen und Schüler entwickeln ihr gegenüber oft geringere Rezeptionswiderstände als bei klassisch gewordenen Texten. Noch entscheidender ist aber, dass sie zur Eigenproduktion anregen, zur aktiven Beteiligung am Abenteuer Literatur. Das Internet bietet eine neuartige Spielwiese für dieses Abenteuer. Lassen wir uns darauf ein!

## Literatur


*Abraham, U./Kepser, M.*: living books zwischen Computermedien und Buchliteratur: medientheoretische und fachdidaktische Überlegungen. In: Der Deutschunterricht 1, 2000 (i. Dr.)

*Bollmann, St./Heibach, Chr.* (1996) (Hrsg.): Kursbuch Internet. Anschlüsse an Wirtschaft und Politik, Wissenschaft und Kultur. Mannheim: Bollmann

*Brenner, G.* (1990): Kreatives Schreiben. Ein Leitfaden für die Praxis. Frankfurt/Main: Cornelsen

*Coleman, M.* (1997): Die Internet-Detektive: Jagd auf das Phantom. Würzburg: Arena

*Cross, G.* (1996): Auf Wiedersehen im Cyberspace. Wien: Ueberreuter. (Als TB-Ausgabe bei DTV für 2000 angekündigt)

*Feilke, H./Portmann, P.R.* (1996): Schreiben im Umbruch. Schreibforschung und schulisches Schreiben. Stuttgart u. a.: Klett

*Gibson, W.* (1989): Neuromancer. München: Heyne (amerik. Original 1984)

*Hildebrandt, J.* (1999): Internet: Ratgeber für Lehrer. 5. erw. Auf. Köln: Aulis

*Kaiser, R.* (1997): Literarische Spaziergänge im Internet. 2. erw. Aufl. Frankfurt/Main: Eichborn

*Kepser, M.* (1999): Massenmedium Computer. Perspektiven für den Deutschunterricht. Dissertation, Universität Würzburg. Würzburg 1999. Erscheint demnächst als: *M. Kepser*: Massenmedium Computer. Ein Handbuch für Theorie und Praxis des Deutschunterrichts. Bad Krozingen: D-Punkt

*Kerner, S.* (1998): Geheimgang ins Medici-Florenz. „Achtung Zeitfalle!" eine „Discworld-Novel" als Cyberspace-Krimi. In: Praxis Deutsch, H. 150, S. 45–47

*Kieninger, M.* (1996): Der Schrank. Die Schranke. In: DIE ZEIT. Magazin special Nr. 39, S. 12–17

*Ohler, N.* (1996): Die Quotenmaschine. Hamburg: Hoffmann und Campe (TB-Ausgabe: Reinbek b. Hamburg: rororo 1998)

*Rose, K.* (1997): Keine Scheu vor dem Computer im Deutschunterricht. In: Deutschunterricht H. 1, S. 20–26.

*Rösler, D.* (1997): Störtebeker im Netz. Eine Science-Fiction? Reinbek: rororo

*Rotermund, H.* (1997): Warten auf den Online-Ulysses. Über das Problem des Internet, eine eigene Kunstform zu finden. In: DIE ZEIT Nr. 41, S. 78

*Sarris, V.* (1985): Experimentalpsychologisches Praktikum Bd. I. Weinheim, Basel: Beltz

*Saur, M./Keifel, H.* (1997): Das Buch der Zukunft. In: DIE ZEIT – Magazin Nr. 43, S. 44–49

*Schröder, B.* (1997): Cypherguerilla. München: Heyne

*Schmundt, H.* (1996): Strom, Spannung, Widerstand. Hyperfictions – die Romantik des elektronischen Zeitalters. In: *M. Klepper, R. Mayer, E.-P. Schneck* (Hrsg.): Hyperkultur. Zur Fiktion des Computerzeitalters. Berlin, N.Y.: de Gruyter, S. 44–67

*Schuster, K.* (1997): Das personal-kreative Schreiben im Deutschunterricht. Hohengehren: Schneider

*Stieper, F.* (1996): Computerdetektei Klops & Lücke: Gefangen im Cyberspace. Hannover: Kerle

*Wichert, A.* (1997): Hypertext im Deutschunterricht. Überlegungen zur Rhetorik und Didaktik des Hypertextes. In: *E.-B. Berndt, U. Schmitz* (Hrsg.): Neue Medien im Deutschunterricht (= OBST 55). Osnabrück: Redaktion OBST, S. 118–131

*Zentralstelle für Computer im Unterricht* (1998) (Hrsg.): Hypertexte im Deutschunterricht. Begriff - Merkmale – Projekte. Augsburg (Erhältlich über: *Zentralstelle für Computer im Unterricht*. Schertlinstr. 9, 86159 Augsburg)

*Zimmer, D. E.* (1997): Text in Tüttelchen. Web-Literatur: Realität? Gerücht? Verheißung? Sackgasse? In: DIE ZEIT Nr. 46, S. 61


Das Internet ist ein dynamisches Medium. Es kann deshalb nicht garantiert werden, dass die in diesem Beitrag genannten Internetadressen über einen längeren Zeitraum gültig sind. Wenn eine Fehlermeldung erscheint, dann kann es sein, dass das entsprechende Dokument einfach gelöscht wurde. Mit hoher Wahrscheinlichkeit ist es aber lediglich auf einen anderen Server umgezogen. Die neue Adresse ermittelt man am besten über eine Suchmaschine.

Günther Thomé, Dorothea Thomé

# Zur Qualitätsbewertung von neuen Medien für den Deutschunterricht

## Von der Produktbewertung zum Bewertungsprozess

### Einstieg

Zwar gibt es mittlerweile gute und sogar empfehlenswerte neue Medien für den Deutschunterricht, der Großteil weist aber immer noch deutliche Mängel auf, die nicht hinzunehmen sind, und die gegen einen Unterrichtseinsatz der Software sprechen. Dass wir in Bezug auf die Qualität neuer Medien und ihrer Bewertung noch am Anfang stehen, belegen einige Zahlen: Für das Fach Deutsch sind in der Datenbank „SODIS" (Version 99-2), einer bundesweiten Dokumentation von 4 126 pädagogischen Softwareprodukten, für die Sekundarstufe I und II insgesamt 279 Produkte verzeichnet. Von diesen 279 Produkten werden nur 19 als „beispielhaft" oder „bedingt beispielhaft" bewertet! Erfahrungsberichte aus dem Deutschunterricht liegen nur für 8 Programme vor. Diese Zahlen sprechen eine deutliche Sprache.

Wir können es uns aber nicht leisten, unsere Schüler mit qualitativ mangelhaften Online- und Offline-Medien, die zudem viel Geld kosten, arbeiten zu lassen. Es ist nicht akzeptabel, dass gute Angebote immer noch wie Stecknadeln im Heuhaufen gesucht werden müssen. Warum ist der Anteil guter Produkte so gering, und warum sollte es nicht möglich sein, diesen Anteil durch verbesserte Qualitätssicherungs-Maßnahmen zu erhöhen? Welche Verfahren aus dem beruflichen Weiterbildungssektor sind partiell adaptierbar? Welche Kriterien zur Bewertung neuer Medien sollte man als Lehrerin/Lehrer, Studentin/Student, Schülerin/Schüler und Eltern kennen, um die Qualität von Software fundierter einschätzen zu können? Welche Institutionen stellen Informationen und Hilfen zur Qualitätsbewertung zur Verfügung?

### Zur Notwendigkeit der Qualitätsbewertung von neuen Medien

Jede kompetente Bewertung der Qualität von Dingen setzt Wissen voraus: Wissen über vergleichbare Dinge oder Wissen darüber, wie und für welchen Zweck die Dinge beschaffen sein könnten oder sollten. Dieses trifft auch auf die Bewertung neuer Medien zu. Schüler oder Schülerinnen, die das erste Mal mit einem mehrfarbigen, animierten und mit Musik hinterlegten Lernprogramm arbeiten, finden dieses normalerweise „toll". Wenn jedoch dann Benutzungsprobleme auftauchen (die Software funktioniert nicht oder nicht erwartungsgemäß), werden die Lerner den Fehler meistens bei sich selbst suchen. Das mag manchmal begründet sein, aber in der Regel sind die Schwie-

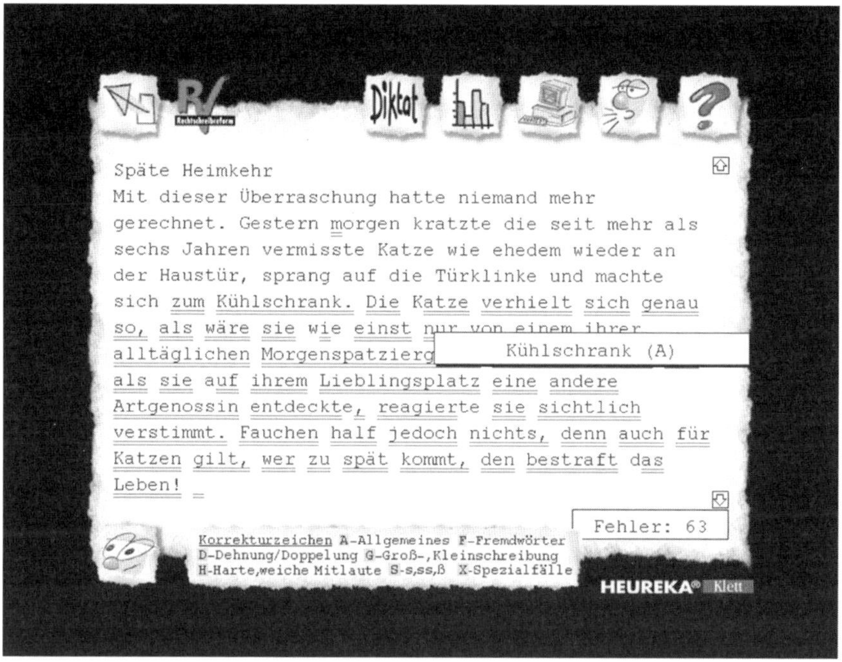


*Abb. 1: Beispiel einer Fehlerdiagnose in: „Diktat Deutsch", 7./8. Klasse, alle Schularten*

rigkeiten softwarebedingt. Neben den technischen Funktionen sind es aber auch die fachdidaktischen und medienpädagogischen Eigenschaften eines Programms, die in vielen Fällen verbesserungsbedürftig sind. Dieses soll im Folgenden an drei typischen Beispielen verdeutlicht werden. Damit wollen wir nicht auf einige besonders mangelhafte Programme hinweisen, sondern lediglich die Notwendigkeit von Qualitätssicherungs-Maßnahmen illustrieren.

Einen neuralgischen, häufig fehlerhaften Bereich in Lern- und Übeprogrammen bilden die Rückmeldungen auf richtige oder falsche Schülerantworten. Zur Qualitätssicherung der „Interaktivität", die oft diese Bezeichnung nicht verdient, sind programmtechnische, fachdidaktische und medienpädagogische Bewertungen notwendig. Im ersten Beispiel (→ *Abb. 1*) handelt es sich um „Diktat Deutsch" vom Heureka Klett Verlag. Das Programm bietet eine Auswahl an Diktaten für Schüler der 7. und 8. Klassen. Die Texte werden in professioneller Aussprachequalität Satz für Satz vorgesprochen und sollen vom Lerner eingetippt werden. Dabei fällt positiv auf, dass alleine die Schülerinnen und Schüler entscheiden, wann der nächste Satz diktiert wird, sodass genügend Zeit zum Überlegen oder gar Nachschlagen bleibt. Außerdem kann jeder Satz auf Wunsch wiederholt vorgelesen werden. Am Ende eines Diktates können die Schüler ihre Texte auf Rechtschreibfehler überprüfen lassen.

Der Bildschirmausdruck (→ *Abb. 1*) zeigt ein geschriebenes Diktat, in dem (in der

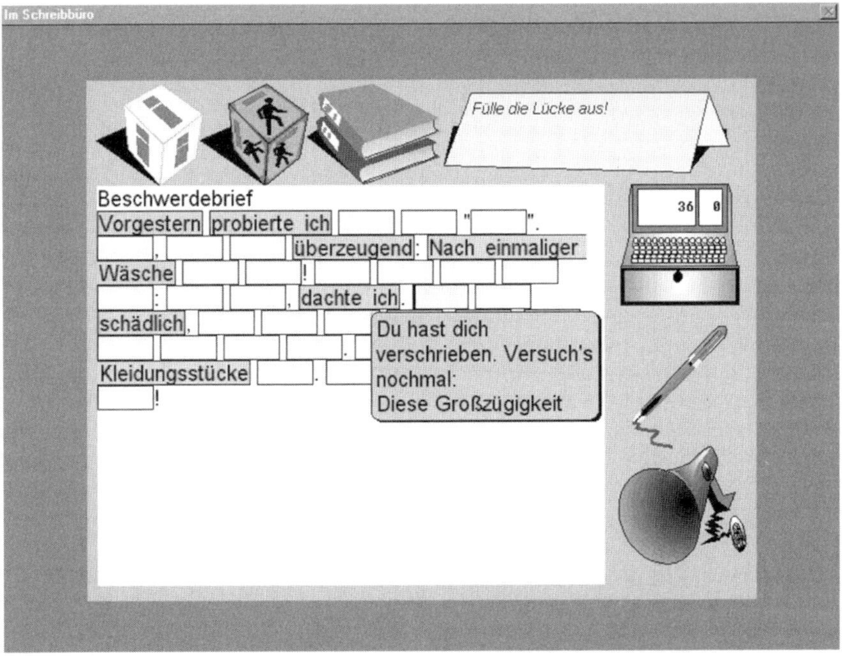


*Abb. 2: „Ulk – Expedition auf dem Meeresgrund", 6./8. Klasse*

5. Zeile) drei Wörter ausgelassen, die weiteren Wörter aber korrekt geschrieben wurden. Alle nach der Auslassung folgenden Wörter werden daraufhin als falsch bewertet, und die Ergebnismeldung lautet: 63 Fehler! Wenn man mit dem Mauszeiger über ein als falsch markiertes Wort kommt, wird ein Korrekturvorschlag eingeblendet; in unserem Beispiel befand sich der Mauszeiger auf dem Wort „Katze", das angeblich falsch sei und korrekt „Kühlschrank" geschrieben werden müsse. Ganz offensichtlich werden die einzelnen Wörter nur in Bezug auf die an der jeweiligen Textposition erwartete Form überprüft, wodurch es nach einer Wortauslassung zu dieser gravierenden (programmtechnisch bedingten) Fehlfunktion kommt. Neben der mangelhaften Rechtschreibprüfung, lässt die Fehlerkategorisierung unter fachdidaktischem Aspekt sehr zu wünschen übrig. Es gibt nur die Kategorien: Allgemeines, Fremdwörter, Dehnung/Dopplung, Groß-/Kleinschreibung, harte/weiche Mitlaute, s/ss/ß und Spezialfälle. In unserem Beispiel werden fast alle „Fehler" (= richtige Schreibungen, aber an einer vom Programm nicht erwarteten Position) als „allgemeine Fehler" eingestuft. Das Beispiel zeigt, dass – zwar lerntheoretisch veraltete – aber teilweise gut gestaltete Übeprogramme namhafter Schulbuchverlage noch erhebliche Mängel aufweisen können, die durchaus vermeidbar wären. Leider begegnet uns dieses Phänomen seit es Lernsoftware für das Fach Deutsch gibt (vgl. *Thomé* 1989).

Die programmtechnischen und fachlichen Probleme einer Fehleranalyse werden im didaktisch wenig anspruchsvollen Rechtschreib-Lernprogramm „Ulk“ vom Cornelsen Verlag (→ *Abb. 2*) vermieden, indem die geschriebenen Wörter überhaupt nicht detailliert analysiert, sondern nur als falsch oder richtig bewertet werden. Positiv fällt auf, dass man für jedes zu schreibende Wort neu auswählen kann, ob es vorgesprochen oder vorgeschrieben werden soll.
Das ursprünglich französische Programm ist übrigens 1995 mit dem Deutschen Bildungssoftware Preis „digita“ ausgezeichnet worden. Vom nordrhein-westfälischen *Landesinstitut für Schule und Weiterbildung*, Soest, wird es allerdings kritisch beurteilt: „ULK bleibt insgesamt noch dem instruierenden Lernparadigma verhaftet, bleibt, bei allen auflockernden Features, eben ein ‚Fun-and-Practice‘-Programm, in dem Instruktion, Übung und Kontrolle dem Lernprozess den Takt schlagen. Derartige Programme hält das Landesinstitut für Schule und Weiterbildung nicht für beispielhaft.“ (*Klein* 1996, S. 154 f.) Dieses Urteil kann man wahrscheinlich auf alle drei der hier erwähnten Produkte beziehen, die von demselben lerntheoretischen Grundsatz: „Lehren – Üben – Können“ ausgehen.

Bei einem Vergleich der Rechtschreibprüfung und der Rückmeldung nach inkorrekten Schreibungen von „Diktat Deutsch“ und „Ulk“ kann man sich fragen, was positiver einzuschätzen ist: eine zwar knappe und im Falle von Wortauslassungen vollständig versagende, aber immerhin vorhandene Fehleranalyse („Diktat Deutsch“) oder der gänzliche Verzicht auf eine qualitative Fehlerklassifikation, wobei dann natürlich auch nichts schiefgehen kann („Ulk“).

Ein ganz anderes Problem der Rückmeldung zeigt sich in „Tim 7" (→ *Abb. 3*) vom Heureka Klett Verlag. Wenn in einer grammatischen Übung alle Fragen richtig beantwortet werden, bekommen die Lerner danach nicht die angestrebten Pluspunkte, sondern müssen sich noch eine umständliche „Belehrung“ über den gerade erfolgreich bearbeiteten Bereich anhören, dann gibt es erst die Punkte. Es verwundert nicht, wenn eine Schülerin, 6. Klasse, dazu bemerkt:
„Bei diesen Aufgaben kriegst du erst die Punkte, wenn du dir noch das Gelaber zu der Aufgabe anhörst, obwohl du schon alles richtig gemacht hast. Das finde ich dumm, da höre ich gar nicht hin. Ich finde es besser, wenn man für die Leistung die Punkte kriegt!“
Die grammatischen Erklärungen sind durch ihre hölzerne, mit Fachtermini überfrachtete Form für Schüler, die den Bereich noch nicht beherrschen, wenig hilfreich, für die anderen schlicht langweilig und abschreckend. Hier liegt eine pädagogisch-didaktisch verfehlte Art der Rückmeldung vor, die in jedem Fall demotivierend wirkt.

Diese drei Beispiele sollten einen kleinen Eindruck von der Vielfalt der konkreten Softwaregestaltung vermitteln, die es bei der Bewertung von Übe- und Lernprogrammen zu berücksichtigen gilt. Neue Medien kann man nach verschiedenen Softwaretypen differenzieren. Die Bandbreite reicht von einfachen Lernprogrammen über Werkzeuge bis hin zu Simulations- und Experimentierumgebungen (zur Klassifizierung der Typen s. *Landesinstitut für Schule und Weiterbildung* 1998, S. 23 ff.; s. a. den Beitrag von *G. Thomé* in diesem Buch). An die Lern- und Übeprogramme müssen andere Maßstäbe angelegt werden als an Erlebnisumgebungen oder

*Abb. 3: „Tim 7 – und die Brieffreundin", 6. Klasse*

Simulationen. Auch der Vielfalt der inhaltlichen Bereiche (Rechtschreibung, Grammatik, Texte verfassen, Literatur, Internetarbeit und Textverarbeitung) muss Rechnung getragen werden. Hinzu kommen individuelle Gewichtungen der einzelnen Qualitätskriterien. So hängt es von der jeweiligen Lehrkraft ab, wie sie z. B. den fachdidaktischen Inhalt, das Softwaredesign, die Lernerorientierung und Benutzerfreundlichkeit gewichtet. In unterschiedlichen Lehr- und Lernumgebungen können die Kriterien ganz andere Bedeutung haben. Kurz: Es existiert das Problem einer zwangsläufigen Unzulänglichkeit allgemeingültiger Kriterien. Viele Autoren (*Schulmeister* 1997, S. 387 ff.; *Kohrt* 1995, S. 4 ff.; *Euler* 1992, S. 180) weisen daraufhin, dass das Bewerten neuer Medien ein außerordentlich schwieriges Unterfangen sei, das für die einzelne Lehrerin oder den einzelnen Lehrer eine weitaus komplexere Anforderung darstelle als das Bewerten traditioneller Medien. Nicht nur aus diesem Grund ist eine innovative Lehreraus- und -weiterbildung an den Universitäten verstärkt zu verankern (s. die Beiträge von *Inge Blatt* und *Wilfried Hartmann* in diesem Band; s. a. *Schönert* 1998; *Wermke* 1997).

## Wie kann man neue Medien bewerten?

### Über verschiedene Verfahren zur Qualitätsprüfung

Unter Qualität versteht man heute überwiegend eine positive Eigenschaft, also eine gute Qualität. In der Antike bedeutete Qualität (qualitas) ganz neutral so viel wie Beschaffenheit oder Eigenschaft. Zwar kann man auch heute von schlechter Qualität sprechen, alleine gebraucht werden aber mit dem Begriff Qualität normalerweise positive Merkmale assoziiert.

Nach *Wallmüller* (1990, S. 7 ff.; vgl. auch *Dunn* 1993) kann man fünf Ansätze von idealtypischen Qualitätsvorstellungen unterscheiden: den transzendenten, produkt-, anwender-, prozess- und den Preis-Nutzen-bezogenen Ansatz.

Transzendente Vorstellungen besagen, dass Qualität zwar prinzipiell erkennbar, aber nicht präzise definier- oder messbar sei.

Der produktbezogene Ansatz geht von der Vorstellung aus, dass Qualität exakt messbar sei, sodass eine Qualitäts-Rangordnung verschiedener Produkte erstellt werden könne.

Nach dem anwenderbezogenen Ansatz wohnt die Qualität weniger dem Produkt selbst inne, sondern wird erst durch die Produktbenutzer festgelegt.

Der prozessbezogene Ansatz sieht im Mittelpunkt die Entwicklung eines Produktes, die kontrolliert werden müsse, damit sie möglichst reibungslos und ohne Qualitätsverlust ablaufen könne.

Der Preis-Nutzen-bezogene Ansatz betont den engen Bezug zwischen Preis und Qualität, d. h. ein Produkt müsse einen bestimmten Nutzen mit einer bestimmten Qualität zu einem entsprechenden Preis erbringen.

Neben einer spontanen, oft unbewussten Einschätzung von Dingen, die uns im Alltag begegnen, gibt es eine methodisch anspruchsvollere Art, die Qualität oder den Wert einer Sache zu analysieren. Diese exakteren (nicht zwangsläufig quantifizierenden) Prüfverfahren werden Evaluationen genannt.

Evaluation bedeutet eine Bewertung von Dingen, Verfahren, Prozessen, Institutionen u. a., die nach methodisch festgelegten Untersuchungsschritten durchgeführt wird (vgl. auch *Wottawa/Thierau* 1990). *Erich Behrendt* und *Helmut Kromrey* fügen dieser Definition die wichtige Unterscheidung zwischen Produkt- und Prozessevaluation hinzu: „Prinzipiell kann sich Evaluation im pädagogischen Feld entweder – als Produktevaluation ... auf ‚didaktische Produkte‘ ... beziehen oder aber – als Prozessevaluation – auf deren Anwendung, also auf Lehr- und Lernprozesse im Rahmen der durch die ‚didaktischen Produkte‘ konstituierten Lernumgebungen“ (*Behrendt/Kromrey* 1995, S. 30). Allerdings müssen die Prozessevaluationen noch früher ansetzen, nicht erst als Bewertung von Produkten und ihrer Anwendungen, sondern auch als Evaluation des Herstellungsprozesses (vgl. *Winkelmann* 1991). *Leo Bonekamp* (1994) betont die Vorteile der Verknüpfung von Evaluation und Produktionsprozess und weist darauf hin, dass durch frühe und kooperative Evaluationen die Qualität der Software erheblich gesteigert werden kann.

Weiterhin werden Evaluationsuntersuchungen in formative, summative, innere, äußere und vergleichende Evaluationen unterteilt. Unter einer formativen Evaluation versteht man die Bewertung eines Produkts, die vor seiner Vollendung durchgeführt wird. Bezogen auf neue Medien bedeuten formative Evaluationen, dass die Programme schon während ihrer Entwicklung qualitativ bewertet werden. Das formative Evaluieren, d. h. das systematisch in den Herstellungsprozess integrierte Bewerten und Verbessern von Produkten, erfordert differenzierte Untersuchungsmethoden wie Expertenreviews, Beobachtung einzelner oder mehrerer Lerner, Ergebnis-, Lernweg- oder Fragebo-

genanalysen, Pilotstudien, automatische Antwortanalysen, Einzelfalltests, „Lautes Denken" (d. h. laute Schülerkommentare beim Lernen) usw. Die frühzeitige Integration formativer Evaluation im Entwicklungsprozess der Software ist ein entscheidender Schritt zur Qualitätsverbesserung. Nach *Leo Bonekamp* (1994) zeigt sich deutlich, dass formative Evaluationsmethoden erst relativ spät (und damit zu spät) im Entwicklungsprozess der Software eingeplant werden (s. a. *Reeves* 1992).
Summative Evaluationen beziehen sich dagegen auf bereits fertiggestellte Software. Sollen Ergebnisse von summativen Evaluationen für eine Produktverbesserung genutzt werden, muss der Herstellungsprozess teilweise oder ganz wiederaufgenommen werden. Der erhebliche Aufwand und die damit verbundenen Kosten lassen in der Regel Softwarehersteller lange zögern oder ganz davon absehen, am fertigen Produkt festgestellte Mängel zu beheben.
Weiterhin unterscheidet man innere und äußere Evaluationen. Wenn die Entwickler von neuen Medien an der Evaluation beteiligt sind, liegt eine innere Evaluation vor, mit Beteiligung externer Bewerter, eine äußere Evaluation.
Um die Frage nach der Lerneffizienz verschiedener Medien beantworten zu können, führt man vergleichende Evaluationen durch. Mit ihrer Hilfe soll geklärt werden, ob die Schüler mit einem Medium effektiver lernen als mit einem anderen. In der Regel wird eine Schülergruppe, die mit dem innovativen Material arbeitet, mit einer traditionell unterrichteten Kontrollgruppe verglichen. *Thomas C. Reeves* (1992, S. 49) bezeichnet diese Art von Vergleichsuntersuchungen etwas abschätzig als „Pferderennen-Evaluationen" (s. a. *Schulmeister* 1997, S. 393 ff.). Er fordert, dass solche Evaluationen erst nach einem summativen Durchlauf in Angriff genommen werden sollten.
Insgesamt kann man von einer großen Spannbreite der Evaluationsverfahren sprechen, die von einer reinen Produktbewertung einerseits und stärker prozessbetonten, systematischen und lernerorientierten Ansätzen andererseits reicht.

## Wer bewertet die neuen Medien?

### Über die Arbeit des Landesinstituts für Schule und Weiterbildung, Soest

Die meisten Lehrerinnen und Lehrer sind im Bereich des Lehrens und Lernens mit neuen Medien und ihrer Qualitätsbewertung nicht genügend ausgebildet und auf Hilfestellungen durch Kollegen, Beratungsinstitutionen und Weiterbildungsveranstaltungen angewiesen. Mittlerweile gibt es eine Vielzahl von Institutionen, die sich mit neuen Unterrichtsmedien und ihrer Evaluation befassen, und die eine dringend notwendige Servicefunktion zur Vermittlung von Informationen und Wissen übernehmen, z. B. in Baden-Württemberg das *„Landesinstitut für Erziehung und Unterricht"* (LEU) in Stuttgart oder in Schleswig-Holstein das *Institut für die Pädagogik der Naturwissenschaften* (IPN) in Kiel (s. *Anhang A* und *B*; nützliche weiterführende Hinweise bieten auch *van Lück* 1997, S. 243 ff. und *Wolpert* 1997). Wir möchten uns im Folgenden auf das *Landesinstitut für Schule und Weiterbildung* in Soest (Nordrhein-Westfalen), als die bekannteste und engagierteste Institution in Bezug auf die Bewertung neuer Medien innerhalb des deutschsprachigen Raumes, konzentrieren. Eingehende Beschreibungen weiterer, auch internationaler Institutionen finden sich in den empfehlenswerten Veröffentlichungen von *Horst Dichanz* (1999), *Rolf Schulmeister* (1997, S. 11 ff.), der OECD (*Organisation for Economic Cooperation and Development*) (1998; 1991) und *Leo Bonekamp* (1994).

Das *Landesinstitut für Schule und Weiterbildung*, Soest, wurde 1978 als Einrichtung des Landes Nordrhein-Westfalen gegründet. In der *Beratungsstelle für Neue Technologien* werden verschiedene landes- und bundesweite Aktivitäten in Bezug auf die Sichtung, Sammlung und Evaluation neuer Medien durchgeführt. Im Folgenden soll näher eingegangen werden auf: die *Datenbank SODIS*, das *Prüfverfahren für neue Medien* und den Katalog *Kriterien zur Bewertung von Offline- und Online-Medien.*

***Die Datenbank SODIS***

Das *Landesinstitut für Schule und Weiterbildung* betreut die wichtigste länderübergreifende Datenbank für neue Medien für den schulischen und beruflichen Bereich in Deutschland und Österreich: das *Software Dokumentations- und Informations-System*, genannt SODIS. Das SODIS-Projekt, das 1988 aus einem BLK-Modellversuch entstand, beinhaltet die Sammlung von qualitativen Beschreibungen, summativen Produktbewertungen und Erprobungsberichten über verfügbare Unterrichts- oder unterrichtsbegleitende Software. Individuelle Recherchen sind auf einer CD-ROM, also offline, oder online über den Landesbildungsserver „learn : line“ (s. *Anhang A* und *B* unter: Nordrhein-Westfalen) möglich. Als Offline-Datenbank kann SODIS beim Landesinstitut in Soest als CD-ROM bestellt (DM 50,-) oder abonniert (zwei Neuversionen pro Jahr) werden.

Die Hauptfunktion von SODIS besteht darin, eine Orientierungshilfe für die Auswahl geeigneter Unterrichtssoftware zu geben, indem auf sogenannte „beispielhafte“ neue Medien, die fach- und mediendidaktischen Anforderungen am ehesten entsprechen, hingewiesen wird. Als „beispielhaft“ gelten Online- und Offline-Medien mit konstruktivistisch statt instruktivistisch-orientierten Inhalten und Methoden (*Driscoll/Dick* 1999; *O'Reilly/Pratt/Winbourne* 1997; *Schulmeister* 1997, S. 71 ff., 115 ff.), die ein eigenaktives Lernen der Schüler ermöglichen und unterstützen sollen:

„Beispielhafte Neue Medien können die Lernenden zu eigenen Fragen und zum individuellen Staunen anregen. Sie können die subjektiven Interessen und Gefühle der Lernenden aufgreifen, an persönliche Erfahrungen und Beobachtungen anknüpfen, für sinnliche Wahrnehmungen und authentische Begegnungen aufschließen und zu praktischer Eigentätigkeit und zum Handeln in der gesellschaftlichen, natürlichen und informellen Wirklichkeit herausfordern. Medien dieser Art können ein eigenaktives und konstruktives Lernen durch Tätigkeiten wie: Lesen, Stöbern, Schreiben, Anordnen, Strukturieren, Umgestalten, Modellieren, Simulieren und Entdecken fördern. Multimedia und Telekommunikation ermöglichen auch eine internationale und interkulturelle Kommunikation.“ (*Landesinstitut für Schule und Weiterbildung* 1998, S. 11)

Es folgt das Beispiel einer SODIS-Datenbank-Recherche (Version vom 15.6.1999) über das Angebot an neuen Medien für den Deutschunterricht. Wir möchten vorab betonen, dass alle Angaben über den derzeitigen Softwaremarkt Informationen mit kurzem „Haltbarkeitsdatum“ sind. Das Angebot unterliegt großen Schwankungen, viele Softwareprodukte werden vom Markt genommen und neue Versionen oder Produkte kommen hin-

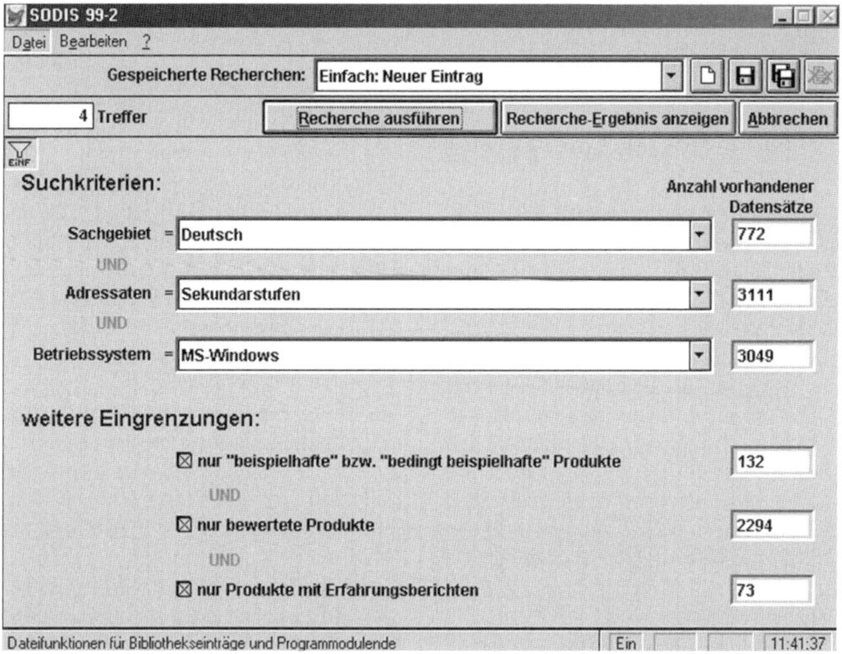


*Abb. 4: Bildschirmausdruck aus der Datenbank „SODIS" (Version 99-2) mit der Bestandsanzeige für das Fach Deutsch*

zu. Ohne die Datenbank ist es sehr schwer, sich unter zumutbarem Aufwand einen fundierten Überblick über das aktuelle Marktangebot zu verschaffen. Hier bietet die Datenbank SODIS, die zweimal jährlich auf den neuesten Stand gebracht wird, die umfangreichste und gleichzeitig zuverlässigste Informationsquelle. Am Rande sei bemerkt, dass SODIS kein multimediales Programm ist, alle Informationen sind also nur in schriftlicher Form als Text oder Liste und nicht als Bild oder gar als Demoversionen verfügbar (→ *Abb. 4*).

Zur Zeit sind insgesamt 4 126 neue Medien, davon 2 294 mit Bewertungen, in der Datenbank enthalten. SODIS bietet unterschiedliche Suchmöglichkeiten an: eine einfache, eine erweiterte und eine freie Recherche. Eine „einfache Recherche" kann folgendermaßen aussehen. Wir fragen ab, wie viele Produkte für das Fach Deutsch in der Sekundarstufe I und II (die unter dem Betriebssystem MS-Windows laufen) verzeichnet sind. Durch die drei folgenden Spezifikationen kann die Suche weiter eingegrenzt werden:

- nur „beispielhafte" bzw. „bedingt beispielhafte" Produkte
- nur bewerte Produkte
- nur Produkte mit Erfahrungsberichten.

Unsere SODIS-Recherche, nach Sekundarstufe I und II differenziert, erbringt als Resultat:

| *Anzahl der Produkte für das Fach Deutsch, die unter MS-Windows laufen:* | für SEK I 246 | für SEK II 200 |
|---|---|---|
| davon gibt es bewertete Produkte | 176 | 132 |
| oder „beispielhafte"/„bedingt beispielhafte" Produkte | 17 | 13 |
| oder Produkte mit Erfahrungsberichten | 7 | 2 |

Zu jedem der genannten Produkte kann man weitere Angaben, wie Hersteller, Preis, Lieferumfang, erforderliche Hardware, Version usw., den Lehrplanbezug, Erfahrungsbericht und die Bewertung, abrufen.
Um einen Eindruck über die „beispielhaften" Programme und Bewertungsberichte zu vermitteln, werden die umfangreichen SODIS-Einträge über zwei als „beispielhaft" beurteilte Produkte, nämlich *Eckermann* und *Deutsche Literatur von Lessing bis Kafka*, auszugsweise wiedergegeben (s. a. *Feibel* 1998, S. 212 ff.). *Eckermann* ist (nach den SODIS-Angaben) eine Mischung aus Hypermedia-Arbeitsumgebung, Programmiersystem und Werkzeug, das zweite Programm wird als themenbezogener Datenbestand klassifiziert.

**Als „beispielhaft" bewertetes Programm Eckermann (octOpus New Media Fact.) aus: Datenbank SODIS (Version 99-2, 05440 LSW D 432, S. 1, 4, 6)**

| SODIS - Datenbank - Basisdaten | |
|---|---|
| Produktname: | Eckermann |
| Version: | I/98 |
| Reihentitel: | - |
| Autor: | - |
| Erscheinungsjahr: | 1998 |
| Lieferumfang: | kostenloses downloaden (= Herunterladen, d. Verf.) unter www.octopus.de; eckmann.zip 0,9MB, eckbook.zip 0,3MB |
| Land d. Entwicklung: | D |
| ISBN: | - |
| Nutzungsbedingungen: | freier Bezug nur übers Internet (www.octopus.de) |
| Dialogsprache: | deutsch |
| Betriebssystem: | MS-Windows (3.1) |
| Systemvoraussetzungen: | 3,5" Diskettenlaufwerk, mehr als 2MB Festplattenspeicher, 4MB (besser 8 MB) RAM, Windows 95 kompatibel |
| Art des Programms: | Hypermedia Arbeitsumgebung; Universelles Programmiersystem, Werkzeug |
| Detaillierte Spezif.: | Desktop-Multimedia-Designer |
| Sachgebiete/Fächer: | Deutsch; Kunst; Fremdsprachen; Naturwissenschaften; Fächerübergreifend |
| Themen: | Multimedia; Desktop-Publishing; Präsentation |
| Adressaten: | Sekundarstufen; Sek I; Schuljahr 07; Schuljahr 08; Schuljahr 09; Schuljahr 10; Sek II; Schuljahr 11; Schuljahr 12; Schuljahr 13; Lehrer; Berufsbildende Schulen; Erwachsenenbildung; Weiterbildung ... |
| Anbieter: | octOpus New Factory (Berlin) |

Datum der Bewertung: 16.08.1997

Unterrichtsideen

Bei der Entwicklung von „Eckermann“ wurde, wie das Handbuch zeigt, durchaus an seinen Unterrichtseinsatz gedacht, und das Programm lässt sich auch sinnvoll in verschiedenen schulischen Zusammenhängen verwenden. (...) In erster Linie eignet sich Eckermann zum Publizieren von (Schüler-) Produktionen, die sonst die Form von Referaten, Arbeitsmappen, Ausstellungen o. Ä. hätten. Dabei ist dieses Werkzeug so universell, dass sämtliche Schulfächer es einsetzen können. (...) Auch auf existierende Datenbestände (z. B. Lexika und andere Datensammlungen auf CD-ROM) lässt sich (unter Beachtung des Copyrights) äußerst einfach zurückgreifen. Da viele Schülerinnen und Schüler einen Computer besitzen, könnten sie aufwendige Dateien arbeitsteilig oder in Gruppen zu Hause herstellen und am Schulcomputer mit Eckermann verknüpfen. Die kommunikativen Fähigkeiten der Schüler lassen sich hiermit ebenso erweitern wie ihre Fähigkeit, vernetzt zu denken und zu handeln. Die Motivation, ein funktionierendes elektronisches Buch mit relativ wenig (computertechnischem) Aufwand zu schreiben, dürfte für Schüler groß sein. (...) Für den Funktionsumfang ist Eckermann erstaunlich klein (eine Diskette), aber nicht sehr billig. Es besteht jedoch die Möglichkeit einer kostenlosen Probelizenz für ein halbes Jahr.

Datum des Berichts: 16.05.1999

Land des Institutes, das das Produkt als „bespielhaft“ benennt: Nordrhein-Westfalen
Version: I/98
Fach/Fächer: Deutsch; weitere Fächer

Text über das „beispielhafte“ Produkt:

Eckermann, der Sekretär Goethes, leiht seinen Namen einem übersichtlichen und einfach bedienbaren Werkzeug zur Produktion von Hypermedien. Es ist gerade für schulische Zwecke gut geeignet und dürfte etwa ab der siebten Klasse einzusetzen sein.
Entwickelt mit dem mächtigen, aber auch schwierig zu bedienenden „Toolbook“, bietet „Eckermann“ eine ganze Reihe der wesentlichen Funktionen dieses professionellen Autorensystems. So lassen sich elektronische Buchseiten gestalten, auf denen unterschiedliche mediale Elemente (zum Beispiel Bilder, Textfelder, Buttons) frei positionierbar sind. Diese Seiten können untereinander über Links verknüpft werden. Das Endprodukt lässt sich als Runtime-Version weitergeben. (...)
Auch ein Sekretär ist nur ein Mensch und hat Grenzen. Bei „Eckermann“ in der digitalen Form liegen sie in der Verwaltung der Seiten. Die Zahl der Seiten, die man unterbringen kann, ist nur begrenzt durch Arbeitskraft und Speicherplatz. Da hätte man sich eine Seitenverwaltung gewünscht, die beispielsweise die hergestellten Seiten tabellarisch listet und ein erläuterndes Schlagwort verlangt. (Ein Inhaltsverzeichnis mit Links zu Seiten und Kapiteln lässt sich allerdings erzeugen.)

Als „beispielhaft" bewertetes Programm „Deutsche Literatur von Lessing bis Kafka" (Directmedia Publ.), aus: Datenbank SODIS (Version 99-2, 06393 LSW D 518, S. 1, 5)

| | SODIS - Datenbank - Basisdaten |
|---|---|
| Produktname: | Deutsche Literatur von Lessing bis Kafka |
| Version: | 1.6 |
| Reihentitel: | Digitale Bibliothek. 1 |
| Autor: | Bertram, Matthias (Mitarb.) |
| Erscheinungsjahr: | 1997 |
| Lieferumfang: | 1 CD-ROM; 1 Booklet, 11 S.; zusätzlich ein A1-Plakat mit den Portraits der 58 Autoren und einem Verzeichnis der präsentierten Werke |
| Land d. Entwicklung: | D |
| ISBN: | 3-932544-10-2 |
| Nutzungsbedingungen: | Einzelplatzlizenz: DM 99,- ; |
| Dialogsprache: | deutsch |
| Betriebssystem: | MS-Windows (3.11) |
| Systemvoraussetz.: | Windows 3.11, Windows 95 oder NT, Prozessor ab 486, 8MB RAM, Grafikkarte mit 640x480/256 Farben, CD-ROM Laufwerk |
| Art des Programms: | Themenbezogener Datenbestand ... |
| Sachgebiete/Fächer: | Deutsch; Geschichte; Philosophie; Sozialwissenschaften |
| Themen: | Deutschland; Literatur; Textsammlung; Autor; Biographie |
| Adressaten: | Sekundarstufen; Sek I; Schuljahr 08; Schuljahr 09; Schuljahr 10; Sek II; Schuljahr 11; Schuljahr 12; Schuljahr 13; Erwachsenenbildung ... |
| Anbieter: | Directmedia Publishing GmbH (Berlin) |
| Anbieter: | Co.Tec - Computergestütztes Lernen (Rosenheim) |

| | |
|---|---|
| Datum des Berichts: | 29.09.1998 |
| Land des Institutes, das das Produkt als „beispielhaft" benennt: | Nordrhein-Westfalen |
| Version: | 1.6 |
| Fach/Fächer: | Deutsch |

Text über das „beispielhafte" Produkt:

Die CD-ROM „Deutsche Literatur von Lessing bis Kafka" bietet eine repräsentative Auswahl deutschsprachiger schöner Literatur und Essays von der Mitte des 18. Jahrhunderts bis in die Zwanzigerjahre des 20. Jahrhunderts in sorgfältiger und zitierfähiger Edition. Der Textumfang und die komfortablen Bearbeitungs- und Recherchefunktionen machen das Medium zu einem wertvollen literatur- und sprachwissenschaftlichen Hilfsmittel im Deutschunterricht. Es fordert die Schüler zum selbstständigen und forschenden Umgang mit Literatur heraus. Auf der Homepage des Anbieters steht ein Zusatzprogramm zur Verfügung, das die Ausgabe der Texte über eine Braille-Zeile ermöglicht und damit die Werke auch Blinden und Sehbehinderten zugänglich macht.
Zwar sind nicht alle Autoren der Zeit vertreten, auch fehlen erklärtermaßen Briefe, Tagebücher und Volksdichtungen, doch immerhin finden sich hier etwa 400 Bücher von 58 Dichtern; insgesamt ergibt das über 100 000 Seiten. Den Werken vorangestellt

sind jeweils eine Biografie sowie ein Portrait und eine digitalisierte Unterschrift. Eine vorbildliche Online-Hilfe mit Videosequenzen erleichtert die Nutzung.
Natürlich ist die CD-ROM nicht zum Lesen ganzer Werke vor dem Computer da (obwohl die Texte am Bildschirm verblüffend gut lesbar sind), und auch das Ausdrucken käme ganz schön teuer – ihre Bedeutung gewinnt die Ausgabe vielmehr durch komfortable Bearbeitungs- und Recherchefunktionen. Will man beispielsweise verschiedene Fassungen von Goethes „Faust" vergleichen, so kann man sich zwei beliebige Textseiten gleichzeitig auf dem Bildschirm darstellen lassen. Zur Arbeit im Text stehen verschiedenfarbige Textmarker und eine Notizfunktion zur Verfügung. Such- und Themenlisten lassen sich nach frei wählbaren Kriterien erstellen. Natürlich kann man auch Texte drucken bzw. kopieren und in andere Anwendungen einfügen.
Vor allem aber beeindruckt die schnelle Volltextsuche; sie liefert Fundstellen beliebiger Wörter (Zeichenfolgen) in einer Geschwindigkeit, die sich anders nicht erreichen lässt – ein Vorteil, der vielfach schon bei elektronischen Nachschlagewerken geschätzt wurde. Die Navigation durch die riesige Datenmenge ist überaus einfach und schnell. Hyperlinks werden sparsam, aber sinnvoll genutzt. Als Dialogsprachen sind außer der deutschen auch die englische, französische und italienische einstellbar.
Hervorzuheben ist die Sorgfalt, mit der die CD-ROM erstellt wurde. Dieses zeigt sich schon in der Auswahl der Buchausgaben, die benutzt wurden (renommierte ältere Editionen, die nicht mehr dem Copyright unterliegen), gilt aber auch für deren Digitalisierung, die mit einer sehr geringen Fehlerquote vorgenommen wurde. (...)
Lehrerinnen und Lehrer werden es vor allem schätzen, leicht Kopiervorlagen herstellen zu können und in Sekundenschnelle Textstellen zu finden. – Aber was macht man damit im Unterricht?
Diese Sammlung digitaler Texte eröffnet neue Möglichkeiten, da erstmals zwar gewiss nicht alle Texte aller Zeiten, aber eben doch ein großes und bedeutsames Textkorpus aus wesentlichen Epochen der deutschen Literatur von Schülerinnen und Schülern eigenständig, mit zumutbarem Aufwand und in ungeahnter Schnelligkeit durchforscht werden kann. Damit werden Themen- und Motivvergleiche, ideen- und sprachgeschichtliche Untersuchungen möglich, die bislang nicht möglich waren. Statt auf immer wieder dieselben Auswahlen zuzugreifen, kann eine an Themen oder Motiven orientierte Anthologie selbst entwickelt werden: Was findet man etwa zum Thema „Liebe" in diesen Texten aus zwei Jahrhunderten, und wie ist das Rosenmotiv benutzt worden? Oder man kann der Frage nachgehen, bei welchem „klassischen" Autor ein Begriff erstmals auftaucht (das „Proletariat" etwa gerade nach Eichendorff!) und welchen Bedeutungswandel ein Wort wie „sentimental" durchmacht.
Derartige Untersuchungen ersetzen natürlich nicht die Lektüre gedruckter Texte, aber die ergänzen sie sinnvoll. Und die Beispiele deuten an, dass das Medium auch in anderen Fächern – wie Geschichte oder Philosophie – einsetzbar ist.
Es gibt auch Verbesserungsmöglichkeiten:
Die so genannte „Themensuche" listet lediglich die entsprechenden Buchtitel auf, zeigt aber nicht die relevanten Textstellen. Die Druckfunktion ist zwar vielseitig, aber umständlich: Bilder müssen erst in ein entsprechendes Programm exportiert werden, Textseiten kann man erst über ein ziemlich verborgenes Untermenü drucken, indem man die Seitenzahlen eingibt. Vermisst wird auch eine Zeitleiste, die für die literaturgeschichtliche Orientierung nützlich wäre.

Nach unserer Ansicht stellen die hier ausführlich wiedergegebenen SODIS-Bewertungen eine echte praxisrelevante Hilfe bei der Suche nach geeigneten Programmen und bei der Auswahl neuer Medien dar. Leider muss angemerkt werden, dass die programmtechnische Qualität der SODIS-Datenbank selbst einige deutliche Mängel ausweist, z. B. im Bereich der Druckausgabe und Ergebnisspeicherung. Die Bedienungsoberfläche von SODIS muss als „gewöhnungsbedürftig" bezeichnet werden. Das ist eigentlich schade, denn der Datenbankinhalt ist äußerst informativ, und es wäre zu wünschen, dass man an ihn etwas leichter herankäme und komfortabler mit ihm umgehen könnte. Insgesamt gesehen ist die Datenbank SODIS eine wichtige Informationsressource. Sie erbringt substantielle Hilfen für die Bereiche:

1. Marktüberblick und Angebotsanalyse
2. (Vor-)auswahl von Softwareprodukten
3. Produktbeschreibung und -evaluation
4. Einsatzbeschreibung und -evaluation.

Dieses sind auch die zentralen Bewertungsschritte, die den Ablauf des Prüfungsverfahrens für neue Medien innerhalb des Landesinstituts für Schule und Weiterbildung in Soest bestimmen.

### *Das Prüfverfahren für neue Medien*

Der Ablauf des Prüfverfahrens für neue Medien besteht aus den Schritten (*Landesinstitut für Schule und Weiterbildung* 1998, S. 25 ff.):

*Marktbeobachtung und Beschaffung der Software*

Über Kataloge, Fachzeitschriften, Messen, Tagungen und Empfehlungen von Lehrern wird eine Übersicht über das Marktangebot erstellt und auf dieser Basis die entsprechende Software für die Präsenzbibliothek besorgt.

*Vorprüfung*

Durch eine Qualitätsvorprüfung reduziert sich die Menge der zu bewertenden Programme, da Produkte, die offensichtlich mangelhaft sind, aussortiert werden. Ungeeignete neue Medien sind z. B. einfache Drill-and-Practice-Programme oder Software für ungebräuchliche Hardware. Die Programme selbst werden in diesem Stadium noch keiner direkten Prüfung mit Hilfe eines umfassenden Kriterienkatalogs unterzogen; nur das Begleitmaterial wird gesichtet und beurteilt.

*Bewertung*

Wenn die Software für eine intensivere Beschäftigung geeignet erscheint, findet eine ausführliche Bewertung statt. Zu diesem Zweck werden Software-Prüfaufträge an erfahrene Lehrerinnen und Lehrer vergeben. Pro Online- oder Offline-Medium erstellen die Bewerter ein differenziertes Gutachten, das sich auf den Kriterienkatalog (s. *Anhang E* stützt. Wenn die Qualitätskriterien für beispielhafte Software erfüllt sind, wird ein vollständiger Bewertungsbericht erarbeitet. In dem Bericht sollen die speziellen Vor- und Nachteile des neuen Mediums (bezogen auf die jeweils angegebene Zielgruppe und Lernumgebung) aufgezeigt werden. Damit will man berücksichtigen, dass sich eine Software in einer bestimmten Lernsituation bewähren, dagegen in einer anderen Konstellation vollständig versagen kann.

*Erfahrungssammlung, Erprobung*

Wenn es sich um ein beispielhaftes Produkt handelt, wird versucht, die Software im Unterricht einzusetzen und zwar in speziellen Erprobungsschulen. Die Erprobung (der als beispielhaft eingeschätzten) Unterrichtssoftware verfolgt nicht das Ziel einer rein quantitativen Datensammlung. Im Erprobungsbericht soll der Einfluss des neuen Mediums dokumentiert und qualitativ analysiert werden, beispielsweise die Einbettung in den Unterricht, die Auswirkungen auf das Schülerverhalten oder die veränderten Kommunikationsstrukturen usw. Dadurch wird die Qualität der Software im konkreten Einsatz eingeschätzt. Daneben werden systematische Erprobungen im Unterricht nach einem speziellen Erprobungsdesign durchgeführt.

*Veröffentlichung*
Veröffentlicht werden die Bewertungen und Erprobungen:

- über den NRW Bildungsserver „learn : line" (mit den Arbeitsbereichen Mediothek, Foyer, Schwarzes Brett, Seminarraum, Konferenz und Werkstatt) (s. *Anhang B*: Nordrhein-Westfalen; oder als Buch mit der Darstellung vieler Schülerarbeiten s. *Landesinstitut für Schule und Weiterbildung* 1999: „learn : line-book"),
- in der Datenbank SODIS (Online- und Offline-Version, s. *Anhang A* und *B*: Nordrhein-Westfalen) und
- in verschiedenen Handreichungen.

### Das Evaluationsinstrument „Kriterien zur Bewertung von Offline- und Online-Medien"

Auf die große Menge der vorhandenen Kriterienkataloge und Checklisten kann hier nicht eingegangen werden. Ein relevantes Prüfinstrument ist von *Gräber, Harbeck* und *Lauterbach* (1992) am *Institut für die Pädagogik der Naturwissenschaften* (IPN), Kiel, erstellt worden: „EPASoft", ein Instrument zur Bewertung Pädagogischer Software. Interessierte Leser, die sich eingehender mit dem Thema befassen möchten, finden in einem Aufsatz von *Anne Meier* (1995) eine gute vergleichende Zusammenfassung verschiedener namhafter Kriterienkataloge für die Bewertung neuer Medien in der schulischen und beruflichen Bildung.
Das Instrument *Kriterien zur Bewertung von Offline- und Online-Medien* des *Landesinstituts für Schule und Weiterbildung* in Soest (1998, S. 17 f.) beinhaltet folgende Bewertungsschwerpunkte:

*Medientechnische Aspekte*
- Installation und Inbetriebnahme
- Bedienung und Komfort
- Sicherheit

*Fachliche und fachdidaktische Aspekte*
- Inhalte und Ziele
- Didaktik und Methodik

*Mediendidaktische Aspekte*
- Unterstützung von Lernprozessen
- Reflexion
- Vorteile gegenüber anderen Medien

Der Katalog ist vollständig im *Anhang E* abgedruckt. Ursprünglich wurde er, bzw. seine „Vorversionen", in Zusammenarbeit mit dem o. g. IPN in Kiel als Bewertungsinstrument entwickelt, um den Fragen nachzugehen:
Welche Software ist beispielhaft in Hinblick auf die Auslastung des Mediums? Wie und was kann diese Software besser als ein anderes Medium vermitteln?
Mit der Definition der Kriterien ist auch eine gewisse „erzieherische" Wirkung zur verstärkten Produktion „beispielhafter" Software beabsichtigt. Dabei müssen die Qualitätskriterien und Programmklassifikationen stets an die Hardware- und Software-Entwicklungen angepasst und aktualisiert werden. Die Vertreter der Landesinstitute für Bildung und Schule aus den einzelnen Bundesländern und Österreichs revidieren den Katalog jährlich. Außerdem

führt das Landesinstitut regelmäßige Schulungen der Lehrerinnen und Lehrer, die als Evaluatoren mitarbeiten, in der Benutzung des Instruments durch.

Da der Katalog des *Landesinstituts für Schule und Weiterbildung* nicht speziell für das Fach Deutsch, sondern für alle Unterrichtsfächer entwickelt wurde, könnte man sich als Verbesserung eine fachdidaktisch differenziertere Bewertungsverzweigung vorstellen. Diese Unzulänglichkeit führt uns zu einem grundsätzlichen Problem von Kriterienkatalogen. Sie müssen zwei entgegenlaufenden Ansprüchen gerecht werden, nämlich einerseits umfassend genug sein, um die Vielzahl der verschiedenen Programme zu berücksichtigen, andererseits sollen sie einfach und schnell benutzbar sein. *Lutz Kohrt* (1995) merkt dazu kritisch an: „Die Forderung nach einer flexiblen, einfach zu handhabenden ‚Checkliste', deren Anwendung keinerlei Einarbeitung oder Vorwissen erfordert und die darüber hinaus ‚wissenschaftlich abgesichert' ist, kommt dem Wunsch nach der sprichwörtlichen ‚eierlegenden Wollmilchsau' gleich!" (*Kohrt* 1995, S. 28)
Dem Problem der widersprüchlichen Anforderungen kann jedoch von verschiedenen Seiten begegnet werden. Hier sind die Erfahrungen, Instrumente und Verfahren aus der beruflichen Bildung partiell nutzbar. Für den betrieblichen Aus- und Weiterbildungsbereich sind Evaluationsinstrumente erarbeitet worden (vgl. *Reeves/Harmon* 1994; *SATURN Quality Working Group* 1992; *Ross/Morrison* 1995), auf die man mit Gewinn zurückgreifen kann, da für den schulischen Bereich keine vergleichbar aufwendig erstellten (und formativ evaluierten) Instrumente, wie z. B. „MEDA", existieren. Das durch die Kommission der Europäischen Gemeinschaft iniziierte und geförderte Projekt „MEDA" (Methodologie d'Evaluation des Didacticieles pour Adultes; deutsch: Verfahrensweise zur Evaluation von didaktischer Software im Bereich der Erwachsenenbildung, vgl. *Gräber* 1991) zielte auf die Entwicklung eines Evaluationsinstruments für neue Medien für den Aus- und Weiterbildungsbereich ab, das sowohl Anwender als auch Anbieter bei der Bewertung und Entwicklung neuer Medien unterstützen soll. Die Benutzer können nach ihren Interessen einen „Filter" auswählen und werden zu den entsprechenden Kriterien und Fragen geleitet. Der Vorteil dieses komplexen Instruments liegt in seiner großen Flexibilität, Standardisierung und Vollständigkeit, da man – abgestimmt auf die jeweiligen Evaluationsziele – ein individuell zugeschnittenes und umfassendes Bewertungsraster und Ergebnis erhält.

Insgesamt gesehen besteht ein großer Bedarf an Bewertungsinstrumenten und eine Notwendigkeit zur Definition gewisser grundlegender Qualitätskriterien. *Euler* (1992) benennt die Vorteile von Kriterien und Kriterienlisten als Werkzeuge zur Analyse und Gestaltung von Software: „Kriterien heben die Subjektivität der Bewertung nicht auf, sondern legen sie offen! (...) Kriterien drücken auch eine Veränderungsabsicht aus! Kriterien schärfen nicht nur den Blick für die Analyse, sondern sie regen auch die weitere Gestaltung an. (...) Kriterien machen die Diskussion nicht überflüssig, sondern transparenter und fruchtbarer!" (*Euler* 1992, S. 181)

## Von der Produktbewertung zum Bewertungsprozess

In diesem Beitrag sollte gezeigt werden, dass die Qualitätssicherung von neuen Medien ein akutes Problem beim Einsatz des Computers im Unterricht ist. Es reicht aber nicht aus, immer nur die Qualität bereits erstellter neuer Medien zu evaluieren. Dieses wäre vergleichbar mit dem unsinnigen Vorgehen, ein gedrucktes und ausgeliefertes Buch lektorieren zu wollen. Der Bewertungsprozess muss früher, auch schon während der Herstellung der Produkte, einsetzen: „Qualitätsprogramme ergeben sich aus Qualitätsprozessen", wie *Robert H. Dunn* (1993, S. 16) es formuliert. Dazu und darüber hinaus müssen wir Qualitätskriterien definieren und diskutieren, welche neuen Medien und welche Einsatzformen uns unter fachdidaktischen und lerntheoretischen Gesichtspunkten sinnvoll erscheinen, und wie diese gestaltet sein müssen, um eine größtmögliche Lernerorientierung und -aktivierung (*Jonassen/Rohrer-Murphy* 1999) bei der Erarbeitung traditioneller und neuer Inhalte zu gewährleisten. Aber nicht nur die einzelnen neuen Medien und die Qualitätssicherungs-Verfahren weisen noch viele Defizite auf, es mangelt nicht nur: „an der technischen Ausstattung, sondern vor allem an durchdachten Konzepten zur Nutzung neuer Medien, an der Qualifikation der Lehrenden und an wirksamen Strategien zur Implementation" (*Reinmann-Rothmeier/Mandl* 1999, S. 13).

Wünschenswert sind verschiedene, ineinander übergreifende Bewertungsprozesse zur Qualitätssicherung von Unterrichtssoftware:

1. die konstante Qualitätssicherung während des gesamten Software-Herstellungsprozesses (in den verschiedenen Produktionsphasen) und ihre Zertifizierung nach DIN EN ISO 9001 ff., einer Normenreihe zur Verfahrenssicherung, um auftretende Qualitätsprobleme und -mängel schon im Entstehen erkennen und vermeiden zu können und
2. eine frühzeitigere und konsequentere Lernerorientierung durch kooperative (sowohl formative als auch summative) Evaluationsbeteiligung aller Benutzergruppen.

### Literatur


*Behrendt, Erich/Kromrey, Helmut* (1995): Qualitätssicherung in Pilotprojekten und Modellversuchen zur beruflichen Bildung: Die Rolle der wissenschaftlichen Begleitforschung. In: *P. Schenkel, H. Holz* (Hrsg.): Evaluation multimedialer Lernprogramme und Lernkonzepte. Nürnberg: BW Bildung und Wissen, Verlag und Software, S. 23–38

*Bonekamp, Leo W. F.* (1994): Courseware Evaluation Activities in Europe. In: Journal Educational Computing Research 11, H. 1, S. 73–90

*Dichanz, Horst* (1999): Schule und Multimedia – Entwicklungen im internationalen Vergleich. In: *D. M. Meister, U. Sander* (Hrsg.): Multimedia: Chancen für die Schule. Neuwied, Berlin: Luchterhand, S. 112–126

DIN EN ISO 9001-9004 (1994): Normen zum Qualitätsmanagement und zur Qualitätssicherung. Leitfaden zur Auswahl und Anwendung (und folgende). Berlin: Beuth

*Driscoll, Marcy P./Dick, Walter* (1999): New Research Paradigms in Instructional Technology: An Inquiry. In: Educational Technology, Research and Development 47, H. 2, S. 7–18

*Dunn, Robert H.* (1993): Software-Qualität: Konzepte und Pläne. München, Wien, London: Hanser; Prentice Hall

*Euler, Dieter* (1992): Didaktik des computerunterstützten Lernens: Praktische Gestaltung und theoretische Grundlagen. Hg. v. *H. Holz, G. Zimmer.* Nürnberg: BW Bildung und Wissen Verlag und Software

*Feibel, Thomas* (1998): Großer Kindersoftware-Ratgeber 1999. Haar: Markt & Technik Buch- und Software-Verlag

*Gräber, Wolfgang* (1991): Das Instrument MEDA: Ein Verfahren zur Beschreibung, Analyse und Bewertung didaktischer Software im berufsbildenden Bereich. In: Audiovisuell, H. 67, S. 158–162

*Gräber, Wolfgang/Harbeck, Gerd/Lauterbach, Roland* (1992): EPASoft: Instrument zur Bewertung

Pädagogischer Software. Kiel: Institut für die Pädagogik der Naturwissenschaften
*Jonassen, David H./Rohrer-Murphy, Lucia* (1999): Activity Theory as a Framework for Designing Constructivist Learning Enviroments. In: Educational Technology, Research and Development 47, H. 1, S. 61-80
*Klein, Michael* (1996): ... und ein Gegenbeispiel (ULK). In: Landesinstitut für Schule und Weiterbildung (Hrsg.): Lernen mit Neuen Medien im Unterricht: Deutsch/Fremdsprachen. Bönen: Kettler, S. 153-155
*Kohrt, Lutz* (1995): Probleme und Perspektiven der Evaluation computergestützter Instruktion. Arbeiten aus dem Seminar für Pädagogik. Bericht I/95. Braunschweig: Technische Universität Braunschweig
*Landesinstitut für Schule und Weiterbildung* (Hrsg.) (1998): Lernen mit Neuen Medien: Grundlagen und Verfahren der Prüfung Neuer Medien. 3. erw. und überarb. Aufl. Bönen: Verlag für Schule und Weiterbildung
*Landesinstitut für Schule und Weiterbildung* (Hrsg.) (1999): learn : line-book. Ministerium für Schule und Weiterbildung, Wissenschaft und Forschung in Koop. mit dem Bertelsmann Club und dem Landesinstitut für Schule und Weiterbildung. Bönen: Verlag für Schule und Weiterbildung
*Meier, Anne* (1995): Qualitätsbeurteilung von Lernsoftware durch Kriterienkataloge. In: *P. Schenkel, H. Holz* (Hrsg.): Evaluation multimedialer Lernprogramme und Lernkonzepte. Nürnberg: BW Bildung und Wissen, Verlag und Software, S. 149-191
*Meister, Dorothee M./ Sander, Uwe* (1999): Multimedia in der Schule: Eine Einführung. In: *D. M. Meister, U. Sander* (Hrsg.): Multimedia: Chancen für die Schule. Neuwied, Berlin: Luchterhand, S. 7-17
OECD/CERI (1991): Informationstechnologien im Bildungswesen: Auf dem Weg zu einer besseren Software. Ein OECD (= Organisation for Economic Cooperation and Development)/CERI (= Centre for Educational Research and Innovation) Bericht. Frankfurt/Main u. a.: Lang
OECD/CERI (1998): Education at a Glance. OECD Indicators 1998. OECD (= Organisation for Economic Cooperation and Development)/CERI (= Centre for Educational Research and Innovation). Paris.
*O'Reilly, Declan/Pratt, Dave/Winbourne, Pete* (1997): Constructive and Instructive Representation. In: Journal of Information Technology for Teacher Education 6, H. 1, S. 73-92
*Reeves, Thomas C.* (1992): Evaluating Interactive Multimedia. In: Educational Technology 32, H. 5, S. 47-53
*Reeves, Thomas C./Harmon, S. W.* (1994): Systematic Evaluation Procedures for Interactive Multimedia for Education and Training. In: *S. Reisman* (Hrsg.): Multimedia Computing - Preparing for the 21 Century. Harrisburg (USA), London (GB): Idea Group Publishing, S. 472-505
*Reinmann-Rothmeier, Gabi/Mandl, Heinz* (1999): Computernetze in der Schule. Chancen und Grenzen der neuen Medien. In: *L. Huber, G. Kegel, A. Speck-Hamdan* (Hrsg.) (1999): Schriftspracherwerb: Neue Medien - Neues Lernen!? Braunschweig: Westermann, S. 13-27
*Ross, Steven M./Morrison, Gary, R.* (1995): Evaluating Interactive Media: Issues and Suggested Practices. Univ. of Memphis. Vervielf. Zusammenfassung: Evaluation as a Tool for Research and Development. In: *R. Tennyson, A. Barron* (Hrsg.): Automating Instructional Design: Computer-Based Development and Delivery Tools. New York: Springer Verlag
*SATURN Quality Working Group* (1992): SATURN Quality Guide for Open and Distance Learning. Amsterdam: SATURN
*Schönert, Jörg* (1998): ‚Medienkulturkompetenz' als Ausbildungsleistung der Germanistik? Der Deutschunterricht, 46. Jg., H. 6, S. 62-69
*Schulmeister, Rolf* (1997): Grundlagen hypermedialer Lernsysteme. Theorie - Didaktik - Design. 2., akt. Aufl. München, Wien: Oldenbourg
*Thomé, Dorothea* (1989): Kriterien zur Bewertung von Lernsoftware. Mit einer exemplarischen Beurteilung von Deutsch-Lernprogrammen. (Hochschultexte Informatik. 12) Heidelberg: Hüthig
*van Lück, Willi* (1997): „Multimedia und Telekommunikation" - Lehren und Lernen offline und online. In: *H. Brinkmöller-Becker* (Hrsg.): Die Fundgrube für die Medienerziehung in der Sekundarstufe I und II. Berlin: Cornelsen Scriptor, S. 240-261
*Wallmüller, Ernest* (1990): Software-Qualitätssicherung in der Praxis. München, Wien: Hanser
*Wermke, Jutta* (1997): Medien in der Deutschlehrerausbildung. In: ide (Informationen zur Deutschdidaktik) 21, H. 3, S. 17-19
*Winkelmann, Rolf* (1991): Zur Qualitätssicherung von interaktiven Lernprogrammen. In: *P. Gorny* (Hrsg.): Informatik und Schule 1991. Berlin u. a.: Springer-Verlag, S. 219-224
*Wolpert, Axel* (1997): Tipps und Adressen. In: *H. Brinkmöller-Becker* (Hrsg.): Die Fundgrube für die Medienerziehung in der Sekundarstufe I und II. Berlin: Cornelsen Scriptor, S. 262-272
*Wottawa, Heinrich/Thierau, Heike* (1990): Lehrbuch Evaluation. Bern u. a.: HuberA Adressen wichtiger Institutionen

# Anhang

## A Adressen von wichtigen Institutionen

**Eine Auswahl**

**Baden-Württemberg**
Landesinstitut für Erziehung und Unterricht (LEU)
Rotebühlstr. 133
70197 Stuttgart
Tel.: 0711/66 42-101
http://www.leu.bw.schule.de

**Bayern**
Zentralstelle für Computer im Unterricht
Schertlinstr. 9
86159 Augsburg
Tel.: 0821/57 30 11
http://www.zs-augsburg.de

Staatsinstitut für Schulpädagogik
und Bildungsforschung (ISB)
Arabellastr. 1
81925 München
Tel.: 089/92 14-23 59

**Berlin**
Landesbildstelle Berlin
Beratungsstelle für Informationstechnische Bildung und Computereinsatz in Schulen (BICS)
Wikingerufer 7
10555 Berlin
Tel.: 030/9 01 93-0
http://bics.be.schule.de
http://bebis.cidsnet.de

**Brandenburg**
Pädagogisches Landesinstitut Brandenburg (PLIB)
Struveweg
14974 Ludwigsfelde
Tel.: 033 78/8 21-0

Medienpädagogisches Zentrum –
Landesbildstelle
Yorckstr. 2
14467 Potsdam
Tel.: 0331/2 89 98 37

**Bremen**
Landesinstitut für Schule (LIS)
Medien-Landesbildstelle Bremen
Uhlandstr. 53
28211 Bremen
Tel.: 0421/3 61-31 78

**Hamburg**
Behörde für Schule, Jugend
und Berufsbildung
Amt für Schule, S13/122
Hamburger Str. 31
22083 Hamburg
Tel.: 040/29 88-0

**Hessen**
Hessisches Landesinstitut für Pädagogik (HeLP)
Walter-Hallstein-Str. 3
65197 Wiesbaden
Tel.: 0611/88 03-0

Zentralstelle Medien, Daten
und Information
(ehemals: Staatliche Landesbildstelle Hessen)
Gutleutstr. 8-12
60329 Frankfurt/M.
Tel.: 069/2568-0
http://www.rz.uni-frankfurt.de/labi

**Mecklenburg-Vorpommern**
Landesinstitut Mecklenburg-Vorpommern
für Schule und Ausbildung (L.I.S.A.)
Medienzentrum
Möllner Str. 12
18109 Rostock
Tel.: 0381/4 98-0

**Niedersachsen**
Niedersächsisches Landesinstitut
für Fortbildung und Weiterbildung im
Schulwesen und Medienpädagogik (NLI)
Computer-Centrum
Keßlerstr. 52
31134 Hildesheim
Tel.: 05121/16 95 80

**Nordrhein-Westfalen**
Landesinstitut für Schule
und Weiterbildung (LSW)
Paradieser Weg 64
59494 Soest
Tel.: 02921/683-1
Für die SODIS-Datenbank Bestellung:
Fax: 02921/6 83-393
E-Mail: sodis@mail.lsw.nrw.de
http://www.sodis.de
Im Arbeitsbereich
„Lernen mit Neuen Medien“ werden
„beispielhafte“ neue Medien gezeigt,
neue Informationen zum Arbeitsbereich
kann man kostenlos (über das Internet)
abonnieren
http://www. learnline.de/Themen/
NeueMedien/sek.html

**Rheinland-Pfalz**
Landesmedienzentrum Rheinland-Pfalz –
Arbeitsbereich Neue Technologien
Hofstr. 257
56077 Koblenz
Tel.: 0261/97 02-0

**Saarland**
Landesinstitut für Pädagogik und Medien
(LPM)
Beethovenstr. 26
66125 Saarbrücken
Tel.: 06897/79 08-0

**Sachsen**
Sächsisches Staatsinstitut für Bildung
und Schulentwicklung
Comenius Institut
Dresdner Str. 78c
01445 Radebeul
Tel.: 0351/83 24-30

**Sachsen-Anhalt**
Landesinstitut für Lehrerfortbildung,
Lehrerweiterbildung und Unterrichts-
forschung von Sachsen-Anhalt (LISA)
Riebeckplatz 9
06110 Halle (Saale)
Tel.: 0345/20 42-323/200

**Schleswig-Holstein**
Landesinstitut Schleswig-Holstein für Praxis
und Theorie der Schule, Kiel (IPTS)
Schreberweg 5
24119 Kronshagen
Tel.: 0431/54 03-0
http://www.ipts.de

Institut für die Pädagogik der Naturwissen-
schaften (IPN) an der Universität Kiel
Olshausenstr. 62
24118 Kiel
Tel.: 0431/8 80-3121

**Thüringen**
Thüringer Institut für Lehrerfortbildung,
Lehrplanentwicklung und Medien (ThILLM)
Heinrich-Heine-Allee 2-4
99438 Bad Berka
Tel.: 036458/56-0
http://www.thillm.th.schule.de

**Für die Republik Österreich**
Bundesministerium für Unterricht
und kulturelle Angelegenheiten,
EDV-Entwicklung und Evaluation
Minoritenplatz 5
A-1014 Wien
Tel.: 0222/531 20- 35 24

## B Internetadressen

Eine Auswahl (Stand Oktober 1999)
(s. a. die Beiträge von Inge Blatt, Hajo Diekmannshenke, Matthis Kepser, Martin Plieninger)

**Deutscher Bildungsserver (DBS)**
http://dbs.schule.de
http://www.schule.de
Eine der wichtigsten Adressen, mit einer Gesamtliste der Unterrichtsmaterialien und Projekte (6 951 Einträge), mit SAN-(Schulen ans Netz) Projektberichten, Webkatalogen, Adressen, z. B. der Landesserver)

**Initiative des Bundes**
„Schulen ans Netz“:
http://www.san-ev.de
und über die Landesserver
Schulen in Deutschland:
http://www.schulweb.de

**Landesserver**
s. die folgenden Adressen der Bundesländer, z. B. des Landes NRW:
Landesinstitut für Schule und Weiterbildung in Soest:
http://www.learnline.de
oder des Landes Baden-Württemberg:
Landesinstitut für Erziehung und Unterricht (LEU) in Stuttgart:
http://www.leu.bw.schule.de

**Linguistikserver (LINSE)**
der Universität GH Essen:
http://www.linse.uni-essen.de
Projekt „Grammis“ des Instituts für deutsche Sprache (IdS) in Mannheim:
http://www.ids-mannheim.de/grammis

**Server „Bildung Online“**
der Verlage Cornelsen, Klett, Schroedel und Westermann:
http://www.b-o.de

**Universität Düsseldorf,**
Germanistik, Internetseiten von Matthias Jung:
http://www.deutschunterricht.de

**Adressen in den Bundesländern**

**Baden-Württemberg**
Landesbildungsserver (LBS) Baden-Württemberg
http://www.bw.schule.de

**Bayern**
Bayerischer Schulserver
http://www.schule.bayern.de

**Berlin**
Berliner Bildungsserver
http://bebis.cidsnet.de
ODS (Offenes Deutsches Schulnetz) Server Berlin
http://www.be.schule.de

**Brandenburg**
Schulen im Netz
http://www.mpz.brandenburg.de/schulen

**Bremen**
Bremer Schulserver (BSS)
http://www.schule.bremen.de
http://www.hb.schule.de

**Hamburg**
Hamburger Bildungsserver
ODS (Offenes Deutsches Schulnetz) Server Hamburg
http://www.hh.schule.de

**Hessen**
Landesbildungsserver Hessen
(http://www.bildung.hessen.de)
ODS (Offenes Deutsches Schulnetz) Server Hessen
http://www.he.schule.de

**Mecklenburg-Vorpommern**
(noch ohne Internetadresse)

**Niedersachsen**
Niedersächsischer Bildungsserver
http://www.uni-hildesheim.de/nli
ODS (Offenes Deutsches Schulnetz)
Server Niedersachsen
http://www.ni.schule.de

**Nordrhein-Westfalen**
Bildungsserver NRW
http://www.learnline.de
ODS (Offenes Deutsches Schulnetz)
Server Nordrhein-Westfalen
http://www.nw.schule.de

**Rheinland-Pfalz**
ODS (Offenes Deutsches Schulnetz)
Server Rheinland-Pfalz
http://www.rp.schule.de

**Saarland**
Bildungsserver im Saarland
http://www.bildung.saarland.de
ODS (Offenes Deutsches Schulnetz)
Server Saarland
http://www.sl.schule.de

**Sachsen**
ODS (Offenes Deutsches Schulnetz)
Server Sachsen
http://www.sn.schule.de

**Sachsen-Anhalt**
ODS (Offenes Deutsches Schulnetz)
Server Sachsen-Anhalt
http://www.st.schule.de

**Schleswig-Holstein**
ODS (Offenes Deutsches Schulnetz)
Server Schleswig-Holstein
http://www.sh.schule.de

**Thüringen**
Thüringischer Server in Thüringen
http://www.th.schule.de

# C Erwähnte Softwareprodukte

Folgende Softwareprodukte wurden in unseren Beiträgen erwähnt:

| | |
|---|---|
| Addy (Coktel) | Diekmannshenke |
| Alfons Deutsch (Schroedel) | Diekmannshenke |
| Alfons Diagnostikprogramme (Schroedel) | Diekmannshenke |
| BookMaker (octOpus New Media) | Thomé/Thomé |
| Discovery (Bertelsmann) | Plieninger |
| Encarta (Microsoft) | Plieninger |
| Datenbank Schulpraxis (DruckVerlag Kettler) | Thomé/Thomé |
| Diktat Deutsch (Heureka Klett), | Thomé/Thomé) |
| Deutsche Literatur von Lessing bis Kafka (Directmedia Publ.) | Kepser, Thomé/Thomé |
| Eckermann (octOpus New Media) | Thomé/Thomé |
| Mindman (PD-Profi Zöttlein) | Plieninger |
| Orthofee | Diekmannshenke |
| PinKing (Anne Klein Kreativsoftware) | Plieninger |
| Projekt Gutenberg (AOL) | Kesper |
| SODIS Datenbank (NRW-Landesinstitut) | Thomé/Thomé |
| TIM 7 ... und die Brieffreundin (Heureka Klett) | Thomé/Thomé |
| Toolbook, Autorensystem (Asymetrix) | Kepser |
| Ulk – Expedition auf dem Meeresgrund (Cornelsen) | Thomé/Thomé |
| Elektronische Wörterbücher (DUDEN) | Plieninger |
| verschiedene Internetliteratur, online | Kepser, Plieninger |

## D Abkürzungsverzeichnis

| | |
|---|---|
| BLK | Bund-Länder-Kommission |
| BSCW | Basic Support for Cooperative Work |
| CD-ROM | Compact Disc-Read Only Memory |
| CERI | Centre for Educational Research and Innovation |
| DBS | Deutscher Bildungsserver |
| DGLS | Deutsche Gesellschaft für Lesen und Schreiben |
| DIN | Deutsches Institut für Normung |
| DTP | Desktop Publishing |
| EN | Europäische Norm |
| GMD | Gesellschaft für mathematische Datenverarbeitung |
| HTML | Hyper Text Markup Language |
| http | Hyper Text Transfer Protocol |
| IPN | Institut für die Pädagogik der Naturwissenschaften, Kiel |
| ISO | International Standardisation Organisation |
| ITG | Informationstechnische Grundbildung |
| JITOL | Just-in-Time-Open-Learning, GB |
| LAN | Local Area Network |
| LEU | Landesinstitut für Erziehung und Unterricht, Stuttgart |
| LSW | Landesinstitut für Schule und Weiterbildung, Soest |
| MEDA | Methodologie d' Evaluation des Didacticiels pour Adultes |
| M.I.T. | Massachusetts Institute of Technology |
| MS | Microsoft |
| MUD | Multi User Dungeons (oder Dimensions) |
| ODS | Offenes Deutsches Schulnetz |
| OECD | Organisation for Economic Cooperation and Development |
| QSS | Qualitätssicherungs-System |
| SAN | Schulen ans Netz |
| SODIS | Software Dokumentations- und Informations-System |
| TQM | Total Quality Management |
| WWW | World Wide Web |

## E Bewertungskatalog: Kriterien zur Bewertung von Offline- und Online-Medien

**Medientechnische Aspekte**

*Installation und Inbetriebnahme*

- Lässt sich das Produkt problemlos installieren bzw. deinstallieren?
- Gibt es Probleme bei der Installation bzw. Nutzung in einem lokalen Netzwerk (LAN)?
- Ist eine intuitive Inbetriebnahme und Erstnutzung möglich?

*Bedienung und Komfort*

- Sind die Bedienungsmöglichkeiten transparent, sinnvoll strukturiert und konsistent?
- Gibt es verständliche Anfragen und konstruktive Fehlermeldungen? Gibt es ein (kontextbezogenes) Hilfesystem?
- Wird über den „Systemzustand" informiert? Ist ersichtlich, wann „das System arbeitet"?
- Gibt es Konfigurationsmöglichkeiten? Kann das Medium z. B. unterschiedlichen Voraussetzungen bzw. Bedürfnissen angepasst werden?
- Lassen sich Teile des Datenbestandes bzw. Zwischenergebnisse speichern bzw. in andere Anwendungen transportieren?
- Ist jederzeit ein Abbruch oder eine Unterbrechung der aktuellen Programmfunktion möglich?

*Sicherheit*

- Kommt es zu „Abstürzen" bzw. zu undefinierten Systemzuständen?
- Werden Fehleingaben abgefangen? Kommt es bei Bedienungsfehlern zu Datenverlusten?

**Fachliche und fachdidaktische Aspekte**

*Inhalte und Ziele*

- Welche Bedeutung haben die Inhalte und Ziele im Gesamtkontext von Unterricht? Welche Bezüge gibt es zu den Richtlinien, Lehrplänen, Schlüsselproblemen unserer Zeit?
- Bietet das Angebot unmittelbar verwendbare Ergänzungen zum Thema?

- Sind die Inhalte sachlich und wissenschaftlich korrekt?
- Ist das Medium längerfristig verfügbar? Wird es regelmäßig gepflegt und aktualisiert?
- Ist der Anbieter seriös und verlässlich?
- Sind die Dokumente bzw. Materialien vielseitig und authentisch (Quellenangaben)?

*Didaktik und Methodik*
- Entsprechen die Inhalte dem didaktischen Erkenntnisstand?
- Sind die didaktischen Reduktionen sach- und adressatengerecht?
- Ist das Sprachniveau adressatengerecht? Werden wichtige Begriffe adäquat erläutert? Sind Fremdsprachenkenntnisse erforderlich?
- Stehen die Inhalte durchgängig in Sinn- und Sachzusammenhängen?
- Sind die Inhalte sinnvoll und überschaubar gegliedert (Navigations- und Suchstrukturen)?
- Sind die Inhalte, Ziele und Methoden sinnvoll aufeinander bezogen?
- Ist die Struktur, sind die Verknüpfungen, ist der Hypertext transparent, sachlogisch und sinnvoll?
- Sind die Darstellungsformen angemessen (vielseitig, frei von unnötigen Tricks und Spielereien, inhaltsbezogen)? Sind die (multimedialen) Bausteine sinnvoll verwendet und aufeinander bezogen?
- Sind die zu erwartenden Ladezeiten bei Bild- und Tondokumenten zumutbar, d. h. stehen sie in angemessenem Verhältnis zur Qualität des Angebots?
- Wird ein methodisches Vorgehen vorgegeben oder belässt bzw. eröffnet das Medium methodische Freiheiten?
- Lässt sich das Medium flexibel in unterschiedlichen Lernsituationen einsetzen?

**Mediendidaktische Aspekte**

*Unterstützung von Lernprozessen*
- Weckt das Medium Interesse und Problembewusstsein?
- Werden Fragen, Problemstellungen, Reflexionen provoziert, wird in Frage gestellt, verunsichert bzw. zum Staunen angeregt – oder „stellt das Medium die Fragen"?
- Ermöglicht das Medium individuelles, eigenverantwortliches und handlungsorientiertes Lernen?
- Werden die unterschiedlichen Lernertypen, unterschiedlichen Zugänge zum Thema, unterschiedliche Sozialisationen (Geschlechterrolle, gesellschaftlicher Hintergrund etc.) berücksichtigt?
- Unterstützt das Medium das selbstständige Beschaffen, Auswerten, Verarbeiten und Aufbereiten von Informationen? Eröffnet es Möglichkeiten zum Experimentieren, Modellieren und Simulieren - entdeckend zu lernen?
- Können Nutzerinnen und Nutzer ihre Lernwege selbst bestimmen – oder werden die „geführt"?
- Regt das Medium zur intensiveren Kommunikation und zur Zusammenarbeit mit anderen (innerhalb der Lerngruppe, der Einrichtung oder darüber hinaus) an? Bietet es dazu selbst Möglichkeiten an bzw. verweist es auf solche?
- Gibt es aus dem Medium bzw. dem Angebot herausführende Hinweise oder Links zu vertiefenden bzw. ergänzenden Angeboten? Sind diese Links qualifiziert, d. h. geprüft und kommentiert?
- Bietet das Medium Anlässe und Anregungen zu weiteren Recherchen – innerhalb und außerhalb der medialen Welt?

*Reflexion*
- Bietet das Medium Anlässe zu kritischer Reflexion bezüglich Einstellungen, Werthaltungen, Prämissen?
- Ermöglicht das Medium die Reflexion des eigenen Lernweges?

*Vorteile gegenüber anderen Medien*
- Bietet das Medium Lernmöglichkeiten, die mit anderen Medien so nicht oder nur schwer erreichbar wären?

(aus: *Landesinstitut für Schule und Weiterbildung* 1998, S. 17-18, s. Literaturliste in den Beiträgen von *G. u. D. Thomé*)

# G Glossar

**Vorbemerkung**
Wir haben uns überlegt, ob wir ein Glossar erstellen sollen oder nicht. Erfahrungen mit anderen Glossaren haben uns eine gewisse Skepsis gelehrt.
Zu häufig werden unbekannte Bezeichnungen mit unverständlichen Umschreibungen oder anderen unbekannten Begriffen erklärt. Wir haben uns nun für ein Glossar entschieden, Germanistikstudenten aus einem Computerseminar um eine kritische Bewertung gebeten, und wir hoffen, dass das Glossar einigermaßen hilfreich sein wird. Wenn Ihnen die Erklärungen zu ungenau oder zu unwissenschaftlich erscheinen, bedenken Sie bitte, dass dieses Glossar in erster Linie für Nichtfachleute gedacht ist.

**Betriebssystem**
Man kann sich ein Betriebssystem als eine Art „Grundlagenprogramm" vorstellen, das für den Laien unsichtbar die Koordination der internen und externen Geräte regelt, z. B. den Zugriff auf die Laufwerke, die Bildschirmsteuerung usw. Betriebssysteme tragen Bezeichnungen wie z. B. MS-DOS, MS-Windows, UNIX.

**Browser**
Das englische Wort browsing bedeutet frei übersetzt so viel wie „sich einen kurzen Überblick" verschaffen. „I am just browsing" heißt, dass man sich in einem Laden verschiedene Sachen erst einmal anschauen möchte. Am Computer bezeichnet das Wort „Browsing" das „Herumschauen" im Internet.

**Chat/Chatten**
Das Chatten ist das elektronische „Unterhalten" via Internet mit einem oder mehreren Partnern, die zur gleichen Zeit miteinander schriftlich kommunizieren können (s. dazu die Beiträge von *I. Blatt* und *M. Plieninger*).

**CD-ROM (Compact Disc-Read Only Memory)**
Eine CD-ROM ist ein Speichermedium, von dem man Dateien (Programme, Texte, Bilder, Musik usw.) laden kann. Die CD-ROM hat eine wesentlich größere Speicherkapazität als Disketten.

**Download**
Download bezeichnet das Laden von Informationen aus dem Internet auf eigene Speichermedien.

**DTP (Desktop-Publishing)**
Das „Veröffentlichen am Schreibtisch" stellt eine professionelle Art der Textverarbeitung dar.

**Edutainment**
Das Wort „Edutainment" ist eine Zusammensetzung aus Education und Entertainment und bedeutet soviel wie „Lernspiel" oder „spielerisches Lernen".

**E-Mail**
Über E-Mail werden Daten elektronisch übermittelt, meistens als „elektronische Briefe". Man tippt z. B. einen Brief ein und kann diese Mitteilung dann sofort über eine E-Mail-Adresse an den Empfänger schicken.

**HTML (Hyper Text Markup Language)**
Unter HTML ist eine Sprache zur Erzeugung von Hypertexten zu verstehen. HTML ist ein Standard-Dateiformat für Textseiten, die Links enthalten.

**Hypertext**
Hypertexte sind keine Texte, die man linear von vorne bis hinten durchlesen muss. Es sind Texte, die Links (Verbindungen) zu anderen Seiten enthalten (s. a. die Beiträge von *M. Kepser* und *M. Plieninger*).

**Hypermedia**
Das Wort ist eine Verknüpfung aus Hypertext und Multimedia. Es können verschiedene Bilder, Filme, Töne, Texte usw. miteinander verknüpft sein, die man über Links erreichen kann.

**Internet**
Das Internet ist ein weltweites Computernetz mit den unterschiedlichsten Teilnehmern.

**Link**
Ein Link ist eine markierte Textstelle oder auch eine Grafik, über die man (durch Anklicken auf dem Bildschirm) zu einem anderen Dokument gelangen kann.

**Multimedia**
Von Multimedia spricht man bei einer computerbasierten Kombination von optischen und akustischen Informationen, wie Texten, Videosequenzen, Sprache, Musik u. Ä. Man kann sich darunter Computerprogramme vorstellen, die Texte und Filmesequenzen mit Musik- und Sprachausgabe enthalten.

**Neue Medien**
Unter der Sammelbezeichnung „neue Medien" sind alle computerbasierten, meist multimedialen Informations- und Kommunikationstechnologien zu verstehen.

**Offline**
Bedeutet im Unterschied zu „Online", dass kein Anschluss in das Netz (in der Regel das Internet) besteht.

**Online**
Bedeutet im Unterschied zu „Offline", dass der Computer mit einem Netz (meistens ist das Internet gemeint) verbunden ist.

**Server**
Der Server stellt als wichtigster Rechner in einem Netzwerk bestimmte Dienste, Hilfen und Leistungen bereit und sorgt für die ständige Verbindung mit anderen Rechnern.

**Surfen**
Surfen (Wellenreiten) ist eine Sportart, bei der man von einer Welle zur nächsten „reitet". Beim „Surfen" im Internet „klickt" man sich von einer Seite zur nächsten.

**Telematik**
Das Wort „Telematik" ist eine Verbindung aus den zwei Wörtern Telekommunikation und Informatik.

**World Wide Web (WWW)**
Bezeichnet das Internet, das „Weltweite Computernetz".

**Web**
Ist eine Abkürzung für das Internet, das World Wide Web.